普通高等院校物流管理专业核心课程精品规划教材

供应链管理
（第二版）

Supply Chain Management

马士华 编著

http://www.hustp.com

中国·武汉

普通高等院校物流管理专业核心课程精品规划教材

编 委 会

主　任： 马士华

副主任： 崔南方　刘志学

编　委： （以姓氏笔画为序）

王长琼　王　林　王海军　卢少平　沈小平　李延晖

李昆鹏　周水银　林　勇　徐贤浩　海　峰　鲁耀斌

总　序

随着我国经济的迅猛发展,企业为消费者提供的商品和服务日益丰富和多样化,极大地提高了我国人民的生活水平。但与此同时,企业面临的竞争环境也日趋严峻。人们已经认识到,要想提高企业的整体竞争力,企业不仅要在产品开发、生产、销售等核心领域取得竞争优势,在物流管理乃至整个供应链管理上也应该而且必须拥有自己的优势,单凭个别企业的能力已经不能适应当今的竞争要求了。在这种情况下,企业表现出对物流管理越来越强烈的需求。过去,企业不是很重视物流管理,甚至不十分了解物流管理存在的意义和价值。现在,企业已经认识到物流在整个企业竞争力中的重要地位,更希望能够通过实施有效的物流管理为提高企业竞争力增添力量。为了满足企业对物流管理人才的需求,在我国高等教育体系中重新设立了物流管理专业,为社会和企业培养急需的专业管理人才。

从我国物流管理专业教育的发展历史看,虽说过去也有少数高等院校设有物流管理或者类似物流管理的专业,但是,无论从这一专业的系统性,还是学科的先进性,以及专业的基础理论研究方面,均与社会发展对物流管理专业的要求相去甚远,所具有的专业教育基础性资源远远不能满足当前的发展需要,这就需要我们尽快确立能够适应当今社会发展需要的物流管理专业人才的培养体系,而教材无疑是这个体系中最为重要的组成部分。"普通高等院校物流管理专业核心课程精品规划教材"就是在这样一种背景下策划出版的。

为了编撰好这套教材,我们特地组织了编委会。经过认真研究,编委会在组织本套专业教材时突出了如下几个特色定位。

第一,将国际上先进的物流管理理论与我国有特色的物流管理实践充分结合,在体现中国具体国情和社会现实的基础上,吸收和借鉴国际比较成熟的理论、方法、概念、范式、案例,体现本土化特色,使读者可以在学习、借鉴和研究的基础上发现问题、解决问题,获得理论上的发展与创新。

第二,加强案例分析和配套教学课件建设。物流管理学科是实践性与应用性很强的学科,只有通过对大量典型的、成熟的案例的分析、研讨、模拟训练,才能拓展学生的视野,积累学生的经验,培养学生独立分析问题、解决问题、动手操作的能力。同时,为方便老师教学,每种教材配有教学课件,免费赠送给相关任课教师。

第三,寻求编写内容上的突破与创新。结合当前已经出版的物流管理专业教材存在的不足之处,结合当前学生在学习和实践中存在的困难、急需解决的问题,积极寻求内容上的突破与创新。

在考虑本套教材的整体结构时,编委会参考了大量国内外著名大学的物流管理专业设置资料,认真分析了课程设置和配套教材的构成情况,然后结合中国实际,提出了以《供应链管理》、《采购与供应管理》、《第三方物流》、《物流园区规划的理论与方法》、《物流运输组织与管理》、《物流管理基础》、《仓储管理》、《物流配送中心规划与运作管理》、《物流系统建模与仿真》、《物流信息技术与应用》、《物流网络规划与设计》、《物流项目管理》为主体的系列教材体系。本套教材所确定的体系,包含了物流管理从操作层、运营层到战略层的综合需要,涵盖了定性分析和定量分析的各个层面,试图给读者一个完整的理论与实践体系。当然,考虑到一套系列教材的容量和实际教学学时数的具体要求等情况,这里所说的"完整体系"只是相对的,还有一些比较重要的内容没有选择进来。这并不意味着这些内容不重要,只是因为取舍的原则而导致的结果。

本套教材的作者都具有比较丰富的教学经验,这些教材都是作者在已经试用过多次的讲义的基础上扩充编撰而成的。他们将自己在教学中的心得和成果毫无保留地奉献给读者,这种奉献精神正是推动我国物流管理专业教育发展的动力。

在系列教材的写作过程中参考了大量国内外最新研究和实践成果,各位编著者已尽可能在参考文献中列出,在此对这些物流管理的研究者和实践者表示真诚的感谢。由于多方面的原因,如果有疏漏之处,作者表示万分歉意,并愿意在得知具体情况后予以纠正,在此先表示衷心的谢意。

编撰一套教材是一项艰巨的工作,由于作者的水平有限,对本套教材所涉及的先进企业物流管理理念的理解还不是十分透彻,成功的运作经验还十分有限,因此,本套书难免会有疏漏和不妥之处,真诚希望广大读者批评指正、不吝赐教。

2014 年 2 月 10 日

目 录 | Contents |

第一章 导论 1
 第一节 供应链管理概述 1
 第二节 供应链管理模式的产生及其基本思想 7
 第三节 供应链管理研究的进展 16

第二章 供应链系统的类型与特征 26
 第一节 供应链的类型 26
 第二节 供应链成长理论与供应链管理的运行机制 31
 第三节 集成化的供应链管理 34
 第四节 供应链管理的战略性特征 41

第三章 供应链运作的协调管理 53
 第一节 供应链协调问题的提出 53
 第二节 提高供应链协调性的方法 58
 第三节 供应链的激励问题 60
 第四节 供应契约 62

第四章 供应链网络的构建 72
 第一节 几种常见的供应链体系结构模型 72
 第二节 供应链体系的设计原则和策略 75
 第三节 供应链网络设计的影响因素 77
 第四节 供应链网络设计的优化方法 82

第五章 供应链合作伙伴关系的建立与评价 98
 第一节 供应链战略合作伙伴关系 98
 第二节 供应链合作伙伴关系形成的意义与价值 101
 第三节 供应链合作伙伴的选择 105
 第四节 供应链合作伙伴选择的步骤与方法 110

第六章 供应链管理环境下的采购管理 122
 第一节 采购的定义 122
 第二节 传统采购模式及问题 125
 第三节 供应链管理环境下的采购 127
 第四节 供应链管理环境下的准时化采购策略 131
 第五节 供应商管理 138
 第六节 全球采购 142

第七章　供应链管理环境下的生产计划与控制 ……… 148
- 第一节　传统生产计划与控制模式和供应链管理思想的差距 ……… 148
- 第二节　供应链管理环境下的企业生产计划与控制模式的特点 ……… 150
- 第三节　供应链管理环境下的生产计划与控制系统总体模型 ……… 154
- 第四节　合作计划、预测和补货计划体系 ……… 159
- 第五节　供应链下多工厂生产计划优化 ……… 163
- 第六节　供应链环境下生产系统的协调机制 ……… 166

第八章　供应链管理环境下的物流管理 ……… 175
- 第一节　物流管理的基本概念 ……… 175
- 第二节　物流网络与供应链管理 ……… 183
- 第三节　企业物流管理 ……… 188
- 第四节　供应链中的物流组织与管理 ……… 191
- 第五节　物流业务外包 ……… 197
- 第六节　第三方物流与第四方物流 ……… 203

第九章　供应链管理环境下的库存管理策略 ……… 214
- 第一节　供应链管理环境下的库存问题 ……… 214
- 第二节　供应商管理库存 ……… 220
- 第三节　联合库存管理 ……… 225
- 第四节　供应链多级库存控制 ……… 230

第十章　供应链企业运作的绩效评价 ……… 239
- 第一节　供应链绩效评价的特点及原则 ……… 239
- 第二节　绩效评价理论 ……… 242
- 第三节　供应链绩效评价体系设计 ……… 249
- 第四节　平衡供应链计分法评价体系 ……… 255

参考文献 ……… 267

第二版后记 ……… 269

第一章 导论

本章重点理论与问题

本章首先介绍供应链和供应链管理的概念,然后介绍供应链管理思想产生的历史背景,分析传统管理模式存在的弊端,阐述供应链管理的主要特征及实施战略。通过这些内容的学习,读者能够对供应链管理产生的历史环境有一个基本了解,理解供应链管理这一先进思想形成和发展的必然性,明确它在今后企业竞争中的地位和作用,以期为后续供应链管理理论和方法的学习打下良好的基础。

第一节 供应链管理概述

20世纪90年代以后,随着科学技术飞速进步和生产力快速发展,顾客消费水平不断提高,企业之间竞争加剧,加上政治、经济、社会环境的巨大变化,使得需求的不确定性大大增加,导致需求日益多样化。在激烈的市场竞争中,面对变化迅速且无法预测的全球市场,传统的生产与经营模式对市场剧变的响应越来越迟缓和被动。为了摆脱困境,企业采取了许多先进的单项制造技术和管理方法,如计算机辅助设计(computer aided design,CAD)、柔性制造系统(flexible manufacturing system,FMS)、准时化生产(just in time,JIT)、制造资源计划(manufacturing resource planning,MRP II)和企业资源计划(enterprice resource planning,ERP)等,虽然这些方法取得了一定的实效,但在经营的灵活性、快速响应顾客需求方面都有一定的局限性。后来,人们终于意识到问题不在于具体的制造技术与管理方法本身,而在于它们仍囿于传统生产模式。

长期以来,出于对生产资源管理和控制的目的,企业对为其提供原材料、半成品或零部件的其他企业,一直采取投资自建、投资控股或兼并的"纵向一体化"(vertical integration)管理模式。实行纵向一体化的目的在于加强核心企业对原材料供应、产品制造、分销和销售全过程的控制,使企业能够在市场竞争中掌握主动,从而达到增加各个业务活动阶段的利润的目的。这种模式在传统市场竞争环境中有其存在的合理性,然而在高科技迅速发展、市场竞争日益激烈、顾客需求不断变化的今天,已逐渐显示出其无法快速、敏捷地响应市场机会的弊端。因此,越来越多的企业开始对传统管理模式进行改革或改造,把原来由企业自己生产的零部件外包出去,充分利用外部资源,与这些企业形成了一种水平关系,人们形象地称之为"横向一体化"(horizontal integration)。供应链管理正体现了横向一体化的基本思想。

一、供应链的概念

"供应链"这一名词直接译自英文"supply chain",目前尚未形成统一的定义,许多学者从不同的角度给出了不同的定义。虽说各自的表述不完全一致,但它们的共同之处是,认为供应链是一个系统,是人类生产活动和社会经济活动中客观存在的事物。人类生产和生活的必需品都要经历从最初的原材料生产、零部件加工、产品装配、分销、零售到最终消费这一过程,并且近年来废弃物回收和退货(简称"反向物流")也被包括进来了。这里既有物质材料的生产和消费,也有非物质形态(如服务)产品的生产(提供服务)和消费(享受服务)。各个生产、流通、交易、消费环节形成了一个完整的供应链系统。图1-1就是一个供应链的示意图。为简洁起见,图中只给出了信息流和物流,资金流等其他要素则未加显示。

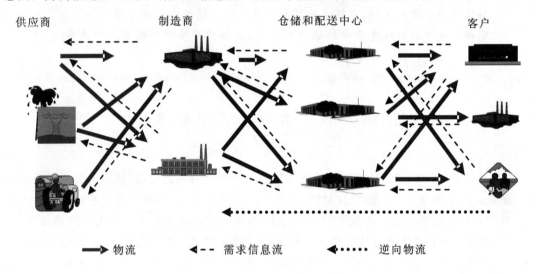

图1-1 供应链结构示意图

早期的观点认为,供应链是制造企业中的一个内部过程,它是指把从企业外部采购的原材料和零部件,通过生产转换和销售等活动,再传递到零售商和用户的一个过程。传统的供应链概念局限于企业的内部操作层面,注重企业自身的资源利用目标。

有些学者把供应链的概念与采购、供应管理相关联,用来表示与供应商之间的关系,这种观点受到了那些研究合作关系、准时生产方式、精细化供应、供应商行为评估等问题的学者的重视。但这种理解仅仅局限于制造商和供应商之间的关系,而且供应链中的各企业独立运作,忽略了与外部供应链成员企业的联系,往往造成企业间的目标冲突。

其后发展起来的供应链管理概念关注与其他企业的联系,注意供应链企业的外部环境,认为它应是一个"通过链中不同企业的制造、组装、分销、零售等过程将原材料转换成产品,再到最终用户的转换过程",这是更大范围、更为系统的概念。例如,美国的史蒂文斯(Stevens)认为:"通过增值过程和分销渠道控制从供应商的供应商到用户的用户的流就是供应链,它开始于供应的源点,结束于消费的终点。"伊文斯(Evens)认为:"供应链管理是通过前馈的信息流和反馈的物料流及信息流,将供应商、制造商、分销商、零售商,直至最终用户连成一个整体的模式。"可见,供应链的完整性、供应链中所有成员操作的一致性都为这些定义所关注。

而到了最近,供应链的概念更加注重围绕核心企业的战略联盟关系,如核心企业(盟主)与供应商、供应商的供应商乃至一切前向的关系,核心企业与用户、用户的用户及一切后向的关系。此时对供应链的认识形成了一个网链的概念,如丰田、耐克、日产、麦当劳和苹果等公司的供应链管理都从网链的角度来理解和实施。哈里森(Harrison)进而将供应链定义为:"供应链是执行采购原材料,将它们转换为中间产品和成品,并且将成品销售到用户的功能网链。"这些概念同时强调供应链的战略伙伴关系问题。菲利浦(Phillip)和温德尔(Wendell)认为,供应链中战略伙伴关系是很重要的,通过建立战略伙伴关系,可以与重要的供应商和用户更有效地开展工作。

本书给出的定义是:供应链是围绕核心企业,通过对工作流(work flow)、信息流(information flow)、物料流(physical flow)、资金流(funds flow)的协调与控制,从采购原材料开始,制成中间半产品以及最终产品,最后由销售网络把产品送到消费者手中的将供应商、制造商、分销商、零售商,直至最终用户连成一个整体的功能网链结构。它是一个扩展了的企业模式,包含了所有加盟的节点企业,从原材料的供应开始,经过供应链中不同企业的零件制造、部件组装、产品装配、产品分销等过程,直至交付给最终用户。它不仅是一条连接供应商到用户的物流链、信息链、资金链,而且是一条增值链,物料在供应链上因加工、包装、运输等过程而实现其价值增值,给相关企业及整个社会都带来效益。

二、供应链的结构模型

图 1-1 形象地表示了从产品生产到消费的全过程。按照供应链的定义,这个过程是一个非常复杂的网链模式,覆盖了从原材料供应商、零部件供应商、产品制造商、分销商、零售商直至最终用户的整个过程。

根据供应链的实际运行情况,在一个供应链系统中,有一个处于核心地位的企业。该企业对供应链上的信息流、资金流和物流起着调度和协调中心的作用。从这个角度出发,供应链系统的结构可以具体地表示为图 1-2 所示的形状。

从图 1-2 中可以看出,供应链由所有加盟的节点企业组成,其中有一个核心企业(可以是制造型企业如汽车制造商,也可以是零售型企业如美国的沃尔玛);其他节点企业在核心企业需求信息的驱动下,通过供应链的职能分工与合作(生产、分销、零售等),以资金流、物流或服务流为媒介实现整个供应链的不断增值。

通过以上介绍可以看出,供应链是人类生产活动的一种客观存在。但是,过去这种客观存在的供应链系统一直处于一种自发、松散的运动状态,供应链上的各个企业各自为政,缺乏共同的目标。不过,由于过去的市场竞争远没有今天企业所面临的这么激烈,因此,这种自发运行的供应链系统并没有表现出不适应性。然而,进入 21 世纪后,经济全球化、市场竞争全球化浪潮一浪高过一浪,消费者的个性化需求越来越突出,市场响应时间越来越短,这种自发供应链所存在的种种弊端开始显现出来,企业必须寻找更有效的方法,才能在这种形势下生存和发展。因此,人们发现,必须对供应链这一复杂系统进行有效的协调和管理,才

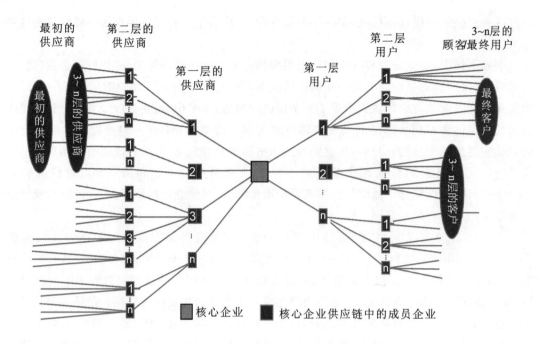

图 1-2　供应链系统的分层结构

能取得更好的绩效,才能从整体上降低产品(服务)成本,供应链管理思想就是在这种环境下产生和发展起来的。

三、供应链管理的概念

对于供应链管理(supply chain management,SCM),国外在早期也有许多不同的定义和名称,如有效用户响应(effective consumer response,ECR)、快速反应(quick response,QR)、虚拟物流(virtual logistics,VL)或连续补充(continuous replenishment,CR),等等。这些名称因考虑的层次、角度不同而不同,但都是通过计划和控制实现企业内部和外部之间的合作,实质上它们在一定程度上都反映了对供应链各种活动进行人为干预和管理的特点,使过去那种自发的供应链成为自觉的供应链系统,有目的地为企业服务。

在定义供应链的基础上,本书给出一个供应链管理的定义:供应链管理就是使供应链运作达到最优化,以最少的成本,通过协调供应链成员的业务流程,让供应链从采购开始,到满足最终顾客的所有过程,包括工作流、物料流、资金流和信息流等均高效率地运作,把合适的产品以合理的价格,及时、准确地送到消费者手上。

从这个定义不难看出,供应链管理就是要对传统的、自发运作的供应链进行人为的干预,使其能够按照企业(核心企业)的意愿,对相关合作伙伴的工作流程进行整合和协调运行,从而达到供应链整体运作绩效最佳的效果。但是,供应链管理不像单个企业的管理,不能通过行政手段调整企业之间的关系,只能通过共担风险、共享收益来提高供应链的竞争力,因此,供应链管理所反映的是一种集成的、协调管理的思想和方法,即通过所有成员企业的合作共同成长,获得收益。

关于供应链管理的定义,还有许多其他的说法。例如,伊文斯认为:"供应链管理是通过前馈的信息流和反馈的物料流及信息流,将供应商、制造商、分销商、零售商,直至最终用户连成一个整体的管理模式。"菲利浦则认为,供应链管理不是供应商管理的别称,而是一种新的管理策略,它把不同企业集成起来以增进整个供应链的效率,注重企业之间的合作。最早人们把供应链管理的重点放在管理库存上,作为平衡有限的生产能力和适应用户需求变化的缓冲手段,它通过各种协调手段,寻求把产品迅速、可靠地送到用户手中所需要的费用与生产、库存管理费用之间的平衡,从而确定最佳的库存水平。因此,其主要的工作任务是库存控制和运输。现在的供应链管理则把供应链上的各个企业作为一个不可分割的整体,使供应链上各企业分担的采购、生产、分销和销售的职能成为一个协调发展的有机体。

关于供应链管理的几种比较典型的定义如表1-1所示。

表 1-1 几种典型的供应链管理的定义

定义提出者	定 义
Monczka,Trent 和 Handfiel	供应链管理要求将传统上分离的职能作为整个过程,由一个负责的经理人员协调整个物流过程,并且要求与横贯整个流程各个层次上的供应商形成伙伴关系。供应链管理是这样一个概念,它的主要目标是以系统的观点,对多个职能和多层供应商进行整合并管理外购、业务流程和物料控制
La Londe 和 Masters	供应链战略包括:"……供应链上的两个或更多企业进入一个长期协定……信任和承诺发展成伙伴关系……需求和销售信息共享的物流活动的整合……提升对物流过程运动轨迹控制的潜力"
Stevens	管理供应链的目标是使来自供应商的物流与满足客户需求协同运作,以协调高客户服务水平和低库存、低成本之间相互冲突的目标
Houlihan	供应链管理和传统物料制造控制的区别:①供应链被看成一个统一的过程,链上的各个环节不能分割成诸如制造、采购、分销、销售等职能部门。②供应链管理强调战略决策。"供应"是链上每一个职能的共同目标并具有特别的战略意义,因为它影响整个链的成本及市场份额。③供应链管理强调以不同的观点看待库存,将其看成新的平衡机制。④采用一种新的系统方法——整合而不是接口连接
Cooper 等	供应链管理是一种管理从供应商到最终客户的整个渠道的总体流程的集成哲学
Mentzer 等	供应链管理是对传统的企业内部各业务部门间及企业之间的职能从整个供应链进行系统的、战略性的协调,目的是提高供应链及每个企业的长期绩效
Ling Li	供应链管理是一组有效整合供应商、制造商、批发商、承运人、零售商和客户的协同决策及活动,以便将正确的产品或服务以正确的数量、在正确的时间、送到正确的地方,以最低的系统总成本满足客户服务水平的要求

四、供应链管理涉及的内容

供应链管理主要涉及五个领域:需求(demand)、计划(plan)、物流(logistics)、供应(sourcing)、逆向物流(reverse)。由图1-3可见,供应链管理是以同步化、集成化生产计划为指导,以各种技术为支持,尤其以因特网为依托,围绕供应、生产、物流(主要指制造过程)、满足需求来实施的。供应链管理主要包括计划、合作和控制从供应商到用户的物料(零部件和成品等)和信息。供应链管理的目标在于提高用户服务水平和降低总的交易成本,并且寻求两个目标之间的平衡(这两个目标往往有冲突)。

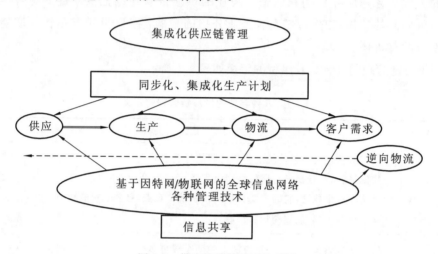

图1-3 供应链管理涉及的领域

在实际管理工作中,供应链管理关注的领域不仅仅是物质资料在供应链中的流动。除了企业内部与企业之间的运输问题和实物分销以外,供应链管理还包括以下主要内容:

(1)战略性供应商和客户关系管理;
(2)供应链产品需求预测与需求管理;
(3)供应链网络结构设计(从全局的角度考虑节点企业的评价、选择和定位);
(4)企业内部各部门、企业与企业之间的物料需求与供应管理;
(5)基于供应链的产品设计与制造管理、集成化的生产计划和控制;
(6)基于供应链的客户服务和物流管理;
(7)企业间资金流管理(汇率、成本等问题);
(8)逆向物流(回流)管理;
(9)基于因特网/物联网的供应链信息流管理,等等。

供应链管理注重在供应链总成本(从原材料到半成品再到最终产成品的费用)与客户服务水平之间取得平衡,为此要把供应链各项职能活动有机地结合在一起,从而最大限度地发挥供应链整体的力量,达到供应链企业群体共同获益的目的。

供应链管理中的业务流程及其构成情况如图1-4所示。

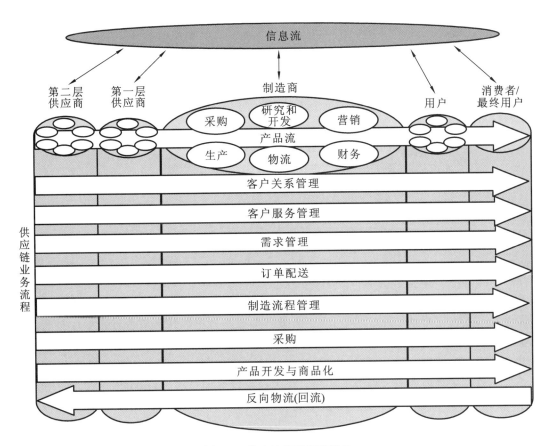

图 1-4 供应链管理流程结构

资料来源：Douglas M Lambert, Martha Cooper, Janus D Pagh. Supply Chain Management: Implementation Issues and Research Opportunities. The International Journal of Logistics Management. No. 2, 1998.

第二节 供应链管理模式的产生及其基本思想

前面简要叙述了供应链管理思想产生的现实环境，在这一节，我们将对此展开更详细的分析。

一、21 世纪全球市场竞争的主要特点

随着经济的发展，影响企业在市场上获取竞争优势的主要因素也发生着变化。认清主要竞争因素的影响力，对于企业管理者把握资源应用、获取最大竞争优势具有非常重要的意义。与 20 世纪市场竞争的特点相比，21 世纪的竞争又有了新的特点。

1．产品生命周期越来越短

随着消费者需求的多样化发展，企业的产品开发能力也在不断提高。为了满足消费者的需求，企业不断加快产品开发的速度。特别是进入 20 世纪 80 年代以后，国外新产品的研

制周期大大缩短。例如,AT&T公司新电话的开发时间从过去的2年缩短为1年;惠普公司新打印机的开发时间从过去的4.5年缩短到22个月;而手机的开发周期甚至只有短短的几个月。图1-5大致描绘了产品生命周期变化的情况。

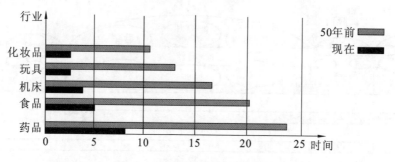

图1-5　产品生命周期不断缩短

产品的生命周期缩短,更新换代速度加快,产品在市场上的存留时间大大缩短,留给企业在产品开发和上市时间上的活动余地就越来越小,给企业造成了巨大压力。例如,当今的很多产品几乎一上市就已经过时了,就连消费者都有些目不暇接。很多过去属于日常生活用品的产品现在都成为时尚产品,使得产品生命周期越来越短。虽然在企业中流行着"销售一代、生产一代、研究一代、构思一代"的说法,但这毕竟需要企业投入大量的资源,一般的中小企业在这样的环境面前显得力不从心。许多企业曾红火过一阵,但由于后续产品开发跟不上,最终由于产品落伍而导致企业被市场淘汰。

2. 产品品种数飞速增加

因消费者需求的多样化越来越突出,厂家为了更好地满足其要求,便不断推出新品种。这样一来,引起了一轮又一轮的产品开发竞争,使产品的品种数成倍增长。以日用百货为例,据有关资料统计,仅1975—1991年间,产品的品种数就已从2000种左右增加到20000种左右。尽管产品品种数已非常丰富,但消费者在购买商品时,仍然感到难以买到令自己称心如意的东西。为了留住顾客,许多厂家不得不绞尽脑汁,不断增加花色品种。但是,如果按照传统的思路,每一种产品都生产一批以备用户选择,那么制造商和销售商都要背上沉重的负担。如图1-6所示,超级市场的平均库存在1985年前后约为13000库存单位(stock keep unit,SKU),而到1991年时约为20000 SKU,库存占用了大量的资金,严重影响了企业的资金周转速度,进而影响了企业的竞争力。

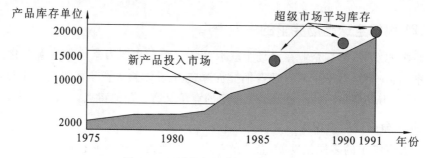

图1-6　日用品产品品种数增加情况

3．对交货期的要求越来越高

随着社会的发展和市场竞争的加剧,经济活动的节奏越来越快,使每个企业都感到用户对时间方面的要求越来越高。这一变化的直接反映就是竞争主要因素的变化。20世纪60年代,企业间竞争的主要因素是成本;到70年代,竞争的主要因素转变为质量;进入80年代以后,竞争的主要因素转变为时间。这里所说的时间要素主要是指交货期和响应周期。用户不但要求厂家按期交货,而且要求的交货期越来越短。企业要有很强的产品开发能力,这不仅指产品品种,更重要的是指产品上市时间,即尽可能提高对客户需求的响应速度。例如,在20世纪90年代初期,日本汽车制造商平均2年可向市场推出一款新车型,而同期的美国汽车制造商推出相同档次的车型却需要5～7年。可以想象,美国的汽车制造商在市场竞争中该有多么被动。对于现在的厂家来说,市场机会几乎稍纵即逝,留给企业思考和决策的时间极为短暂。如果一个企业对用户要求的反应稍微慢一点,很快就会被竞争对手抢占先机。因此,缩短产品的开发、生产周期,在尽可能短的时间内满足用户要求,已成为当今所有管理者最为关注的问题之一。

4．对产品和服务质量的期望越来越高

进入20世纪90年代以后,用户对产品质量和服务质量的要求越来越高。用户已不满足于从市场上买到标准化生产的产品,他们希望得到按照自身要求定制的产品或服务。这些变化导致产品生产方式革命性的变化。传统的标准化生产方式是"一对多"的关系,即企业开发出一种产品,然后组织规模化大批量生产,用一种标准产品满足不同消费者的需求。然而,这种模式已不再能使企业继续获得效益。现在的企业必须具有根据每一个顾客的特别要求定制产品或服务的能力,即所谓的"一对一"(one-to-one)的定制化服务(customized service)。企业为了能在新的环境下继续发展,纷纷转变生产管理模式,采取措施从大量生产(mass production)转向定制化大量生产(mass customization)。

例如,以生产芭比娃娃著称的美泰公司,从1998年10月起,可以让女孩子登录到网站(barbie.com)上设计她们自己的芭比朋友。她们可以选择娃娃的皮肤弹性、眼睛颜色、发型和颜色、附件和名字。当娃娃邮寄到孩子手上时,女孩子可以在上面找到娃娃的名字。这是美泰公司第一次大量制造"一个娃娃一个样式"的产品。又如,位于美国代顿的一家化学公司有1700多种工业肥皂配方,用于汽车、工厂、铁路和矿山的清洗工作。公司先分析客户要清洗的东西,或者访问客户所在地了解要清洗的东西,然后配制一批清洁剂提供给客户使用。大多数客户都觉得没有必要对另一家公司描述他们清洁方面的要求,所以,该化学公司95%的客户都不会流失。再如,海尔是一家全球著名的家电制造企业(当然现在也向手机、医药等行业扩展),每年的产品产量非常大,一般人看来它应属于备货型(make-to-stock,MTS)生产企业。但是,2001年以后,海尔却采取了一套按订单生产(make-to-order,MTO)的战略来组织生产,不仅满足了客户的个性化需求,同时也把库存降到了最低限度,拉近了与用户的距离,实现了向三个"零"(零距离、零缺陷、零营运资本)目标的迈进。不过,应该看到,虽然个性化定制生产能高质量、低成本快速响应客户需求,但是对企业的运作模式也提出了更高的要求。

由此可见,企业面临外部环境变化带来的不确定性,包括市场因素(顾客对产品、产量、质量、交货期的需求和供应)和企业经营目标(新产品开发、市场扩展等)的变化。这些变化增加了企业管理的复杂性。企业要想在这种严峻的竞争环境下生存,必须具有强有力的处理环境变化和由环境引起的不确定性的能力。

二、新的竞争环境对企业管理模式的影响

(一) 传统管理模式

管理模式是一种系统化的指导与控制方法,它把企业中的人、财、物和信息等资源,高质量、低成本、快速、及时地转换为市场所需要的产品或服务。因此,自从有了企业,质量、成本和时间(生产周期)就一直是一个企业的三个核心活动,企业管理模式也是围绕这三个方面不断发展的。企业的生存和发展全部有赖于对这三个核心活动过程的管理水平,因为质量是企业的立足之本,成本是企业的生存之道,而时间则是企业的发展之源。没有好的质量,就无法得到消费者的认可,企业所提供的产品或服务就无法在市场上立足,迟早会被市场淘汰;没有低的成本,企业就没有实力进行价格竞争,会因无法获得再生产所需资金而难以为继;而企业要适应不断发展的消费需求,就必须能在最短的时间里提供消费者所需要的产品或服务,因此,生产周期(包括产品研制和生产时间)就成了能否适应企业发展要求的关键。

为了做好这三个方面的工作,企业一直在寻找最有效的管理方法。

从管理模式上看,企业出于对制造资源的占有要求和对生产过程直接控制的需要,传统上经常采用的策略是:要么扩大自身规模,要么参股到供应商企业,与为其提供原材料、半成品或零部件的企业是一种所有关系,这就是人们所说的"纵向一体化"管理模式。我国企业在计划经济时期基本上采取的是"大而全"、"小而全"的经营方式,这可以认为是纵向一体化的另一种表达方式。例如,许多企业拥有从铸造、毛坯准备、零件加工、装配、包装到运输等一整套设备设施及组织机构。但其构成比例却又是畸形的:受长期计划经济的影响,其产品开发能力和市场营销能力都非常弱,而加工体系则相当庞大。产品开发、加工、市场营销三个基本环节呈现出中间大、两头小的"腰鼓型"。"腰鼓型"企业适合于计划经济体制,而在市场经济环境下无法对用户需求作出快速响应。

从生产计划与控制机制看,企业生产管理系统在不同的时期有不同的发展和变化。20世纪60年代以前,盛行的方法是通过确定经济生产批量、安全库存和订货点,来保证生产的稳定性,但由于没有注意独立需求和相关需求的差别,采用这些方法并未取得期望的效果。60年代中期,出现了物料需求计划(material requirements planning,MRP),较好地解决了相关需求管理问题。此后,人们就一直探求更好的制造组织和管理模式,出现了诸如制造资源计划、准时化生产及精细生产(lean production)等新的生产方式。这些新的生产方式对提高企业整体效益和在市场上的竞争能力确实作出了不可估量的贡献。然而,进入90年代以来,消费者的需求特征发生了前所未有的变化,整个世界的经济活动也呈现出前所未有的全球经济一体化特征,这些变化对企业参与竞争的能力提出了更高的要求,原有的管理思想已不能完全满足新的竞争形势。以制造资源计划和准时化生产为例,这两种生产方式都是只考虑企业内部资源的利用问题,其管理优化工作均着眼于本企业资源的最优应用。这种指导思想在21世纪的市场环境下显得有些不适应,因为在当前这种市场环境里,一切都要

求能够快速响应用户需求,而要达到这一目的,仅靠一个企业所拥有的资源是不够的。在这种情况下,人们自然会将资源延伸到企业以外的其他地方,借助其他企业的资源达到快速响应市场需求的目的就是目前的一个热点。

(二)促使企业管理模式变化的内在因素

以上所介绍的企业管理模式的转变不是偶然的,其中有其必然的变化规律。在20世纪40—60年代,企业处于相对稳定的市场环境中,这时的纵向一体化模式是有效的。但是在90年代科技迅速发展、世界竞争日益激烈、顾客需求不断变化的形势下,纵向一体化模式则暴露出种种缺陷。

1. 增加企业投资负担

不管是投资建新的工厂,还是对其他公司的控股,都需要企业自己筹集必要的资金。这给企业带来了许多不利之处。首先,企业必须花费人力、物力,设法在金融市场上筹集所需要的资金。其次,资金到位后,随即进入项目建设周期(假设新建一个工厂)。为了尽快完成基本建设任务,企业还要花费精力从事项目实施的监管工作,这样一来,又消耗了大量的企业资源。由于项目有一个建设周期,在此期间内企业不仅不能安排生产,而且要按期偿还借款利息。显而易见,项目基本建设的时间越长,企业背负的利息负担就越重。

2. 承担丧失市场时机的风险

由于某些新建项目有一定的建设周期,往往出现项目建成之日也就是项目下马之时的现象。市场机会早已在项目建设过程中消逝,这样的案例在我国有很多。从选择投资方向看,决策者当时的决策可能是正确的,但就是因为花在生产系统基本建设上的时间太长,等生产系统建成投产时,市场行情可能早已发生了变化,错过了进入市场的最佳时机而使企业遭受损失。因此,项目建设周期越长,企业承担的风险就越大。

另外,纵向一体化模式还不利于企业迅速抓住市场机遇获得发展机会,甚至会因此而丧失生存空间。例如,我国某知名企业在2007年决定进入汽车市场时,采用了"人工+夹具"的劳动密集型方式制造汽车,它除了不生产轮胎等少量汽车零部件外,几乎生产了绝大多数汽车零部件。这种纵向一体化的生产方式虽然在生产上取得了规模效应,成本大幅降低,短期内使企业获得飞速发展,但是,随着汽车市场多样化的发展,该企业由于自制件比例太大而没有办法及时更换大量的加工装备,只能眼睁睁地看着销量下滑。这个实例说明,企业发展的确需要遵守规模经济规律,但是,由于不同汽车零部件的有效规模经济不一样,并不是所有的零部件都由自己制造就能降低成本,而且由于整个生产系统的拖累,使企业无法及时更新换代,失去市场上的竞争优势也就不难理解了。

3. 迫使企业从事不擅长的业务活动

纵向一体化管理模式的企业实际上是"大而全"、"小而全"的翻版,这种企业把产品设计、计划、财务、会计、生产、人事、管理信息、设备维修等工作看作本企业必不可少的业务,许多管理人员往往花费过多的时间、精力和资源去从事辅助性的管理工作。由于精力分散,他们无法做好关键性业务活动的管理工作。结果是,辅助性的管理工作没有抓起来,关键性业务也无法发挥核心作用,不仅使企业失去了竞争特色,而且增加了企业产品的成本。例如,1996年,办事机构设在密歇根的劳动力协会的一个顾问机构指出,通用汽车公司死抱着纵向管理思想不放,为它自己的公司生产70%的零部件,而福特公司只有50%的零部件是自己生产的,克莱斯勒只有30%。他们指出,正是由于通用汽车公司的顽固做法,它现在不得不经受多方面竞争的压力。通用汽车公司因为生产汽车零部件而耗去的劳动费用高于其他两个公司,每生产一个动力系统,就比福特公司多消耗440美元,而比克莱斯勒公司多消耗600美元,在市场竞争中始终处于劣势。这种情况在我国也经常出现。例如,某机器制造厂为了解决富余人员的再就业问题,成立了一个附属企业,把原来委托供应商生产的某种机床控制电器转由自己生产。由于缺乏技术和管理能力,不仅成本比外购的高,而且产品质量低劣,最后影响到整机产品的整体性能和质量水平,一些老客户纷纷撤销订单,使企业蒙受不必要的损失。

4. 在每个业务领域都直接面临众多竞争对手

采用纵向一体化管理模式企业的另一个问题是,它必须在不同业务领域直接与不同的竞争对手进行竞争。例如,有的制造商不仅生产产品,而且拥有自己的运输公司。这样一来,该企业不仅要与制造业的对手竞争,而且要与运输业的对手竞争。在企业资源、精力、经验都十分有限的情况下,四面出击的结果是可想而知的。事实上,即使是像IBM这样的大公司,也不可能拥有开展所有业务活动所必需的才能。因此,从20世纪80年代末期起,IBM公司就不再进行纵向发展,而是与其他企业建立广泛的合作关系。例如,IBM公司与苹果公司合作开发软件,协助MCT联营公司进行计算机基本技术研究工作,与西门子公司合作设计动态随机存储器,等等。

5. 增大企业的行业风险

如果整个行业不景气,或者整机产品销售不畅,采用纵向一体化模式的企业不仅会在最终用户市场遭受损失,而且会在各个纵向发展的市场遭受损失。过去曾有这样一个例子,某味精厂为了保证原材料供应,自己建了一个辅料厂。但后来味精市场饱和,该厂生产的味精大部分没有销路,结果不仅味精厂遭受损失,与之配套的辅料厂也举步维艰。

三、供应链管理模式的产生与发展

由于纵向一体化管理模式在新的市场环境下暴露出了种种弊端,从20世纪80年代后期开始,首先是美国的一些企业,其后是国际上很多企业逐渐放弃了这种经营模式,取而代之的是"横向一体化"思想的兴起:它提倡利用企业外部资源达成快速响应市场的要求,本企业只抓自己具有核心竞争力的业务,而将非核心业务委托或外包给合作伙伴企业。这样一来,很多企业逐渐将有限的资源集中于核心业务上,而将本企业不具有优势的业务外包给更具优势的企业,形成了较为广泛的、在不同地域的企业与企业的合作。例如,福特汽车公司的Festiva车就是由美国人设计,在日本的马自达厂生产发动机,由韩国的制造厂生产其他零件和装配,最后在美国市场上销售。制造商把零部件生产和整车装配都放在了企业外部,这样做的目的是利用其他企业的资源促使产品快速上马,避免自己投资带来的基建周期长等问题,从而赢得产品在低成本、高质量、早上市等诸方面的竞争优势。横向一体化形成了一条从供应商到制造商再到分销商、零售商的贯穿所有企业的"链"。由于相邻节点企业表现出一种需求与供给的关系,当把所有相邻企业依次连接起来,便形成了供应链。这条链上的节点企业必须达到同步、协调运行,才有可能使链上的所有企业都受益。于是便产生了供应链管理这一新的经营与运作模式。

根据美国的科尔尼咨询公司的研究,企业应该将供应职能提高到战略层次的高度来认识,才有助于降低成本、提高投资回报。创造供应优势取决于建立一个采购的战略地位,使企业和供应商伙伴形成一个共同的产品开发小组。伙伴成员从共享信息上升到共享思想,决定如何和在哪里生产零部件或产品,或者如何重新定义使双方获益的服务。所有企业一起研究和确定哪些活动能给用户带来最大价值,而不是像过去那样由一个企业设计和制造一个产品的绝大部分零件。比较研究发现,美国厂商普遍采用纵向一体化模式进行管理,而日本厂商更多采用横向一体化的模式。美、日两国企业管理模式的选择,与它们的生产结构有着密切联系。美国企业生产一辆汽车,其组成购价的45%的零部件由企业内部生产制造,55%由外部企业生产制造。然而,日本厂商生产一辆汽车,只有组成构价的25%的零部件由企业内部生产制造,外包的比例很大。这也许能在某种程度上说明了美国汽车缺乏竞争力的原因。

由此可见,供应链管理的概念是把企业资源的范畴从过去单个企业扩大到整个社会,使企业之间为了共同的市场利益而结成战略联盟。因为这个联盟要"解决"的往往是具体客户的特殊需要(至少有别于其他客户),供应商就需要与客户共同研究如何满足该客户的需要,还可能要对原设计进行重新思考、重新设计,这样就在供应商和客户之间建立了一种长期联系的依存关系。供应商以满足客户、为客户服务为目标,客户当然也愿意依靠这个供应商,当原来的产品用完或报废需要更新时,还会找同一个供应商。这样一来,借助敏捷制造战略的实施,供应链管理也得到越来越多人的重视,成为当代国际上最有影响力的一种企业运作模式。

供应链管理利用现代信息技术,通过改造和集成业务流程,与供应商以及客户建立协同的业务伙伴联盟,实施电子商务,从而大大提高了企业的竞争力,使企业在复杂的市场环境下立于不败之地。根据有关资料统计,供应链管理的实施可以使企业总成本下降10%,供应链上的节点企业按时交货率提高15%以上,订货—生产的周期缩短25%~35%,供应链上的节点企业生产率提高10%以上,等等。这些数据说明,供应链企业在不同程度上都取得了发展,其中以订货—生产的周期缩短最为明显。之所以能取得这样的成果,完全得益于供应链企业的相互合作、相互利用对方资源的经营策略。试想,如果制造商从产品开发、生产到销售完全自己包下来,不仅要背负沉重的投资负担,而且要花相当长的时间。采用供应链管理模式,则可以使企业在最短时间里寻找到最好的合作伙伴,用最低的成本、最快的速度、最好的质量赢得市场,而且受益的不止一家企业,而是一个企业群体。因此,供应链管理模式吸引了越来越多的企业。

有人说,21世纪的竞争不是企业和企业之间的竞争,而是供应链与供应链之间的竞争。那些在零部件制造方面具有独特优势的中小型供应商企业,将成为大型的装配主导型企业追逐的对象。日本一位学者将其比喻为足球比赛中的中场争夺战,他认为谁能拥有这些具有独特优势的供应商,谁就能取得竞争优势。显然,这种竞争优势不是哪一个企业所具有的,而是整个供应链的综合能力。

四、供应链管理思想产生的必然性

1. 环境变化产生的巨大压力

任何事物的产生都有其合理性,供应链管理思想也不例外。归纳起来,供应链管理思想的产生有如下三个必然性。

(1) 进入21世纪之后,企业所面临的市场空间和形态都与以往不一样,这种变化必然会对传统管理所形成的思维方式带来挑战。同时,信息社会或网络社会已经深入我们的生活,这必然会带来工作和生活方式的改变,其中最主要的就是消费需求的变化,人们的消费需求已经从过去满足基本生理需求发展为追求更高层次的生活。

在短缺经济时代,消费品量的供给不足是主要矛盾,所以企业的管理模式主要以提高效率、最大限度地从数量上满足用户的需求为主要特征。现在,随着人们生活水平的提高,个性化需求越来越明显,多样化需求对企业管理的影响越来越大。而品种的增加必然增大管理的难度和对资源获取的难度。企业在兼顾社会利益方面的压力也越来越大,如环保问题、可持续发展问题等,使企业既要考虑自己的经济利益,还要考虑社会利益。

(2) 传统管理模式的主要特征及其在新环境下的不适应性。传统管理模式是以规模化需求和区域性的卖方市场为决策背景,通过规模效应降低成本,获得效益。这样,生产方式必然是少品种、大批量。虽然这种生产方式可以最大限度地提高效率,降低成本,取得良好的规模效应,但它适应品种变化的能力很差。另外,管理层次多必然影响整个企业的响应速度,其组织结构是一种多级递阶控制,管理的跨度小、层次多,且采用集权式管理,以追求稳定和控制为主。

(3) 传统管理模式的主要特点是纵向一体化。这种模式增加了企业的投资负担,企业必须自己筹集资金进行建设,然后自己进行经营和管理。因为企业在发现一个新的市场机会时,要进行扩建或改建,延长了企业响应市场的时间(至少是一个基本建设周期),如此一来,企业还要承担丧失市场时机的风险。纵向一体化模式还迫使企业从事自己并不擅长的业务。这样的管理体制模式显然不适应瞬息万变的市场需求。

在这样的外部压力下,企业间寻求彼此的合作,以整合各自的核心竞争力,供应链管理思想应运而生。

2. 交易成本变动形成的无限动力

20世纪90年代,全球制造的出现导致全球竞争日益加剧,同时用户需求呈现多样化、变化频繁的趋势,因而企业面临着前所未有的"超竞争"。原有的纵向一体化的组织模式给企业带来了大量的机会成本,已完全不适应市场发展的需要。企业要想生存与发展,必须制定以尽可能快的速度、尽可能低的成本、尽可能多的产品品种为特征的战略,将主要精力用于其核心竞争力,同时尽可能地利用外部资源。供应链就是企业群在这一特定环境下的积极应变(见图1-7)。

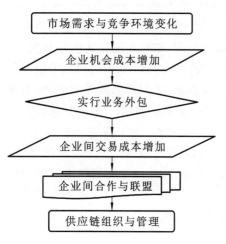

图1-7 供应链组织的产生原理

这里,交易成本包括发现相对价格的工作、谈判、签约、激励、监督履约等的费用。毫无疑问,利用外部资源将带来大量的交易成本。这就需要一种围绕核心企业,通过对信息流、物流、资金流的控制,从采购原材料开始,制成中间产品以及最终产品,最后由销售网络把产品送到消费者手中的,将供应商、分销商、零销商直到最终用户连成一个整体的功能性网链结构模式,而且这种模式能够使由供应商、分销商、零销商组成的整体达到最佳竞争绩效,还使所有参与的企业同时实现各自的利益。这就是供应链管理。

五、供应链管理与传统管理模式的区别

供应链管理与传统的物流管理和控制有着明显的区别,主要体现在以下几个方面。

(1) 供应链管理把供应链中所有合作企业看成一个整体,供应链管理涵盖整个物流从供应商到最终用户的采购、制造、分销、零售等职能过程。

(2) 供应链管理强调和依赖战略管理。"供应"是整个供应链中节点企业之间事实上共享的一个概念(任何两个节点企业之间都是供给与需求关系),同时它又是一个有重要战略意义的概念,因为它影响或者决定了整个供应链的成本和市场占有份额。

(3) 供应链管理的关键之处是采用集成的思想和方法,而不是单个企业的各自为政或者是简单的业务衔接。

(4) 供应链管理的本质是,通过与合作企业建立战略合作伙伴关系去实现高水平的客户服务,而不是仅仅通过传统的业务合同实现企业之间的往来。

六、供应链管理的基本思想

综上所述,供应链管理的基本思想可以概括为以下方面。

(1) 横向一体化的管理思想。强调供应链上的每一个企业都着力于提升自己的核心竞争力,这也是当今人们谈论的共同话题。为此,要认清本企业的核心业务,然后狠抓核心资源,以提高核心竞争力。

(2) 对于企业的非核心业务则应采取外包的方式分散给业务伙伴,并与业务伙伴结成战略联盟关系。

(3) 供应链企业间形成的是一种合作性竞争。合作性竞争可以从两个层面理解:一是过去的竞争对手相互结盟,共同开发新技术,成果共享;二是将过去由本企业生产的非核心零部件外包给供应商,双方合作共同参与竞争,这实际上也体现出核心竞争力的互补效应。

(4) 以顾客满意度作为目标的服务化管理。对下游企业来讲,供应链上游企业的功能不是简单的提供物料,而是要用最低的成本提供最好的服务。

(5) 供应链管理追求物流、信息流、资金流、工作流和组织流的集成。这几种"流"在企业日常经营中都会发生,但过去是每个企业各自为政,没有人去考虑整个流程的连续性,因而影响企业间的协调,最终导致整体竞争力下降。供应链管理则强调这几种"流"必须集成起来,只有跨企业流程实现集成化,才能实现供应链企业协调运作的目标。

(6) 借助信息技术实现目标管理,这是供应链管理的基础条件。

(7) 更加关注物流企业的参与。在供应链管理环境下,物流的作用特别重要,因为缩短物流周期比缩短制造周期更关键。供应链管理强调的是一种从整体上响应最终用户的协调

性,没有物流企业的参与是不可想象的。

七、供应链管理的效益

1997 年 PRTM 公司(Pittiglio Rabin Todd & McGrath)进行的一项关于集成化供应链管理的调查(调查涉及 6 个行业的 165 个企业,其中化工 25%、计算机电子设备 25%、通信 16%、服务 15%、工业 13%、半导体 6%)表明,通过实施供应链管理,企业可以获得以下多方面的效益:

(1) 总供应链管理成本(占收入的百分比)降低超过 10%;
(2) 中型企业的准时交货率提高 15%;
(3) 订单满足提前期缩短 25%~35%;
(4) 中型企业的增值生产率提高超过 10%;
(5) 绩优企业资产运营业绩提高 15%~20%;
(6) 中型企业的库存降低 3%,绩优企业的库存降低 15%;
(7) 绩优企业在现金流周转周期上比一般企业保持 40~65 天的优势。

虽然这些数据反映的是供应链管理发展初期取得的效果,尽管已显得有些陈旧,但是它说明了通过良好的供应链管理,可以使企业在进入新市场、开发新产品、开发新分销渠道、改善售后服务水平、提高用户满意程度、降低库存、降低物流成本、降低单位制造成本、提高工作效率等方面获得良好效益。

而戴维·霍尔(David Hole)认为通过良好的供应链管理可以在进入新市场、开发新产品、开发新分销渠道、改善售后服务水平、提高用户满意程度,以及降低库存、后勤成本、单位制造成本和提高工作效率等方面获得满意效果。

供应链管理能为企业带来效益的源泉是什么?制造业中最关心的是成本,而其中比例最大的就是采购成本。制造业企业如果降低两个百分点的采购成本,所获得的资产回报率会是什么?以飞利浦的实际案例做一个分析。1997 年飞利浦的营业额是 767 亿美元,采购成本大约 300 亿美元,净资产回报率大约 12.8%,如果降低 2% 的采购成本,其净资产回报率大约能提高 12.1%。再以 2011 年我国广东为例,通过供应链一体化的服务水平提高,使仓储周期下降了 20%左右,产品包装成本降低 50%上下,运输成本下降了 18%~20%。再比如大众汽车,它的采购成本高达 84%,净利润是 2.63%,净资产回报率达到 6.84%,如果其零配件采购成本降低两个百分点,净资产回报率则可以提升 64.34%。所以,高效的供应链管理最直接的效益就是降低企业的营运成本并提升净资产回报率。

第三节 供应链管理研究的进展

20 世纪 90 年代以来,供应链作为一种帮助企业提高生存能力与竞争能力的战略管理思想,受到了世界各地的普遍关注。各国的学者与管理专家对供应链进行了大量的研究与探讨。首先,人们从核心企业出发讨论供应链的组成问题,研究供应链的运作方法与运作效率;其次,研究了供应链中一些具有共性的问题,如供应商与制造商、制造商与分销商的关系问题,供应链中的库存问题等。

随着对供应链管理理论的研究不断深入以及应用上的发展,对供应链运作特征的研究逐步从点到线、从线到网络,包括供应链的系统支持与协调控制方法、供应链中的信任机制、供应链中的不确定性问题、供应链的全球化趋势以及由此带来的一系列问题等。

一、关于供应链整合管理的研究

供应链管理的基本思想之一,是主张每个企业集中资源强化自己的核心业务,从而提高有别于竞争对手的核心竞争力,而将非核心业务、或者自己不擅长的业务委托给其他企业,并与这些企业建立合作共赢的伙伴关系,共同占领市场竞争制高点。但是,实践证明,将业务外包给合作企业之后,还要加强相互之间的整合管理,从整体利益最大化的角度出发,共同制定竞争策略,加强沟通与协调,减少信息不对称的风险。同时,还要兼顾各方的利益,不能依靠侵占合作伙伴的利益使自己获利,防范可能出现的道德风险。因此,近年来,加强供应链企业间的整合管理成为热点问题之一。

二、关于供应链管理的策略性研究

围绕供应链的策略性研究一般包括:准时化采购、快速响应、有效用户响应(ECR)、IT应用、延迟技术(postponement technology)等。

有效用户响应与快速响应分别基于不同行业的策略研究。有效用户响应主要是1992年后,在美国食品业兴起的一种供应链策略。其主要观点是:不断降低供应链的成本,通过企业间的密切合作而给用户更大的利益与更有效的响应。快速响应则是美国纺织与服装行业在20世纪80年代以后发展起来的。其主要观点是:最大限度地减少从原材料到最终销售的运行时间与库存数量,以提高对用户的响应速度。这两种策略各有侧重:有效用户响应侧重于降低成本,而快速响应则侧重于缩短时间。但两者也有共同之处,即都要有供应链企业间的良好合作关系与相同的支持技术。

延迟技术是为了响应用户需求、提高产品设计与制造的柔性而实施的一种策略。延迟技术最早用于市场营销,后来逐渐用于物流管理。其根本思想是:使产品最终定型的位置与时间尽可能地靠近用户以便使产品顾客化。为此,在产品生产过程中,采用标准、模块化方法进行设计制造,当产品运送到分销中心后,再由分销中心根据用户对产品款式、外观、包装等方面的要求进行定位。如此可以大大满足用户对产品多样化的要求,在此基础上提高供应链的市场响应能力。惠普公司就成功地运用了延迟化策略生产与销售打印机。

三、供应链的建模技术

供应链的理论研究文献中,有相当一部分与供应链建模技术有关。概括起来,大致有三种模型:信息系统模型、经济运行模型和功能结构模型,而经济运行模型又是学者们前期研究的重点,后来也有了一些信息系统模型。

从供应链模型的发展来看,经历了从简单模型到复杂模型、从单阶段模型到多阶段模型、从单产品模型到多产品模型、从国家模型到国际模型、从确定型模型到随机型模型的发展过程。

按分析和研究的方法不同,供应链模型又可以分为排队论模型(queuing theoretic models)、对策论模型(game theoretic models)、网络流模型(network flow models)和策略评价模型(option valuation models)等。

排队论模型主要用于研究生产企业在平稳生产状态下的情况,如各个设备或车间等的输出率等,并对资源分配进行优化,如合理安排各个设备的加工任务,合理安排人员的加工任务等,以达到提高生产效率的目标,例如,利用 M/G/1 排队系统研究生产批量和生产准备时间的关系等问题。

对策论模型主要用于研究供应商与制造商之间、制造商与销售商之间的相互协调,如研究制造商和销售商之间的协调,确定制造商和销售商各自的对策,确定产品价格、订货时间等,使他们都能获得比原来更高的收益。

网络流模型主要用于研究供应链中成员的选择、布局以及供应链的协调问题。网络提供了一种描述供应链结构的方法,用网络流模型来表示一个供应链有其独特的优点,它能很方便地表示供应链中各种活动的先后次序。

策略评价模型主要用于研究供应链在不确定情况下的管理和协调问题。对跨国企业而言,经常会有不确定事件发生,如汇率波动、政府政策改变或新技术的发明等。企业会采取各种策略对此作出反应,如调整供应链成员的数量,采用不同的生产技术等。策略评价模型提供了一种对采取的措施和策略进行评价的方法。策略评价模型一般是随机动态规划模型,目标是使各个时期的期望费用总和最小或总收益最大。

这些模型中,有的运用了整数规划或混合整数规划法,建立全球供应链模型、全球制造与分销的资源优化供应链模型、面向供应链优化的动态需求计划模型,也有的将整数规划与线性规划方法相结合,如提出基于资源配置的供应链设计模型。

由于供应链所涉及的问题很多,在一个模型中同时考虑所有的因素几乎是不可能的,要建立一个比较接近实际情况而又可以求解的供应链模型是很困难的。从上面的介绍可以看出,一部分研究人员仅提出一个模型框架,并没有对具体模型进行研究,甚至没有任何数学公式表示。而且在现有的一些模型中,有些重要的因素没有考虑或很少考虑,例如,很少考虑供应链中信息流、现金流,很少考虑供应链重组等。

四、 供应链企业间的合作关系研究

在对供应链管理的基本理论进行研究的基础上,人们对于供应链企业间的合作关系进行了深入研究,如供应链企业间的合作对策与委托实现机制问题,认为"合作对策与委托实现机制是合作型竞争企业实现供应链管理的重要环节"。研究人员探讨了供应链系统中企业间合作关系与委托实现机制的发展动态,提出了在我国企业改革中面临的问题和实现供应链管理的对策措施。有人研究了供应链系统中合作伙伴的选择问题,提出了基于企业间战略伙伴关系的企业集成模式;指出了供应链组织的五个评价指标:柔性、集成、协调、简洁、稳定;讨论了柔性和柔性度量的三维指标:范围(range)、费用(cost)、时间(time);研究了供应链企业间的激励机制,提出了基于企业间委托代理关系的三种激励模型;研究了供应链系统中的绩效评价问题;对供应链企业间委托代理的激励问题进行了博弈分析。

成功的供应链管理必须高度重视企业间的合作关系,因此关于合作关系研究的文献比较多见。这些文献的作者认为,建立企业间的合作关系是一种重要的战略思想,提出了"合作竞争"(cooperative competition)与"无边界组织"(borderless organization)的概念,指出要在一个跨越企业界限的范围内集成企业的活动。

在建立企业间合作关系的研究中,研究人员认为供应商-制造商关系在供应链企业关系中显得最为重要。同时,他们都注意到,建立企业间良好的合作关系,需要双方的相互信任。制造商对于供应商的信任程度与供应商的声誉和规模正相关,与供应商为采购商进行专门投资的意愿、信息共享的程度、双方合作时间的长短正相关。

五、供应链绩效评价

供应链系统的运行状况如何,还需作哪些改进,是供应链绩效评价需要解决的问题。关于供应链绩效评价问题的研究也是学者们关心的问题,如人们提出了一个供应链绩效评价的框架;在研究了供应链上不同企业对各自行为以及相互行为的满意度评价问题后,认为不同节点企业对于用户需求和各自工作业绩的评价是不同的,顾客对交货期更敏感,下游企业对于顾客需求也更为敏感。

对于供应链的绩效评价,研究者提出了一个定量化的方法体系,即资源指标、输出指标、柔性指标。其中,资源指标主要涉及成本、投资回收率等方面;输出指标涉及产出与用户服务方面;柔性指标涉及供应链对变化的响应性方面。

六、供应链运作的协调与协同运作

供应链的核心机制是"竞争—合作—协调",其中协调是供应链管理成功与否的关键。供应链由不同的经济实体组成,各自有不同的优化目标和个体利益,这些优化目标往往与供应链整体目标相冲突。同时,供应链中存在许多不确定因素,例如,客户可能会中途改变或取消订单,材料或零部件不能准时到达,生产过程中设备突然发生故障,等等,使得供应链系统具有很强的动态特性。

因此,为了使信息流、资金流和物流在供应链成员企业之间和企业内部顺畅地流动,从而达到降低成本、缩短交货期、提高顾客满意度、改善供应链绩效的目标,就必须有效协调供应链各个成员企业之间的各项行为和活动,使供应链作为一个整体来运行。

关于运作管理的协调研究始于1960年克拉克(Clark)等人对多级库存/销售系统的研究,后来又有了美国宝洁公司与零售商之间就儿童纸尿布自动连续补货的实践,这是一次真正的供应链协调的实践。目前,供应链协调(supply chain coordination,SCC)的研究已经越来越受到重视。

对供应链协调的研究主要反映在以下方面:买方-卖方协调(buyer-vendor coordination),如各种供应契约的设计与优化;生产-分销协调(production-distribution coordination);库存-分销协调(inventory-distribution coordination);供应链网络结构中物流过程的协调;基于互联网的供应链协调机制,如拍卖、多维拍卖、封闭式拍卖、采购团、电子采购帮助和电子代理,等等。

七、供应链风险管理

近几年来,各种供应链运作中的风险事件让很多著名的供应链企业损失惨重。

2000 年,美国新墨西哥州飞利浦公司的第 22 号芯片厂发生火灾,Ericsson 公司因此损失了 4 亿美元的销售额,市场占有率也从原来的 12% 下降为 9%;

2001 年,耐克公司因为供应链管理软件的运用错误,导致公司损失了 3/4 的销售收入,公司的市场占有率也下降了 20% 之多;

Cisco 公司 2001 年因为对需求预测的失误造成 25 亿美元的存货报废;

2002 年 9 月,美国西海岸发生工人罢工,由于这里是我国中远集团进入美国的主要门户,致使中远集团在两周内损失至少 2400 万美元;

2002 年的"9·11"恐怖主义袭击使得北美的机场被迫关闭,致使数千条供应链中断,造成难以估计的损失;

2005 年,雀巢奶粉碘含量超标,宝洁 SK-Ⅱ被诉含有有害成分,光明"回奶"事件,亨氏、肯德基部分产品发现含有苏丹红一号,使得消费者信心大受打击;

2008 年中国的三鹿奶粉事件,让一个行业龙头企业陷入困境;

2011 年的双汇"瘦肉精"事件,再次让人们对食品安全忧虑重重,等等。

越来越多的案例表明,随着现代供应链的复杂性不断增加,供应链的脆弱性正在逐渐增加。为了提高供应链的竞争力,获取竞争优势,企业需要高度重视供应链的风险管理,它不仅是供应链管理理论体系的核心内容之一,而且是供应链管理的内在要求。企业必须采取措施使供应链避免可能对其产生破坏的风险,尽量降低风险给供应链带来的损失。这些目标只有通过合理的风险管理与控制措施才能达成。因此,面对不确定性事件及突发事件的冲击,供应链如何保持稳健运行,尽快从各种危机和冲击中恢复过来,尽量减少损失,成为 21 世纪供应链管理的重要内容。

【本章关键术语】

供应链　供应链管理　纵向一体化　横向一体化　供应链管理战略　供应链协调与协作

【本章思考与练习题】

1. 供应链的结构特征是什么?
2. 何谓供应链管理?简述供应链管理与传统管理的区别和联系。
3. 供应链管理的关键在于实现企业内部及企业之间资源的集成。从这一意义出发,分析互联网在供应链管理中的重要地位。
4. 电子商务将成为 21 世纪最主要的商业模式之一,它将对企业传统的业务流程带来巨大变革。请阐述供应链管理对我国企业成功实施电子商务的重要意义。

5. 简述企业实施供应链管理的原则和步骤,并以制造型企业为例,分析我国企业的传统制造模式如何实现再造。

6. 为了实现对消费者需求快速、有效的响应,你认为供应链上各成员之间应建立一种怎样的关系?简述这种关系的内涵。

7. 实施供应链管理战略有哪些策略可选用?请作具体说明。

8. ECR供应系统是怎样发展起来的?它为什么会有优势?实施中要注意哪些问题?

9. 你是怎样理解一体化管理原理的?

【经典案例】

供应链管理在中国汽车制造业的成功应用

——风神汽车有限公司的案例研究

一、引言

2001年中国加入WTO后,中国汽车制造业正面临着前所未有的市场竞争环境。

一方面,国内汽车市场中的消费需求日趋个性化,且消费者要求能在任何时候、任何地点,以最低的价格及最快的速度获得所需要的产品,从而使市场需求不确定性大大增加。在捉摸不定的市场竞争环境中,有的企业能够长盛不衰,有的只能成功一时,还有的企业却连一点成功的机会都没有。另一方面,伴随着中国加入WTO,中国整个汽车工业又将受到国外汽车制造商的冲击和挤压,而且随着市场经济的发展,中国企业原有的经营管理方式早已不适应激烈竞争的要求。在这种内外交困的环境下,企业要想生存和发展,必须寻求新的出路。

经济全球化、制造全球化、合作伙伴关系的建立、信息技术进步以及管理思想的创新,使得竞争的方式也发生了不同寻常的转变。现在的竞争主体,已经从以往的企业与企业之间的竞争转向供应链与供应链之间的竞争。因而,在越来越激烈的竞争环境下,供应链管理成为近年来在国内外逐渐受到重视的一种新的管理理念和管理模式,在企业管理中得到普遍应用。风神汽车有限公司就是其中一个典型案例。

风神汽车有限公司是东风汽车公司、台湾裕隆汽车制造股份有限公司(为台湾地区第一大汽车制造企业,其市场占有率高达51%,年销量20万辆)、广州京安云豹汽车有限公司等合资组建的,由东风汽车公司控股的三资企业。在竞争日益激烈的大环境下,风神公司采用供应链管理思想和模式及其支持技术方法,取得了当年组建、当年获利的好成绩。通过供应链系统,风神汽车有限公司建立了自己的竞争优势:通过与供应商、花都工厂、襄阳(2010年前称襄樊)工厂等企业建立战略合作伙伴关系,优化了供应链上成员间的协同运作管理模式,实现了合作伙伴企业之间的信息共享,促进了物流通畅,提高了客户反应速度,创造了竞争中的时间和空间优势;通过设立中间仓库,实现了准时化采购,从而减少了各个环节的库存量,避免了许多不必要的库存成本消耗;通过在全球范围内优化合作,各个节点企业将资源集中于核心业务,充分发挥其专业优势和核心能力,最大限度地缩短了产品开发、生产、分销、服务的时间和空间距离,实现了对客户需求的快速、有效反应,大大缩短了订货的提前期;通过战略合作充分发挥链上企业的核心竞争力,实现了优势互补和资源共享,共生出更强的整体核心竞争能力与竞争优势。风神公司目前的管理模式无疑是成功、有效的,值得深入研究和学习借鉴。

二、风神公司的供应链系统

1. 风神供应链结构

供应链是围绕核心企业,通过对信息流、物流、资金流的控制,从原材料采购开始,制成中间产品以及最终产品,最后由销售网络把产品送到消费者手中的将供应商、制造商、分销商、零售商直至最终用户连成一个整体的功能网链结构。它是一个范围更广的扩展企业结构模式,包含所有加盟的节点企业,从原材料供应开始,经过链上不同企业的制造加工、组装、分销等过程直到最终用户。它不仅是一条连接供应商到最终用户的物料链、信息链、资金链,而且是一条增值链,物料在供应链上因加工、包装、运输等过程而增加其价值,给相关企业都带来收益。

风神公司的供应链(以下简称"风神供应链")结构如图1-8所示。

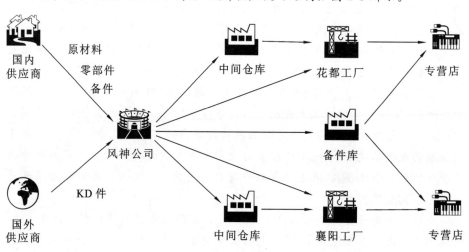

图1-8 风神公司供应链结构示意图

在风神供应链中,核心企业风神汽车公司总部设在深圳,生产基地设在湖北的襄阳、广东的花都和惠州。"两地生产,委托加工"的供应链组织结构模式使得公司组织结构既灵活又科学。风神供应链中所有企业得以有效地连接起来,形成一体化的供应链,并和从原材料到向顾客按时交货的信息流相协调。同时,在所有供应链成员间建立起了合作伙伴型的业务关系,促进了供应链活动的协调进行。

在风神供应链中,风神汽车公司通过自己所处的核心地位,对整个供应链的运行进行信息流和物流的协调,各节点企业(供应商、中间仓库、工厂、专营店)在需求信息的驱动下,通过供应链的职能分工与合作(供应、库存、生产、分销等),以资金流、物流和服务流为媒介,实现整个风神供应链的不断增值。

2. 风神供应链的结构特征

为了适应产品生命周期不断缩短、企业之间的合作日益复杂以及顾客的要求更加挑剔的环境,风神供应链中的供应商、产品(整车)制造商和分销商(专营店)被有机组织起来,形成了供应—生产—销售的供应链。风神的供应商包括了多家国内供应商和多家国外供应商(提供KD件,即国外原装进口零件),并且在全国各地设有多家专营店。供应商、制造商和分销商在战略、任务、资源和能力方面相互依赖,构成了十分复杂的供应—生产—销售网链。通过分析发现,风神供应链具有如下特征。

第一,风神供应链的结构具有层次性。从组织边界的角度看,虽然每个业务实体都是供应链的成员,但是它们的作用可以通过不同的组织边界体现出来。这些实体在法律上是平等的,在业务关系上是有层次的,这与产品结构的层次是一致的。

第二,风神供应链的结构表现为双向性。在风神供应链的企业中,使用某一共同资源(如原材料、半成品或产品)的实体之间既相互竞争又相互合作,如襄阳厂和花都厂作为汽车制造厂,必然在产量、质量等很多方面存在竞争,但是在整个风神供应链运作中又是紧密合作的。花都厂为襄阳厂提供冲压件,在备件、零部件发生短缺时,相互之间又会进行协调调拨,以保证生产的连续性,最终保证供应链系统的整体最优。

第三,风神供应链的结构呈多级性。随着供应、生产和销售关系的复杂化,风神供应链的成员越来越多。如果把供应链网中相邻两个业务实体的关系看作一对"供应-购买"关系,对于风神供应链这样的网链结构,这种关系应该是多级的,而且同一级涉及多个供应商和购买商。供应链的多级结构增加了供应链管理的困难,同时也为供应链的优化组合提供了基础,可以使风神公司根据市场变化随时对备选伙伴进行组合,省去了重新寻找合作伙伴的时间。

第四,风神供应链的结构是动态的。供应链的成员通过物流和信息流联结起来,但是它们之间的关系并不是一成不变的。根据风神公司战略转变和适应市场变化的需要,风神供应链中的节点企业需要动态地进行更新。而且,供应链成员之间的关系也由于顾客需求的变化而经常作出适应性的调整。

利用风神供应链的这些特征,风神公司找到了管理的重点。例如,风神公司对供应链系统进行了层次区分,确定出了主干供应链和分支供应链,在此基础上建立起了最具竞争力的一体化供应链。另外,利用供应链的多级性特征,对供应链进行等级排列,对供应商/分销商进一步细分,进而制定出具体的供应/营销组合策略。利用供应链结构的动态性特点指导风神公司建立供应链适时修正战略,使之不断适应外部环境的变化。世界著名的耐克公司之所以取得全球化经营的成功,关键在于它卓越地分析了公司供应链的多级结构,有效地运用了供应商多级细分策略。这一点在风神公司的供应链上也得到了体现,说明充分掌握供应链的结构特征对制定恰当管理策略的重要性。

三、风神供应链的管理策略

风神供应链在结构上具有层次性、双向性、多级性、动态性和跨地域性等特点,在管理上涉及生产设计部门、计划与控制部门、采购与市场营销部门等多个业务实体,因此,在实现供应链的目标、运作过程和成员类型等方面存在较大的差异。面对如此复杂的供应链系统,如何选择恰当的管理策略是非常重要的。

1. 供应链核心企业的选址战略

风神汽车供应链中的核心企业设在广东的深圳,这是因为深圳有优惠的税收政策和发达的资本市场,并且可为今后的增资扩股、发行企业债券等提供财力支援。此外,在便利的口岸、交通、技术引进及资讯等方面,深圳具有无可替代的地理优势,这些都是构成风神供应链核心竞争力的重要因素。而位于湖北的襄阳工厂有资金、管理及技术资源的优势,广东花都工厂具有整车组装能力,这样,把深圳作为供应链中销售、财务、技术、服务及管理的枢纽,而将整车装配等生产过程放在襄阳和花都,又以襄阳和花都为中心连接起众多的上游供应商,从而可以集中公司的核心竞争力完成销售、采购等核心业务,在整个供应链中就像扁担一样扛起了襄阳、花都两大生产基地。

2. 业务外包战略

风神公司"总体规划,分期吸纳,优化组合"的方式很好地体现了供应链管理中的业务外包(outsourcing)及扩展企业(extended corporation)思想。这种组合的优势体现在充分利用国际大平台的制造基础,根据市场需求的变化选择新的产品,并且可以最大限度降低基建投资及缩短生产准备期,同时还可以共享销售网络和市场,共摊研发成本、生产成本和物流成本,从而减少了供应链整体运行的总成本,最后确保风神汽车公司能生产出最具个性化、最适合中国国情的中高档轿车,同时还具有最强的竞争力。风神公司紧紧抓住"总体规划,分期吸纳,优化组合"的核心业务,而将其他业务(如制造、仓储、物流等)外包出去。

3. 全球性资源优化配置

风神公司的技术引进战略以及KD件的采购战略体现了全球资源优化配置的思想。风神公司大部分的整车设计技术是由日产汽车和台湾裕隆提供的,而采购则包括了KD件的国外进口采购和零部件的国内采购,整车装配是在国内的花都和襄阳两个地方进行,销售也是在国内不同地区的专营店进行,这就实现了从国内资源整合到全球资源优化配置的供应链管理,大大增强了整个供应链的竞争能力。

4. 供应商管理库存的管理方式

在风神供应链的运作模式中,非常值得学习和借鉴的一点就是其供应商管理库存(vendor managed inventory,VMI)的思想。关于 VMI,国外有学者认为:"VMI 是一种在用户和供应商之间的合作性策略,以对双方来说都是最低的成本优化产品的可获得性,在一个相互同意的目标框架下由供应商管理库存,这样的目标框架被经常性监督和修正以产生一种连续改进的环境。"风神公司的 VMI 策略和模式,通过与风神公司的供应商之间建立战略性长期合作伙伴关系,打破了传统的各自为政的库存管理模式,体现了供应链的集成化管理和"双赢"思想,能更好地适应市场化的要求。VMI 是一种供应链集成化运作的决策代理模式,它把用户的库存决策权代理给供应商,由供应商代理客户行使库存管理的决策权。例如,在风神公司的采购过程中,风神公司每 6 个月与供应商签订一份开口合同或者闭口合同,在每个月月初告诉供应商每个月的要货计划,供应商根据这个要货计划安排自己的生产,然后将产品运送到风神公司的中间仓库,而风神公司的装配厂只需要按照生产计划凭领料单按时到中间仓库提取产品即可,库存的消耗信息由供应商采集并及时作出补充库存的决策,实现了准时化供货,节约了库存成本,为提高整个供应链的竞争力作出了贡献。

5. 战略联盟的合作意识

风神公司通过业务外包的资源整合,实现了强强联合,达到了共赢的目的。通过利用全球采购供应资源和产品开发技术,以及国内第三方物流企业的优势,风神汽车公司不仅获得了投资仅一年就获利的良好开端,而且为花都工厂、襄阳工厂以及两地中间仓库和供应商带来了巨大商机,使所有的企业都能在风神供应链中得到很好的发展。风神供应链中的合作企业都认识到,它们已经构成了相互依存的联合体,各方都十分珍惜这种合作伙伴关系,都培育出了与合作伙伴结成长期战略联盟的意识。

当风神供应链中每个成员企业的活动都能像乐队队员按乐谱演奏时,制造商能够及时了解市场动态,供应商知道何时增加或减少生产,物流公司能够掌握何时提供准时物流服务,分销商也可及时进行调整,这样,就能把传统经营中经常出现的流通中断或库存积压过多或积压时间过长等问题消除或者降到最低限度,从而真正实现精细化生产。

问题讨论:

1. 风神供应链管理所体现的真正价值是什么?
2. 风神供应链上的伙伴是如何分享它们所需要的各种信息的?

第二章 供应链系统的类型与特征

本章重点理论与问题

本章围绕供应链管理的基本内容,着重讨论供应链系统的类型、供应链的运行策略及机制、供应链的集成化管理以及与供应链管理有关的战略决策等问题,使读者能够认识到,不同的企业或同一企业的不同产品都有不同的竞争特性,如何根据竞争特性选择与之相适应的供应链管理模式,是企业实施供应链管理的一个基本问题。如果这个问题解决不好,就很难利用供应链管理的本质特征提高企业的竞争力。因此,本章的内容是进一步了解和应用供应链管理理论和方法的基础。

第一节 供应链的类型

一、供应链的系统特征

从前面介绍的供应链结构模型可以看出,供应链是一个网链结构,由围绕核心企业的供应商、供应商的供应商和用户、用户的用户组成,是一个典型的复杂系统。每一个企业都是供应链上的一个节点,节点企业和节点企业之间是一种需求与供应关系。一般来说,供应链系统主要具有以下特征。

(1) 系统性。供应链是由不同相关企业和组织组成的有机体,具有共同的目标。供应链是一个大的系统,系统内又有若干子系统或子链。

(2) 复杂性。因为供应链节点企业组成的跨度(层次)结构,供应链往往由多个、多类型甚至多国企业构成,所以供应链结构模式比一般单个企业的结构模式更为复杂。

(3) 动态性。供应链管理因企业战略和适应市场需求变化的需要,其中的节点企业需要动态的更新,这就使得供应链具有明显的动态性。

(4) 用户需求响应性。供应链的形成、存在、重构都是基于一定的市场需求而发生的,并且在供应链的运作过程中,用户的需求拉动是供应链中信息流、产品或服务流、资金流运作的驱动源。

(5) 交叉性。节点企业可以是这个供应链的成员,同时又是另一个供应链的成员,众多的供应链形成交叉结构,增加了协调管理的难度。

由此可见,供应链是一个非常复杂的大系统。面对如此复杂的系统,必须认清不同情况下供应链系统的特征,这样才能有目的地选择适合本企业的运作模式。同时,必须分清不同的类型,才能有针对性地选择最适宜的管理模式。

二、供应链的类型

根据不同的划分标准,我们可以将供应链分为以下几种类型。

1. 稳定的供应链和动态的供应链

根据供应链存在的稳定性,可以将供应链划分为稳定的供应链和动态的供应链。基于相对稳定、单一的市场需求而组成的供应链稳定性较强,而基于相对频繁变化、复杂的需求而组成的供应链动态性较强。在实际管理运作中,需要根据不断变化的需求,相应地改变供应链的组成。

2. 平衡的供应链和失衡的供应链

根据供应链容量与用户需求的关系,可以将供应链划分为平衡的供应链和失衡的供应链。一个供应链具有一定的、相对稳定的设备容量和生产能力(所有节点企业能力的综合,包括供应商、制造商、运输商、分销商、零售商等),但用户需求处于不断变化的过程中。当供应链的容量能满足用户需求时,供应链处于平衡状态,而当市场变化加剧,造成供应链成本增加、库存增加、浪费增加等现象时,企业不是在最优状态下运作,供应链则处于失衡状态,如图2-1所示。

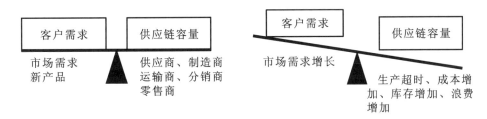

图 2-1 平衡的供应链和失衡的供应链

平衡的供应链可以实现各主要职能(采购——低采购成本、生产——规模效应、分销——低运输成本、市场——产品多样化和财务——资金周转快)之间的均衡。

3. 效率型供应链和响应型供应链

供应链构成类型及特点与它所支持的产品在市场上的表现特点有很大关系。根据产品在市场上的表现特点,可以将其分为功能性产品和创新性产品。这两类产品的特点对比如表2-1所示。

表 2-1 产品需求特征的比较

比 较 项 目	功能性产品	创新性产品
需求特征	可预测	不可预测
产品生命周期	>2年	3个月~1年
边际收益	5%~20%	20%~60%
产品多样性	品种少(10~20)	品种多(上百)

续表

比较项目	功能性产品	创新性产品
平均预测误差幅度	10%或更低	40%~100%
平均缺货率	1%~2%	10%~40%
平均销售期末降价比率	几乎为0	10%~25%
产品的提前期	6个月~1年	1天~2周

在实施供应链管理的时候,应该根据不同的产品特点,选择和设计不同类型的供应链系统。根据支持功能性产品还是支持创新性产品,人们提出了两种类型的供应链:效率型供应链(efficient supply chain)和响应型供应链(responsive supply chain)。效率型供应链主要体现供应链的物料转换功能,即以最低的成本将原材料转化成零部件、半成品、产品,并完成在供应链中的运输、配送等活动;响应型供应链主要体现供应链对市场需求的响应功能,即把产品分配到满足用户需求的市场,对未知的需求作出快速反应等。两种类型供应链的比较如表2-2所示。

表 2-2 响应型供应链与效率型供应链的比较

比较项目	效率型供应链	响应型供应链
主要目标	需求的可预测性 最低生产成本的有效需求	快速响应不可预测的需求,减少过期库存产品的降价损失
制造过程的重点	维持高平均利用率	消除多余的缓冲能力
库存战略	追求高回报,使通过供应链上的库存最小	消除大量的零部件和产品缓冲库存
提前期	在不增加成本的前提下缩短提前期	采取主动措施缩短提前期
选择供应商的方法	选择的重点是依据成本和质量	选择的重点是依据速度、柔性和质量
产品设计战略	绩效最大,成本最小	使用模块化设计和延迟制造技术实现产品差异化

知道产品和供应链的特性后,就可以设计出与产品需求一致的供应链,图2-2所示就是供应链设计策略矩阵。

	功能性产品	创新性产品
效率型供应链	匹配	不匹配
响应型供应链	不匹配	匹配

图 2-2 供应链设计策略矩阵

策略矩阵的四个元素代表四种可能的产品和供应链的组合,管理者可以据此判断企业的供应链流程设计是否与产品类型一致。这就是基于产品的供应链设计策略:效率型供应链流程适合于功能性产品,响应型供应链流程适合于创新性产品。混淆就会产生问题。

例如，海尔物流就曾遭遇过一次不大不小的问题。海尔物流在组建的头两年取得的成绩是众所周知的，之所以在开始的两年里能为海尔作出巨大贡献，主要取决于海尔集团庞大的家电产业规模。从冰箱到空调、冷柜、洗衣机、彩色电视机，海尔共涉及96大门类15100多个规格的产品群，重要家电产品线已接近完整。从这类产品的属性来看，应该属于功能性产品，通过规模效应降低了供应链成本。但是，2004年3月，海尔取消各地的电脑分公司，改为大区制；将电脑事业部的资金流和物流收回，分别并入工贸公司和集团的物流本部，由集团统一控制；海尔3C负责商流和销售，并拿出5%的利润给上述两个部门，以获得相应的资金流和物流的支持。其实，2004年3月整改后，相当一部分经销商感觉到物流不仅没有加快，反而更慢了——原先发一批货到山西，通过北京分公司，可能1天就到了，只需要几十元费用；而改为通过海尔集团的物流本部统一平台之后，时间要长好几天，费用也增加到了几百元。IT物流周转频率高、批量小、品种多、速度快、个性化的特点被家电的固有渠道所扭曲。另一方面，海尔电脑的原料由集团内部统一规划、统一采购和统一运输后，表面上共享了平台，但由于规模没有上来，机制又不灵活，反而造成采购成本过高，这直接影响了海尔电脑的价格政策。对于本不具有家电物流特点的手机、电脑等IT产品，放到海尔家电物流的平台便显得勉为其难了。

4. 敏捷性供应链

效率型供应链和响应型供应链的划分主要是从市场需求变化的角度出发的，重点是供应链如何处理市场需求不确定的运作问题。在实际供应链管理过程中，不仅要处理来自需求端的不确定性问题，而且要考虑如何处理来自供应端的不确定性问题。在有些情况下，来自供应端的不确定对整个供应链运作绩效的影响可能更大一些。例如，2004年出现在国内原煤市场上的供应紧张现象，使以原煤为输入资源的供应链企业都感到前所未有的压力。那些具有较高应变能力的供应链能够及时调整策略渡过难关，而那些不具备应变能力的供应链企业则面临被市场淘汰的局面。图2-3是需求不确定性和供应不确定性对某些典型行业影响的示意图。

	需求不确定性	
	低(功能性产品)	高(创新性产品)
供应不确定性 低(稳定流程)	Ⅰ 杂货、服装、食品、石油和天然气	Ⅱ 时装、家具、计算机、流行音乐
供应不确定性 高(变化流程)	Ⅲ 水力发电、某些食品加工	Ⅳ 电信、高端电脑、半导体

图2-3 需求不确定性和供应不确定性示例

从供应和需求两个方面的不确定性对供应链运作的影响出发，人们进一步细分了供应链的类型，如图2-4所示。

图2-4中的敏捷性供应链应该是一种综合能力最强的供应链系统，它能够对来自需求和供应的不确定性作出及时反应，使自己始终能够围绕运行环境的变化而变化。

图 2-4 考虑需求不确定性和供应不确定性的供应链类型

三、"推-拉"结合的供应链系统

在供应链构成的类型中,一般很难见到单纯的效率型供应链或者单纯的响应型供应链,现实中的供应链结构类型更多的是"推动-拉动"组合形式。供应链面向市场一端主要以客户需求为驱动力,主张快速响应客户的需求,因此是拉动式的。而供应链上游供应商一端更多的是以预测驱动生产和供应,因此是推动式的。推动式与拉动式的接口处被称为"推-拉"边界,如图 2-5 所示。

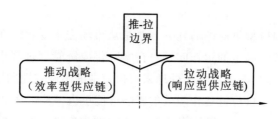

图 2-5 "推-拉"供应链分界线

以戴尔计算机为例。虽然其需求具有较大的不确定性,规模效应也不十分突出,理论上应当采取拉动战略,但实际上戴尔计算机并没有完全采取拉动战略,因为如果那样的话,它的成本会非常高。因此,它采用"推-拉"组合战略的供应链系统。戴尔计算机的装配完全是根据最终顾客订单进行的,此时它的运作是典型的拉动战略,追求的是快速响应目标。但戴尔计算机的零部件供应商是按中长期预测进行生产并制定供应决策的,此时它执行的却是推动战略,追求的是零部件供应的低成本目标。也就是说,供应链的推动部分是在装配之前,而其拉动部分则从装配之后开始,并按实际的顾客需求进行,是一种"前推后拉"的混合供应链战略。

"推-拉"组合战略的另一种形式是采取"前拉后推"的供应链组合战略。例如,图 2-3 中的区域Ⅱ表示的是那些需求不确定性高,但生产和运输过程中规模效应十分明显的产品和行业。家具行业是最典型的例子。一般家具生产商提供的产品在材料上差不多,但在家具外形、颜色、构造等方面的差异却很大,因此它的需求不确定性相当高。另一方面,由于家具产品的体积大,所以运输成本也非常高。此时就有必要对生产、分销策略进行区分。从生产角度看,由于需求不确定性大,企业不可能根据长期的需求预测进行生产,所以生产要采用拉动战略。另一方面,这类产品体积大,运输成本高,所以,分销策略又必须充分考虑规模经济的特性,通过大规模运输来降低运输成本。事实上,许多家具厂商采取的正是这种战略。也就是说,家具制造商是在接到顾客订单后才开始生产,当产品生产完成后,将此类产品与其他所有需要运输到某一地区的产品一起送到零售商的商店里,进而送到顾客手中。因此,家具厂商的供应链战略是这样的:采用拉动战略按照实际需求进行生产,采用推动战略根据固定的时间表进行运输,是一种"前拉后推"的组合供应链战略。

第二节 供应链成长理论与供应链管理的运行机制

一、供应链成长理论

社会组织和自然界一切生命体一样,都有一个起源—成长—发育—成熟—衰退—解体(灭亡)的生命周期。供应链有广义和狭义两种解释,狭义地讲,供应链是指一种企业网络;广义地讲,任何一个企业组织都是一个供应链结构体(产、供、销一体化)。我们应该从集成化的角度研究供应链管理模式,即综合这两方面的内容,由内向外,由表及里,由企业内部的协调分工到企业间的协作与联盟,其最终目的是追求企业更强的竞争力和更高的效益。

供应链运作的表象是物流、信息流、资金流,但是供应链的成长过程实质上有两方面的含义:一是通过产品(技术、服务)的扩散机制来满足社会的需求;二是通过市场的竞争机制来发展、壮大企业的实力,因此,供应链管理实际上是一种基于"竞争—合作—协调"机制的、以分布企业集成和分布作业协调为保证的新的企业运作模式。

当考察一个供应链的成长过程时,不仅应该看到企业有形的力量在壮大,更应该看到企业无形的能量在升华。因此,供应链的成长过程既是一种几何(组织)生长过程,也是一种能量的集聚过程和思想文化的变迁过程。

供应链成长过程体现在企业在市场竞争中的成熟与发展之中,通过供应链管理的合作机制(cooperation mechanism)、决策机制(decision mechanism)、激励机制(encourage mechanism)和自律机制(benchmarking)等来实现满足顾客需求、使顾客满意以及留住顾客等功能目标,从而实现供应链管理的最终目标:社会目标(满足社会就业需求)、经济目标(创造最佳利益)和环境目标(保持生态与环境平衡)的合一(见图2-6),这可以说是对供应链管理思想的哲学概括。

二、供应链管理的运行机制

1. 合作机制

供应链合作机制体现了战略伙伴关系和企业内外资源的集成与优化利用。基于这种企业环境的产品制造过程,从产品的研发到投放市场,周期大大缩短,而且顾客导向化程度更高,模块化、简单化产品以及标准化组件,使企业的柔性和敏捷性在多变的市场中显著增强,

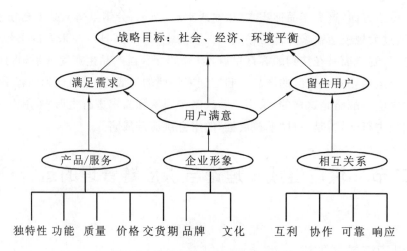

图 2-6 供应链管理目标的实现过程

虚拟制造与动态联盟提高了业务外包策略的利用程度。企业集成的范围扩大了,从原来的中低层次的内部业务流程重组上升到企业间的协作,这是一种更高级别的企业集成模式。在这种企业关系中,市场竞争策略最明显的变化就是基于时间的竞争和价值链及价值让渡系统管理或基于价值的供应链管理。

2. 决策机制

由于供应链企业的决策信息来源不再仅限于一个企业内部,而是处于开放的信息网络环境下,不断进行信息交换和共享,达到供应链企业同步化、集成化计划与控制的目的。而且随着因特网/物联网发展成为新的企业决策支持信息基础平台,企业的决策模式将会产生很大的变化,因此,处于供应链中的任何企业决策模式都应该是基于因特网/物联网的开放性信息环境下的群体决策模式。

3. 激励机制

归根到底,供应链管理和任何其他的管理思想一样,都是要使企业在面向 21 世纪的竞争中在"TQCSF"上有上佳表现(TQCSF 中,T 为时间,指反应快,如提前期短、交货迅速等;Q 指质量,指产品、工作及服务质量高;C 为成本,即企业要以更少的成本获取更大的收益;S 为服务,指企业要不断提高用户服务水平,提高用户满意度;F 为柔性,指企业要有较好的应变能力)。缺乏均衡一致的供应链管理业绩评价指标和评价方法是目前供应链管理的不足和导致供应链管理实践效果不好的一个主要问题。为了掌握供应链管理的技术,必须建立、健全业绩评价和激励机制,使管理者知道供应链管理思想在哪些方面、在多大程度上让企业改进和提高,以推动企业管理工作不断完善和提高,也使得供应链管理能够朝着正确的轨道与方向发展,真正成为能为企业管理者乐于接受和实践的新的管理模式。

4. 自律机制

自律机制要求供应链企业向行业的领头企业或最具竞争力的竞争对手看齐,不断对产品、服务和供应链业绩进行评价,并不断加以改进,以使企业能保持自己的竞争力和持续发展。自律机制主要包括企业内部的自律、对比竞争对手的自律、对比同行企业的自律和对比领头企业的自律。企业通过推行自律机制,可以降低成本,增加利润和销售量,更好地了解竞争对手,减少用户的抱怨,从而提高客户满意度,增加企业信誉;同时,也可以缩小企业内部部门之间的业绩差距,提高企业的整体竞争力。

5. 风险机制

供应链企业之间的合作会因为信息不对称、信息扭曲、市场不确定性,政治、经济、法律等因素的存在而导致各种风险,因此必须采取必要的措施规避风险,如信息共享、合同优化、监督控制机制等,尤其是必须在企业合作的各个阶段通过激励机制的运行,采用各种激励手段实施激励,以使供应链企业之间的合作更加有效。针对供应链企业合作存在的各种风险及其特征,应该采取不同的防范对策。对风险的防范,可以从战略层和战术层分别加以考虑。主要措施包括以下几个。

(1)建立战略合作伙伴关系。供应链企业要实现预期的战略目标,客观上要求供应链企业进行合作,形成利润共享、风险共担的双赢局面。因此,与供应链中的其他成员建立紧密的合作伙伴关系,成为供应链成功运作和风险防范的一个非常重要的先决条件。建立长期的战略合作伙伴关系,首先,要求供应链的成员加强信任;其次,应该加强成员间信息的交流与共享;最后,建立正式的合作机制,在供应链成员间实现利益共享和风险共担。

(2)加强信息交流与共享,优化决策制定。供应链企业之间应该通过相互之间的信息交流和沟通来消除信息扭曲,从而降低不确定性和风险。

(3)加强激励机制的应用。道德风险的防范,主要是通过对信息不对称和委托—代理问题的研究,采用一定的激励手段和机制,来消除代理人造成的道德风险问题。

(4)柔性设计。供应链合作中存在需求和供应两方面的不确定性。供应链企业合作时,通过在合同设计中互相提供柔性,可以部分消除外界环境不确定性的影响,传递供给和需求的信息。柔性设计是消除由外界环境不确定性引起的变动因素的一种重要手段。

(5)风险的日常管理。竞争中的企业时刻面临着风险,因此,对于风险的管理必须持之以恒,建立有效的风险防范体系。风险的日常管理包括风险的预测与分析、风险跟踪和监控、风险预警、危机处理等。另外,建立持久有效的风险管理制度和安排专门的管理人员也是一项重要的工作。

6. 信任机制

信任机制是供应链管理中企业之间合作的基础和关键。信任在供应链管理中具有重要作用。供应链管理的目的就在于加强节点企业的核心竞争能力,快速响应市场需求,最终提高整个供应链的市场竞争能力。要达到这一目的,加强供应链节点企业之间的合作是供应链管理的核心,而在供应链企业的相互合作中,信任是基础和核心。没有了企业间的起码信任,任何合作、伙伴关系、利益共享等都只能成为一种良好的愿望,因此,建立供应链企业间的信任机制是至关重要的。供应链企业之间的信任机制理论可以简要地以图2-7来表示。

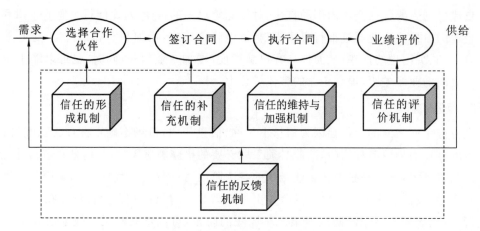

图 2-7　供应链管理中的信任机制

第三节　集成化的供应链管理

要成功实施供应链管理,使供应链管理真正成为有竞争力的武器,就要抛弃传统的管理思想,把企业内部以及节点企业之间的各种业务看作一个整体功能过程,形成集成化供应链管理体系。通过信息、制造和现代管理技术,将企业生产经营过程中有关的人、技术、经营管理三要素有机地集成并优化运行,通过对生产经营过程的物料流、管理过程的信息流和决策过程的决策流进行有效的控制和协调,将企业内部的供应链与企业外部的供应链有机地集成起来进行管理,达到全局动态最优目标,以适应新的竞争环境下市场对生产和管理过程提出的高质量、高柔性和低成本的要求。

一、基于供应链管理的扩展企业模型

如前所述,集成化供应链管理模式下的企业是扩展了的企业。这一扩展企业的模型如图 2-8 所示。由于该模型很像英文字母 X,因此简称为"X"模型。这一模型的提出奠定了集成化供应链管理研究的基础,更为重要的是,该模型蕴涵了集成化供应链管理的哲理。

1. 生产系统设计思想

传统的企业生产者在生产系统设计中主要从生产角度考虑,从企业内部因素考虑,没有从集成的角度去考虑物流、信息流。供应、生产、分销没有形成真正有机的整体,而"X"模型体现了系统工程的观点,把三者有机结合起来。

2. 产品设计与制造过程设计

为了提高供应的质量(成本、服务、提前期、响应时间),过去人们只是从企业的内部考虑如何挖掘潜能,没有从市场的角度考虑供应商与制造商之间的合作关系,没有考虑业务外包问题。"X"模型体现了并行工程的思想,把产品与制造设计工作和供应商、分销商乃至顾客都考虑进去,建立协同的工作环境。

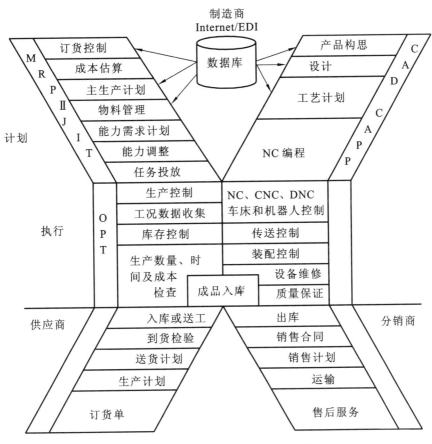

图 2-8 基于供应链管理的扩展企业模型

EDI：electronic date interchange；CAPP：computer aided process planning；NC：numerical control；
CNC：computerized numerical control；DNC：distributed numerical control；OPT：optimized production technology

3．集成的生产计划与控制模式

传统的企业生产计划是以物料需求为中心展开的，缺乏与供应商的协调，企业的计划制订没有考虑供应商以及分销商的实际情况，不确定性对库存和服务水平影响较大，库存控制策略也难以发挥作用。在"X"模型中，供应链上任何一个企业的生产和库存决策都会影响供应链上其他企业的决策。也就是说，企业的生产计划与库存的优化控制不但要优化内部的业务流程，更要从供应链的整体出发，进行全面的优化控制，跳出以物料需求为中心的生产制造管理界限，充分了解用户需求并与供应商在经营上协调一致，实现信息的共享与集成，以顾客化的需求驱动顾客化的生产计划与优化控制，获得柔性、敏捷的市场响应能力。

4．体现企业间的战略伙伴关系

"X"模型除了信息的集成、经济利益的联系外，还体现了企业间的一种新型的合作关系——战略伙伴关系，有利于企业改进生产系统，提高产品质量，降低成本，实现JIT生产，使采购与交货、生产计划与执行都在一种透明的方式下完成，并且基于既相互独立又相互促进的各合作伙伴的实际能力或需求，获得供应链的"同步化"运作。

今天的制造企业面临着比以往更激烈的竞争,市场全球化、产品需求顾客化、及时交货,对制造商形成了巨大的压力。新兴的全球化市场取代了区域性市场,更加开放的市场体系、日益减少的贸易壁垒、不断进步的运输和通信技术将企业推向全球市场。这种开放式的结构要求企业与供应商和顾客建立更加紧密的联系,建立基于整个价值链的扩展企业,以响应市场的挑战。

二、集成化供应链管理理论模型

集成化供应链管理的核心是由顾客化需求—集成化计划—业务流程重组—面向对象的过程控制组成第一个控制回路(作业回路),由顾客化策略—信息共享—调整适应性—创造性团队组成第二个回路(策略回路),在作业回路的每个作业环节形成各自相应的作业性能评价与提高回路(性能评价回路)。供应链管理围绕这三个回路展开,形成了相互协调的一个整体。

根据集成化思想,构建集成化供应链管理理论模型如图2-9所示。

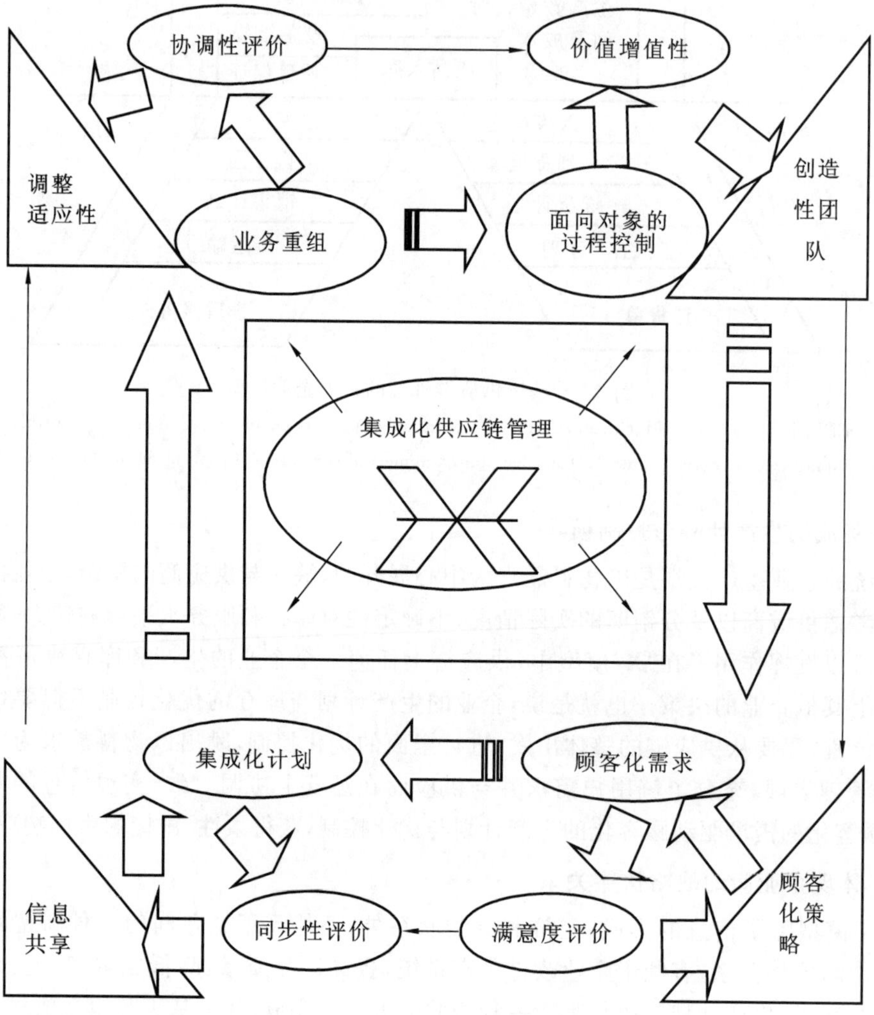

图2-9 集成化供应链管理理论模型

调整适应性—业务流程重组回路中主要涉及供需合作关系问题、战略伙伴关系、供应链（重建）精细化策略等问题。面向对象的过程控制—创造性团队回路中主要涉及面向对象的集成化生产计划与控制策略、基于价值增值的多级库存控制理论、资源约束理论在供应链中的应用、质量保证体系、群体决策理论等。顾客化需求—顾客化策略回路中主要涉及满意策略与用户满意评价理论、面向顾客化的产品决策理论研究、供应链的柔性、敏捷化策略等。信息共享—同步化计划回路中主要涉及JIT供销一体化策略、供应链的信息组织与集成、并行化经营策略。

三、集成化供应链管理的实现

（一）实施供应链管理要解决的若干问题

目前，企业实施集成化供应链管理必须面对和解决许多有关供应链的问题，主要包括：

(1) 供应链的成本过高（占净销售值的5%～20%）；
(2) 库存水平过高（库存水平经常保持在3～5个月）；
(3) 部门之间的冲突；
(4) 原有目标不适应要求；
(5) 产品生命周期变短；
(6) 外部竞争加剧；
(7) 经济发展的不确定性增加；
(8) 价格和汇率的影响；
(9) 用户的多样化需求，等等。

要解决这些问题，真正实现集成化供应链管理，企业要实现以下几个方面的转变。

(1) 要从供应链的整体出发，重新优化企业内部的结构；
(2) 要转变思维模式，从纵向一维空间思维方式向纵横一体的多维空间思维方式转变；
(3) 要转变过去"大而全"、"小而全"的封闭的经营思想，与供应链中的合作伙伴企业建立以战略伙伴关系为纽带的优势互补、风险共担、利益共享的合作关系；
(4) 要建立分布的、透明的信息集成系统，保持信息沟通渠道的畅通和透明性；
(5) 所有的人员和部门都应对共同任务有共同的认识和了解，消除部门障碍，实行协调工作和并行化运作。

（二）集成化供应链管理实现的步骤

企业从传统的管理模式转向集成化供应链管理模式，一般要经过五个阶段逐渐形成，包括从最低层次的基础建设到最高层次的集成化供应链动态联盟。各个阶段的不同之处主要体现在组织结构、管理核心、计划与控制系统、应用的信息技术等方面的水平与要求，其步骤如图2-10所示。

1. 阶段1：基础建设

这一阶段是在原有企业供应链的基础上分析、总结企业现状，分析企业内部影响实施供应链管理的阻力和有利之处，同时对市场的特征和不确定性作出分析和评价，最后完善相应的企业供应链。

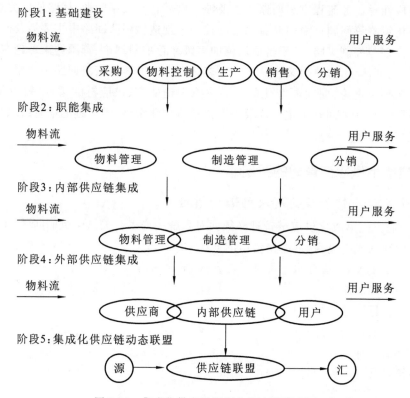

图 2-10　集成化供应链管理实施步骤模型图

在传统型的供应链中,企业职能部门分散、独立地控制供应链中的不同业务。企业组织结构比较松散。这时的供应链管理主要具有以下特征。

(1) 企业的核心注重产品质量,由于过于注重生产、包装、产品等的质量,可能导致成本过高,所以企业的目标在于以尽可能低的成本生产高质量的产品,以消除成本-效益障碍。

(2) 销售、制造、计划、物料管理、采购等业务过程相互独立、不相匹配,导致各个环节出现库存积压等问题。

(3) 组织部门界限分明,单独操作,往往导致不同部门之间的利益冲突。例如,采购部门可能只控制物料来源和原材料库存;制造和生产部门通过各种工艺过程实现原材料到成品的转换;而销售和分销部门可能只处理外部的供应链和库存,而部门之间的关联业务往往就会因各自为政而发生冲突。

处于这一阶段的企业主要采取短期改进计划,出现困难时需要逐个加以解决。虽然企业强调内部管理的提高是必要的,但这样一种环境往往导致整个供应链的效率低下,同时影响了企业对供应和需求变化的敏感度。

2. 阶段 2:职能集成

职能集成阶段集中处理企业内部的物流,企业围绕核心职能对物流实施集成化管理,对组织实行业务流程重构,实现职能部门的优化集成。通常可以建立交叉职能小组,参与计划和执行项目,以提高职能部门之间的合作,解决这一阶段可能存在不能很好满足用户订单的问题。

职能集成是为更好地满足用户的需求。事实上,用户需求在今天已经成为驱动企业生产的主要动力,而成本有时倒在其次,但这样往往导致生产、运输、库存等成本的增加。此时供应链管理主要有以下特征:

(1) 将分销和运输等职能集成到物流管理中来,将制造和采购职能集成到生产职能中来;

(2) 强调降低成本,同时注重操作水平的提高;

(3) 积极为用户提供各种服务,满足用户需求;

(4) 调整职能部门结构,设置必要的库存做缓冲;

(5) 主要以订单完成情况及其准确性作为评价指标。

在集成化供应链管理的第二阶段一般采用 MRP 系统进行计划和控制,通过信息化手段加强计划管理和生产控制。

对于分销网络,若需求得不到准确的预测和控制,分销的基础设施与制造就难以实现有效联结。由于用户的需求得不到确切的理解,容易导致计划不准确和业务的失误,所以在第二阶段要采用有效的预测技术和工具对用户的需求作出较为准确的预测、计划和控制。

但是,由于以上采用的各项技术之间、各项业务流程之间、技术与业务流程之间都缺乏更高层次的集成,库存和浪费等问题仍可能困扰企业。

3. 阶段 3:内部供应链集成

这一阶段要实现企业直接控制的领域的集成,实现内部集成化供应链,同时也要实现企业内部供应链与外部供应链中供应商和用户管理部分的集成。为了支持企业内部集成化供应链管理,主要采用供应链计划(supply chain planning,SCP)和 ERP 系统来实施集成化计划和控制。有效的 SCP 集成了企业所有的主要计划和决策业务,包括需求预测、库存计划、资源配置、设备管理、路径优化、基于能力约束的生产计划和作业计划、物料和能力计划、采购计划等。而 ERP 系统集成了企业业务流程中主要的执行职能,包括订单管理、财务管理、库存管理、生产制造管理、采购等职能。而 SCP 和 ERP 通过基于事件的集成技术联结在一起。

本阶段企业管理的核心是内部集成化供应链管理的效率问题,主要考虑在优化资源及生产能力的基础上,以最低的成本和最快的速度生产最好的产品,快速地满足用户的需求,以提高企业的反应能力和效率。这对于生产多品种或提供多种服务的企业来说意义更大,提高企业的运作柔性也变得越来越重要。在第三阶段需构建新的交叉职能业务流程,逐步取代传统的职能模块,以用户需求和高质量的预测信息驱动整个企业供应链的运作。降低比较高的服务成本是此阶段管理的主要任务。

这一阶段可以采用 DRP(distribution requirements planning)系统、MRP Ⅱ 系统管理物料,运用 JIT 等技术支持物料计划的执行。JIT 的应用可以使企业缩短市场反应时间、降低库存水平和减少浪费。

在这个阶段,企业可以考虑同步化的需求管理,将用户的需求与制造计划和供应商的物料流同步化,减少不增值的业务。同时企业可以通过优质的信息网络(而不是大量的库存)来获得巨大的利润。

此阶段的供应链管理具有以下特征。

(1) 突出解决各种问题的战术，而将战略问题放在了其次。
(2) 比较注重制订中期计划，实施集成化的计划和控制体系。
(3) 强调效率性，即保证要做的事情尽可能好、尽可能快的完成。
(4) 从采购到分销的整个系统具有可视性，信息化水平有较大提高。
(5) 信息技术(information technology,IT)的应用，广泛地运用EDI(电子数据交换)和因特网等信息技术支持与供应商及用户的联系，获得快速的反应能力。EDI是集成化供应链管理的重要工具，特别是在进行国际贸易合作需要大量关于运输的文件时，利用EDI可以使企业快速获得信息和更好地为用户提供优质服务。
(6) 与用户建立良好的关系，而不是"管理"用户。

4．阶段4：外部供应链集成

实现集成化供应链管理的关键在于第四阶段，将企业内部供应链与外部的供应商和用户集成起来，形成一个集成化供应链网络。而与主要供应商和用户建立良好的合作伙伴关系，即所谓的供应链合作伙伴关系(supply chain partnership)，是集成化供应链管理的关键之关键。

在这一阶段，企业要特别注重战略伙伴关系管理。管理的焦点要以面向供应商和用户取代面向产品，增加与主要供应商和用户的联系，增进相互之间的了解(对产品、工艺、组织、企业文化等)，相互之间保持一定的一致性，实现相互之间信息共享等，企业通过为用户提供与竞争者不同的产品和服务或增值的信息获得收益。供应商管理库存(VMI)和合作计划、预测与库存补充(collaborative planning forecasting and replenishment,CPER)的应用就是企业转向改善、建立良好的合作伙伴关系的有效途径。通过建立良好地合作伙伴关系，企业就可以很好地与用户、供应商和服务提供商实现集成和合作，共同在预测、产品设计、生产、运输计划和竞争策略等方面设计和控制整个供应链的运作。对于主要用户，企业一般建立以用户为核心的小组，这样的小组具有不同职能领域的功能，从而更好地为主要用户提供有针对性的服务。

处于这个阶段的企业，生产系统必须具备更高的柔性，以提高对用户需求的反应能力和速度。企业必须能根据不同用户的需求，既能按订单生产，按订单组装、包装(assemble or package-to-order)，又能按备货方式生产，这样一种根据用户的不同需求对资源进行不同优化配置的策略称为动态用户约束点策略。延迟制造技术(postponement)可以很好地实现以上策略，延迟制造技术强调企业产品生产加工到一定阶段后，在收到用户订单以后根据用户的不同要求完成产品的最后加工、组装，这样企业供应链的生产就具有了很高的柔性。

为了达到与外部供应链的集成，企业必须采用适当的信息技术为企业内部的信息系统提供与外部供应链节点企业的接口，达到信息共享和信息交互，达到相互操作的一致性。

本阶段企业采用销售点驱动的同步化、集成化的计划和控制系统。它集成了用户订单数据和合作开发计划、基于约束的动态供应计划、生产计划优化等功能，以保证整个供应链中的成员以一致的目标同步化地进行供应链管理。

5．阶段5：集成化供应链动态联盟(供应链管理的发展趋势)

在完成以上四个阶段的集成以后，已经构成了一个网络化的企业集成结构，也可称之为供应链共同体，它的战略核心及发展目标是占据市场的领导地位。为了占据市场的领导地位，随着市场竞争的加剧，供应链共同体必将成为一个动态的网链结构，以适应市场变化、柔性、速度、革新、知识等的需要，不能适应供应链需求的企业将从供应链联盟中淘汰出去，从而使供应链成为一个能快速重构的动态组织结构，即集成化供应链动态联盟。企业通过因特网、物联网、商务协同软件等技术集成在一起以满足用户的需求，一旦用户的需求消失，它也将随之解体。而当另一需求出现时，这样的一个组织结构又由新的企业动态重新组成。在这样的一个环境中求生存，企业如何成为一个能及时、快速满足用户需求的供应商，是企业生存、发展的关键。

集成化供应链动态联盟是基于一定的市场需求、根据共同的目标而组成的，通过实时信息的共享来实现集成。主要应用的信息技术是因特网、物联网、商务协同软件的集成，同步化的、扩展的供应链计划和控制系统是主要的工具，基于因特网、物联网、商务协同软件的电子商务将取代传统的商务手段，这也是供应链管理发展的必然趋势。

第四节　供应链管理的战略性特征

一、供应链管理从运作层向战略层的转移

供应链管理经过几年的发展，现已在发达国家的企业中得到了较为成功的应用，而且随着人们对供应链管理认识的不断深入，供应链管理本身也得到了发展。人们逐渐感到，要想进一步发挥供应链管理的潜在作用，应该将供应链管理作为企业的战略性问题来考虑，而不能仅仅将其看作一种操作方法。

根据德勒（Deloitte）咨询公司发布的一项研究报告，虽然现在已有91%的北美制造企业将供应链管理列为关键或重要管理活动，但是只有2%的企业达到了世界级水平（world class），有75%左右的企业在平均及以下水平。一个主要的原因是，虽然大多数企业有供应链的计划，但有50%的企业说他们没有正规的供应链管理战略。其他原因包括：

（1）缺乏应用和集成技术的能力；

（2）协调企业资源的能力较弱；

（3）改革关键流程的阻力；

（4）跨职能的障碍；

（5）缺乏有效测量供应链绩效的评价指标。

以上情况反映出一个问题，即供应链管理对提高企业竞争力的重要作用和它在实际运作中表现出的绩效不成比例。产生这些问题的原因并不是供应链管理理论本身有什么大问题，而是企业没有将它看作企业战略的一个组成部分。从德勒咨询公司揭示的影响供应链管理绩效的几个原因看，需要从全局的角度进行规划的战略性思考，才能彻底解决上述问题，因为所有这些影响供应链管理绩效的因素都不是哪一个部门能够解决的，也不是一蹴而就的。因此，从战略性的角度考虑供应链管理的地位具有十分重要的意义，否则许多相关问题都无法得到有效解决。

二、供应链管理战略的主要内容

供应链管理战略就是要从企业发展战略的高度考虑供应链管理的事关全局的核心问题,例如实施战略的制定问题、运作方式的选择问题、信息支持系统的建立问题等。下面逐一简要讨论。

(一) 制定供应链管理的实施战略

供应链管理的实施战略,就是要解决一个企业在具体实施供应链管理方式时所依据的方法论和策略,避免走弯路或出现失误等问题。

1. 在企业内外同时采取有力措施

从企业内部来说,主要是发扬团队的合作精神。要鼓励员工协同工作解决问题,要把合作看作一种义务,而不是互相推诿责任。这样,企业就会以一种类似于医院急救室的工作方式运转,去完成新的订单带来的任务,获取新的市场机遇。另一方面,企业也要有明确的智力资源权利条例和企业内部明确的道德准则,规范人们的行为和保护员工发明创造的权利。在管理上,强调权力分散,让中层和基层管理人员在保证企业总任务的前提下,有更多的自治权。循循善诱的领导作风、鼓励和信任代替了传统的上司对下属的命令和控制,使一种各级人员都具有强烈进取心、责任分担、荣誉分享的企业文化蔚然成风,让整个企业,从员工个人到组织机构,都能最有效地适应市场的变化,作出敏捷的响应。

从企业外部来说,合作概念已进展到了以前竞争对手之间的合作。20世纪70年代,美国三大汽车巨头——通用、福特、克莱斯勒,都投资了几亿美元开发汽车排气管上控制空气污染的装置。当时,他们绝不愿意联合起来开发。实际上他们最终开发出了类似的产品,白花了很多钱。现在,他们都参加了一个多功能的集团 USCAR,从结构塑料到电池再到电机车控制系统等,共同开发各种技术、材料和部件。日立(Hitachi)与 IBM 在计算机主机市场上一直是两大竞争对手,但现在成了合作伙伴。日立买进 IBM 的主机 CMOS 处理机芯片,并制造 IBM 结构的主机(IBM 给予其许可证),打上日立的牌子销售。当然,供应链管理还要解决利益分配的问题,使供应商、合作伙伴以及顾客都能共享信息,互相受惠,进而为创建或加入"虚拟企业"制定明确的标准。

2. 充分发挥信息的作用

因为市场的急剧变化,企业最主要的是要掌握用户需求的变化,并在竞争中知己知彼。如果对本企业内部的信息不能透彻了解,那么如何能要求员工从全局出发做到各种管理职能的集成呢?如果竞争对手采取了一些新的措施,采用了一些新技术,而本企业却迟迟不了解,又如何能及时采取改进竞争手段的对策呢?"敏捷"的基本思想是既快又灵,所以一定要把信息的价值提到足够的高度来认识。

信息管理就是从效率和响应性两个方面促进供应链有效管理的。具体说来,有如下几点。

1) 促进服务需求差别化

在市场竞争日益激烈的条件下,如何提高企业的用户服务水平,满足不同顾客对不同服务的需求,是企业生存与发展的重要课题。供应链系统中存在不同需求和不同层次的用户,

"顾客"在供应链中是一个广义的概念。在整个供应链工作流中,每一个下级工作流都是上级工作流的顾客,而不同的顾客产生的服务需求是不同的。信息流管理提高了供应链系统的信息共享程度与共享幅度,以实现根据不同的用户服务需求提供多样化服务的供应链管理的响应性目标。

2) 实现渠道设计顾客化

渠道战略是供应链管理的一项重要内容,渠道设计如何适应顾客需求的变化,建立适应顾客需求变化的可重组、可重用的快速反应的供需渠道,对提高供应链的有效性和敏捷性是非常重要的。第一,信息流管理可以随时跟踪和监控顾客需求的变化,使供应链反映顾客需求的不确定性,具有柔性和敏捷性;第二,渠道设计要照顾顾客的利益和群体特征,信息流管理使得供应链可以根据顾客的需求特征和利益偏好进行渠道定位分析,确定最能让顾客满意的渠道;第三,信息流管理将顾客作为最主要的信息源,并与顾客建立有效的协商沟通渠道和反馈机制,让顾客参与渠道的活动和监督,体现"顾客就是上帝"的经营理念。继 MTS 和 MTO 之后,有学者提出了 ETO(engineer to order)这一新思想,其重要一环就是渠道设计顾客化。

3) 强调市场运作同步化

同步化、并行化策略能使供应链的运作效率大大提高,获得更快的市场响应速度。市场的变化使供应链的不确定性增加了,不管是来自上游链还是下游链的变化,信息流管理都促使企业从整个供应链的角度去考虑,以获得整体优化的效果,而不是仅仅从企业内部的角度去考虑问题。同时,信息共享与信息集成保证了企业对市场需求信息的准确把握,与企业之间的并行作业,可以大大缩短供应链的多级响应周期,并最终大大增加供应链的效率和有效性。

4) 实现市场响应敏捷化

美国斯坦福大学的 Hau L. Lee 教授在谈到供应链如何适应顾客个性需求问题时,用了"postponement"和"customization"这两个重要的概念,可分别译为"迟延化"、"推迟化"和"顾客化"、"个性化"。指的是在产品差别化中,要使差别的时间和位置尽可能地靠近用户需求的位置,以减少库存投资和运输费用,同时使供应链获得更快的市场响应速度和敏捷性。信息流管理通过增加供应链中信息的透明度,减少供应链中的不确定性,以动态信息代替静态库存,实现市场响应敏捷化。

5) 促进企业协作精细化

供应链管理的一个核心内容是企业之间的战略性合作问题。通过协调企业之间的合作与共享资源,建立互信良好的合作关系,达到降低供应链整体运行成本和化解风险的目的,也就是达到所谓"双赢"(win-win)的效果。

战略性处理与供应商的关系,一个重要的问题是关于供应商的选择、评价与考核。一般认为,选择少而精的几个供应商并与之建立良好的合作关系,有利于供应链的稳定和建立快速的市场反应机制。供应商的选择、评价、考核,合作关系的建立、稳定等都离不开供应链中通畅、融洽的信息共享和信息协商。正是"无缝"的信息流管理促进了企业协作精细化。

6) 加速信息交流网络化

信息共享是改善和加强供应链管理行之有效的办法。它能使企业快速地捕捉市场信息和在整个供应链范围内进行信息反馈,从而消除信息扭曲与失真。同时只有在整个供应链范围内利用先进的信息通讯技术,才能有效地进行供应链的协调性管理,使成员企业的运作达到同步化和获得一致性。供应链信息流的管理使各企业认识到提高企业信息化水平的重要性,再辅以供应链企业间的信息共享激励,能够大大加快供应链中信息交流的网络化速度。目前在供应链管理系统的研究中,利用因特网/物联网技术建立分布、异构的即插即用式的敏捷化企业集成信息系统和利用实现快速的信息交换的 EDI 技术,以及实现资金快速支付的 EFT(electrical fast transient)技术,这些先进的信息技术大大降低了供应链的整体成本,使每个参与供应链的企业都能从中获得极大的成本效益和时间效率。

信息流管理以供应链整体利益为目标,以现有的信息技术为支撑,进行整体规划以实现信息交流网络化。

3. 供应链企业的组成和工作

从竞争走向合作,从互相保密走向信息交流,实际上会给企业带来更大利益。如果市场上出现一个新的机遇,譬如看准了半年后推出某种新型计算机必能畅销,于是几家本来是竞争对手的大计算机公司,可能立即组成一种合作关系。A 公司开发的主机性能好,B 公司的软件开发能力强,C 公司的外围设备有特色和很好的声誉,各家都发挥自己的优势共同开发,就能迅速占领市场。完成这次合作以后,各家还是各自独立的公司。这种方式就是"敏捷制造"。实施敏捷制造的基础是全国乃至全球的通讯网络,在网上了解到有专长的合作伙伴,在网络通讯中确定合作关系,又通过网络用并行工程的做法实现最快速和高质量的新产品开发。

4. 计算机技术和人工智能技术的广泛应用

未来制造业中强调人的作用,丝毫没有贬低技术所起的作用。计算机辅助设计、计算机辅助制造、计算机仿真与建模分析技术,都应在敏捷企业中加以应用。另外,"群件"(groupware)是近来研究比较多的一种计算机支持协同工作(computer supported cooperative work,CSCW)的软件,是强调分布式群决策的软件系统,它可以支持两个以上用户以紧密方式共同完成一项任务,例如有同样想法而又同时工作的人所用的文章大纲编辑器。人工智能在生产和经营过程中的应用,是另一个重要的先进技术的标志。从底层原始数据检测和收集的传感器,到过程控制的机理乃至辅助决策的知识库,都需要应用人工智能技术。

5. 方法论的指导

所谓方法论,就是在实现某一目标、完成某一项大工程时所需要使用的一整套方法的集合。我们强调要实现全企业的整体集成,这是一项十分复杂的任务。对每一时期的每一项具体任务,都应该有明确的规定和指导方法,这些方法的集合就叫"集成方法论"。这样的方法论能帮助人们少走弯路,避免损失。其效益比一台新设备、一套新软件所能产生的有形的经济效益要大得多、重要得多。

6. 标准和法规的作用

目前产品和生产过程的各种标准还不统一,而未来的制造业的产品变异又非常突出,如果没有标准,不论对国家、对企业、对企业间的合作,还是对用户都非常不利。因此必须强化标准化组织,使其工作能不断跟上环境和市场的变化。各种标准要及时更新,现行法规也应该随着国际市场和竞争环境的变化而演进,包括政府贷款、技术政策、反垄断法规、税法、税率、进出口法、国际贸易协定等。

(二)推动式和拉动式的供应链运作方式

有两种不同的供应链运作方式:一种称为推动式,一种称为拉动式,如图 2-11 所示。推动式的供应链运作方式以制造商为核心,产品生产出来后从分销商逐级推向用户。分销商和零售商处于被动接受的地位,各个企业之间的集成度较低,通常采取提高安全库存量的办法应付需求变动。因此,整个供应链上的库存量较高,对需求变动的响应能力较差。拉动式供应链的驱动力产生于最终用户,整个供应链的集成度较高,信息交换迅速,可以根据用户的需求实现定制化服务。采取这种运作方式的供应链系统库存量较低。

制造商推动的供应链:集成度低、需求变化大、缓冲库存量高

用户拉动的需求链:集成度高、信息交换迅速、缓冲库存量低、快速反应

图 2-11 两种不同性质的供应链

作为供应链管理战略的内容之一,就是要选择适合于自己实际情况的运作方式。拉动式供应链虽然整体绩效表现出色,但对供应链上企业的要求较高,对供应链运作的技术基础要求也较高。而推动式供应链方式相对较容易实施。企业采取什么样的供应链运行方式,与企业系统的基础管理水平有很大关系,切不可盲目照搬其他企业的成功做法,因为不同企业有不同的管理文化,盲目跟从反而会得不偿失。

(三)供应链管理信息支持技术的战略

根据一项研究报告披露的信息,有 80% 接受调查的管理人员反映,信息技术的应用是推进供应链系统中信息共享的关键;在希望减少与销售有关的间接费用的企业中,有 87% 的企业计划增加它们当前在信息技术上的投资。调查还了解到,改进整个供应链的信息精度、及时性和流动速度,被认为是提高供应链绩效的必要措施。没有全面集成信息的能力,缺乏实用性,是现有供应链取得实效的主要障碍。

该调查发现,不到 33% 的企业计划对供应链整体流程正常的信息系统进行投资,以支持供应链系统和技术。那些采用了供应链优化系统的企业,如先进计划系统(advanced planning system,APS),取得了较大的成功,而采用传统企业资源计划用于供应链管理的企业则感到不满。

基于这种考虑,供应链管理战略的一个重要内容就是建立供应链运作的信息支持平台。在供应链管理发展的过程中,早期的信息交换手段以 EDI 为主。随着互联网技术的日臻发展和完善,越来越多的企业选择了互联网。由于 EDI 安装和使用成本高昂,因而限制了不少企业特别是中小企业采用 EDI 与供应链建立信息集成系统。据有关资料统计,采用 EDI 技术时,最多只能对 70% 的供应链企业实现信息跟踪,而这对提高供应链管理的整体绩效而言是不够的。相比之下,互联网的费用要低得多,因而有利于更多的中小企业加入供应链。但从安全性的角度考虑,EDI 则更占优势。

(四)绩效测量与评价

传统的企业评价总是着眼于可计量的经济效益,而对生产和经营活动的评价则依据具体的技术指标。这种方法基本上属于短期行为,侧重于操作层。对于供应链管理、系统集成所提出的战略考虑,如缩短提前期对竞争能力有什么好处?如何度量企业柔性?企业对产品变异的适应能力会导致怎样的经济效益?如何检测雇员和工作小组的技能?技能标准对企业柔性又会有什么影响?……这一系列问题都是在新形势、新环境下提出来需要解决的。又如会计核算方法,传统的会计核算主要适合于静态产品和大批量生产过程,用核算结果来控制成本,压缩原材料和直接劳动力的使用,是一种消极防御式的核算方法。这些都是不适应供应链企业需要的,当前要采用一种支持这些变化的核算方法。如 ABC(activity based costing)法把成本计算与各种形式的经营活动相关联,是未来企业中很有前景的一种核算方法。合作伙伴资格预评是另一种评价方法。因为供应链企业的成功要求合作伙伴确有所长,而且应有很好的合作信誉。由此可见,供应链管理环境下的绩效测量与评价是一个关系到企业全局的大问题,应该从战略的高度去制定相关的绩效测量与评价指标,制定绩效测量与评价的程序和方法。

(五)把供应链管理看作企业间资源集成的桥梁

供应链管理的出现促进了企业资源计划(ERP)的发展。ERP 是在 MRPⅡ 的基础上发展而来的。MRPⅡ 主要考虑的是一个企业的制造资源,是一个资源协调系统。MRPⅡ 也不能适应互联网环境,更不能满足供应链管理的要求。20 世纪 90 年代初,美国加特纳(Gartner)咨询公司在总结 MRPⅡ 软件的发展趋势时,提出了 ERP 的概念。从此,制造业的管理信息系统进入了 ERP 新时代。ERP 着眼于供应链管理,在 MRPⅡ 的基础上,增加了运输管理、项目管理、市场信息分析、电子商务、电子数据交换等功能。ERP 强调对供应链的整体管理,将供应商、制造商、协作厂家、用户甚至竞争对手都纳入管理的资源之中,使业务流程更加紧密地集成在一起,进而提高对用户的响应速度。

供应链管理和 ERP 的发展,使企业间的信息和资源集成成为可能,使得 CIMS 的概念和含义也发生了变化。原来的 CIMS 是指计算机集成制造系统,集成的范围一般是指一个企业内部各部门、各功能、各种信息的集成。而最新的 CIMS 是指现代集成制造系统(contemporary integrated manufacturing system),把资源的概念从单个企业扩展到企业外部。因此,供应链管理不仅是解决企业常规模式下存在的各种问题的有效途径,而且是实现敏捷制造和虚拟企业的有效途径。

三、建立供应链管理战略系统的主要内容

供应链管理的战略系统涉及的范围较大,重点可围绕以下五个方面的要求来考虑。

1. 组织战略

供应链管理是一种不同于一般管理的模式。虽然这里用了"管理"一词,但是其含义与

过去只在一个企业内部发生的管理行为不一样。供应链管理是一种合作企业间的协调,供应链企业要认识到这一点,并在组织结构上进行重新设计,使之能够适应供应链管理的运行要求。如果供应链管理发生在一个大的集团公司内,公司总部将起到计划和协调的作用。

2．改革企业的经营思想

创立供应链优势、改变传统采购模式不仅是一种职能,而且是一种战略思想。认识到这一点是改革企业原有经营管理思想和模式的重要前提。供应链管理的实践已经表明,它不是一种单纯的操作方法,而是一种改变人们对企业职能再认识的战略。传统企业管理模式和供应链管理模式的区别主要有:

（1）传统企业的目标是为了销售而制造,而供应链企业的目标是按需求来生产;

（2）传统企业的管理目标是减少与优化库存,而供应链管理的目标是创新商务模式;

（3）传统企业提高生产效率的主要方法是增加批量,而供应链企业提高效率的主要方法是提高企业的柔性。

因此,实施供应链管理首先要在经营思想上提高对它的认识,这样才能制定出符合企业发展目标和供应链管理运行规律的战略。

3．共享信息战略

供应链的优势在于使企业能够共享信息。通过共享竞争信息,使供应链上的企业及时制定或调整他们的生产策略,以便在市场上占据主动。制造商、供应商、分销商愿意相互开放,并且希望在供应链中有及早介入的机会。这样一来,共享信息就成为供应链管理必须考虑的战略之一。

4．利用先进技术的战略

为从供应链上获得优势,企业要从一些基本技术,例如物流过程自动化、企业资源计划等做起,把先进技术作为支持供应链协调运行的基础,并且要随着技术的发展,随时向新的、更先进的技术推进。

5．供应库（supply base）战略

通过供应链创造优势的企业清楚地懂得每个供应商在资源组合中的作用,因而把与供应商的关系看作高度战略化的工作。为了使企业具有较大的选择余地,与供应商建立广泛的关系就成为一种战略。

【本章关键术语】

供应链结构　供应链类型　效率型供应链　响应型供应链　"推动-拉动"相结合的供应链　集成化供应链管理　供应链运行机制　供应链管理战略

【本章思考与练习题】

1. 供应链具有哪些类型？请举例说明。
2. 如何理解响应型和效率型供应链之间的区别？在目前市场竞争激烈、顾客化需求日益明显的情况下,哪种供应链具有更大的适应性?试阐述你的观点。

3. 供应链企业合作可能会产生哪些风险?对于这些风险,企业应该采取哪些措施来防范?

4. 试讨论在供应链管理环境下扩展企业如何实现企业与企业之间的共赢目标。

5. 扩展企业具有哪些特征?

6. 实现集成化供应链管理要解决哪些问题?如何分步骤地实现集成化供应链管理?

7. 如何理解业务外包思想?举例说明可采用哪些方式来实现业务外包。

8. 为什么说供应链管理战略对于整个供应链管理来说是十分重要的?如何实施供应链战略管理?

9. 推动式和拉动式供应链运作方式是供应链的两种不同的运作方式,试举例阐述两者之间的区别。

10. 你是如何看待和理解供应链的几个运作机制的?

【经典案例】

ZARA 的极速供应链

一、ZARA 在 2012 年又取得了漂亮的业绩

ZARA 的母公司 Inditex 最新公布的财报数据显示其在欧洲经济低迷中创造了奇迹,它的销售额在 2012 财年前 9 个月增长了 17%,利润上升了 27%。3 年前它所在的 Inditex 集团销售额首次超过之前全球最大的美国服装零售商 Gap,两年前它又超过了 H&M 集团,登上了时装零售市场的第一把交椅。尽管 ZARA 品牌的专卖店只占 Inditex 公司所有分店数的三分之一,但其销售额却占总销售额的 70% 左右。

那么这张漂亮的报表是如何得来的呢?

二、向供应链的各环节"挤压"

ZARA 的全程供应链可划分为四大阶段,即产品组织与设计、采购与生产、产品配送、销售与反馈。所有环节都围绕目标客户运转,整个过程不断滚动循环和优化。

1. 产品组织与设计

ZARA 的开发模式基本是基于模仿而不是一般服装企业所强调的原创性设计或开发,所以,ZARA 设计师的主要任务不是创造产品,而是在艺术指导决策层的指导下重新组合现成产品,诠释而不是原创流行。ZARA 主要利用以下方式整合流行信息。

(1) 根据服装行业的传统,高档品牌时装公司每年都会在销售季节前 6 个

月左右发布时装信息,一般是3月发布秋冬季时装信息,9月发布春夏季时装信息。这些时装公司会在巴黎、米兰、佛罗伦萨、纽约、伦敦、东京等世界时尚中心发布其新款服装,而ZARA的设计师就坐在T台旁边的观众中,他们从这些顶级设计师和顶级品牌的设计中获取灵感。

(2) ZARA在全球各地都有极富时尚嗅觉的买手,他们购买各高档品牌或主要竞争对手的当季流行产品,并把样品迅速集中返回总部做"逆向工程"。

(3) ZARA有专人搜集时装展示会、交易会、咖啡馆、餐厅、酒吧、舞厅、街头艺人、大街行人、时尚杂志、影视明星、大学校园等地方和场所展示的流行元素和服装细节,如2001年6月麦当娜到西班牙巴塞罗那举行演唱会,为期三天的演出还在进行中,就发现台下已经有观众穿着与麦当娜在演唱会所穿服装相似的衣服,之后西班牙大街上更是迅速掀起了一股麦当娜时装热,而服装都来自当地ZARA店。

(4) ZARA全球各专卖店通过信息系统返回销售和库存信息,供总部分析畅销和滞销产品的款式、花色、尺码等特征,供完善或设计新款服装时参考。另外,各门店可以把销售过程中顾客的反馈意见,或者他们自己对款式、面料或花色的一些想法和建议,甚至是光顾ZARA商店的顾客身上穿的可模仿的元素等各种信息反馈给ZARA总部。

以上信息被迅速反馈给总部后,马上会有专业的时装设计师团队分类别、款式及风格进行改版设计,重新组合成新的产品主题系列。ZARA公司总部有一个由设计专家、市场分析专家和买手(负责采购样品、面料、外协和生产计划等)组成的260多人的专业团队,一起共同探讨将来可能流行的服装款式、花色、面料等,讨论大致的成本和零售价格等问题,并迅速达成共识。然后由设计师快速手工绘出服装的样式,并进一步讨论修改。接下来设计师利用计算机辅助设计(CAD)进行细化和完善,保证款式、面料纹路、花色等搭配得更好,并给出详细的尺寸和相应的技术要求。然后这个团队进一步讨论、确定成本和零售价等问题,决定是否投产。款式设计出来后决定投产的比例为预测需求量的1/4~1/3。

在产品组织与设计阶段,ZARA与大多数服装企业不同的是:它是从顾客需求最近的地方出发并迅速对顾客的需求作出反应,始终与时尚保持同步,而不是去预测6~9个月后甚至更长时间的需求。

2. 采购与生产

确定设计方案并决定投产后,马上就开始制作样衣。由于面料和小装饰品等辅料在ZARA仓库里都有,所以制作样衣只需要很短的时间。

同时,相关人员开始制订原材料采购计划和生产计划。首先是依据产品特点、产品投放时间的长短、产品需求的数量和速度、专业技术要求、工厂的生产能力、综合性价比、市场专家的意见等,确定各个产品是自己生产还是外包出去。

如果决定自产,且有现成的布料库存,则直接领用布料开始生产;如果没有现成的面料,则可以选择采购已染色的面料生产,或采购、领用原纱(一般提前6个月就向西班牙、印度、远东和摩洛哥等地用轮船买来原坯布——未染色的织布,放在仓库里面),进行染色后整理再生产。一般内部工厂只安排生产下一季预期销量的15%,这样为当期畅销产品补货预留了大量产能。ZARA公司自己的工厂生产产品时,其面料和辅料尽量从Inditex集团内相关厂家购买,其中有50%的布料是未染色的,这样就可以迅速应对市场上花色变换的潮流。为了防止对某个供应商的依赖,同时鼓励供应商更快作出反应,ZARA剩余的原材料供应来自附近的260家供应商,每家供应商的份额最多不超过4%。面料准备好以后,则会下达生产指令,用高速裁床按要求迅速裁剪布料。裁剪好的面料及配套的拉链、纽扣等被一同通过地下传送带(累计长达200多公里)运送到当地外协缝制厂,这样所有的缝制工作全部外包。这些外协缝制厂所雇用的绝大多数员工是非正式工人,ZARA为这些工厂提供了一系列容易执行的指令,一般一段时间一个工厂集中做一款服装,以减少差错。其运作模式达到成组单元的效果,因此,在其他公司需要几个月时间完成的工作,ZARA在几天内就能完成。外协缝制厂把衣服缝制好之后,再送回ZARA进行熨烫、贴标签和包装等最后处理并接受检查,最后送到物流配送中心。

如果从公司内部的工厂不能获得满意的价格、有效的运输和质量保证或者产能有限,采购人员可以选择外包。ZARA公司在西班牙拥有22家工厂,约50%的产品是通过它自己的工厂完成的,其他50%的产品由400余家外协供应商完成。这些供应商有70%集中在ZARA总部西班牙加利西亚省和葡萄牙北部,其余的主要分布在欧洲其他地方。

3. 产品配送

产品包装检查完毕以后,每个专卖店的订单都会独立放在各自的箱子里,通过大约20公里的地下传送带运送到配送中心。为确保每一笔订单准时、准确到达其目的地,ZARA没有采取耗时较多且易出错的人工分拣方法,而是借用激光条形码读取工具(出错率不到0.5%),它每小时能挑选并分拣超过80000件衣服。

为加快物流周转,ZARA总部还设有双车道高速公路直通配送中心。通常订单收到后8个小时以内货物就可以被运走,每周给各专卖店配货2次。物流中心的卡车都按固定的发车时刻表不断开往各地。从物流中心用卡车直接运送到欧洲的各个专卖店,利用附近的两个空运基地运送到美国和亚洲,再利用第三方物流的卡车送往各专卖店。这样,欧洲的专卖店可在24小时内收到货物,美国的专卖店可在48小时内收到,日本的专卖店可在48~72小时之内收到。

4. 销售与反馈

通过产品组织与设计、采购与生产、产品配送环节的快速、有效运转,ZARA虽然不是时尚的第一倡导者,却是以最快的速度把潜能变成现实的行动者。有人称"ZARA是一个怪物,是设计师的噩梦",因为ZARA的模仿无疑会使他们的创造性大大贬值。大多数服装零售商的生产周期达6～9个月甚至更长,所以,他们都不得不努力去预测几个月后会流行什么、销售量会有多大,而一般提前期越长,预测误差越大,最终的结果往往是滞销的商品剩下一大堆,畅销的又补不上,只能眼看着大好的销售机会流逝。

ZARA的各专卖店每天把销售信息发回总部,并且根据当前库存和近两周内的销售预期每周向总部发两次补货订单。为了保证订单能够集中批量生产,从而减少生产转换时间和降低成本,各个专卖店必须在规定时间前下达订单,如果错过了最晚的下订单时间,就只有等到下一次了。ZARA对这个时间点的管理是非常严格的,因为它将影响供应链上游多个环节。

总部拿到各专卖店的销售、库存和订单等信息后,会分析判断各种产品是畅销还是滞销。如果滞销,则取消原定生产计划(因为在当季销售前只生产下一个季度出货量的15%左右,而大多数服装企业已经生产了下一个季度出货量的45%～60%),这样ZARA就可以把预测风险控制在最低水平;如果有产品超过2～3周的时间还没销售出去,就会被送到所在国某专卖店进行集中处理,在一个销售季节结束后,ZARA最多有不超过18%的服装不太符合消费者口味,而行业平均水平约为35%。

如果产品畅销,且总部有现存的面料,则迅速通过高效的供应链系统追加生产、快速补货,以抓住销售机会,如果没有面料则会停产。一般畅销品最多也就补货两次,一方面是为了减少同质化产品的产生,满足市场时尚化、个性化的需求;另一方面是为了制造一些人为的"断货",因为如果顾客知道有些款式的衣服还会补货时,就有可能犹豫着下次再买。此外,一年中ZARA也只在两个明确的时间段内进行有限的降价销售,一般是8.5折以上,而不是业内普遍采用的连续降价方法,最后平均只有6～7折。

ZARA完全打破了传统服装品牌惯例的运作模式,走的是一条完全不同的破坏式创新之路,其中最根本的在于其高效的以品牌运作为核心的协同供应链运作体系。

三、以品牌为核心的协同供应链

可以发现,所有这些供应链上的环节协同起来都围绕着其品牌的目标客户在运作,整个物流体系在全程协同供应链计划体系下运作,细分为产品上市前的销售预测、销售计划、产品推广计划、面料和辅料采购计划、外协生产计划、自产计划、配送计划、库存计划、要货和主动补货计划、促销计划等。Inditex的首席执行官卡特尔纳罗(Castellano)认为:"在时装界,库存就像是食品,会很快变质,我们所做的一切便是缩短反应时间。"

这个流程的协同中不断迅速迭代:平均设计3～4款/周•人;260多人的团队一年52周则每年可设计40000多款;其中1/4～1/3的款式投产,即投向市场的约有12000款;每款有5～6种花色、5～7种规格(而不同于国内一些服装企业一款就有几十甚至上百个规格,极易形成大量不必要的库存),每年投产的约有300000SKU（库存单位）；不重复出样，这样算下来一年就有2亿多件，而2004年ZARA销售服装的数量达2.36亿件！

ZARA也对其供应链进行了非常有效的剪裁，把与时尚关系不是很大的工作外包，而自己掌控对时尚敏感的绝大部分工作，这条快速的供应链里绝没有阻挡ZARA完成引领时尚品牌的使命的东西：如购买白坯布来染色；自己剪裁而把缝制工作外包；把时尚感不是很强的产品外包，而自己做对时尚敏感的工作；不是去作长期预测，而是预留产能，根据销售情况不断调整采购、生产和配送。与传统的服装企业采取顺序式作业流程、只能提前几个月进行预测、到了销售季节不能根据市场反馈情况进行调节相比，ZARA有35%的产品设计和原材料采购、40%～50%的外包生产、85%的内部生产都是在销售季节开始之后进行的。

以消费者为中心，缩短前置时间，向供应链的各环节"挤压"时间并消除可能的瓶颈，减少或取消那些不能带来增值的环节，小批量、多品种以营造"稀缺"，跨部门沟通、协同，快速响应、满足市场需求，从而提升品牌价值和竞争力——这就是ZARA的极速供应链的真谛！

问题讨论：

ZARA以品牌运作和响应极速为核心的协同供应链运作模式，为供应链管理理论与实践研究开拓了哪些新的思路？

第三章 供应链运作的协调管理

本章重点理论与问题

在供应链的日常运行中,供应链上的企业之间发生着频繁的工作流、物料流、资金流、信息流交换,彼此之间运作的协调性对供应链的整体绩效影响很大。但是,供应链管理的职能不可能通过一般的行政管理手段得以实现,因为企业和企业之间并不存在隶属关系,它们在法律上是平等的,不可能依靠以行政管理为前提的管理,只能通过共享利益来调控。因此,为了提高企业乃至整个供应链的竞争能力,供应链成员需要通过一定的机制来协调各种运作决策。近几年来,供应契约(supply contract)已成为供应链成员协调各种决策活动的基本手段。本章首先简单介绍供应链协调问题的表现及产生原因,然后提出了供应链运作的激励问题,接着介绍供应链协调机制和常见的供应契约,以及为使供应链达到整体利益最大化而应采取的恰当的激励机制。

第一节 供应链协调问题的提出

传统上,自发运行的供应链往往会由于多方面原因而处于失调状态。首先,成员之间的目标不一致会造成供应链失调;其次,由于供应链与外部环境之间、供应链内部成员之间的信息往往是不对称的,因此,它会由于缺乏系统外部信息或系统内部信息而产生外生风险,同时也会由于成员隐藏行动或隐藏信息而产生内生风险;最后,各成员为了实现自己的利润最大化目标,它们采取的决策往往与整个供应链利益最大化不一致。凡此种种,都会使供应链的运行不能同步进行,由此产生了不协调现象。下面对供应链运行不协调的几种常见现象及产生的原因作一简要介绍。

一、"需求变异加速放大"现象及产生的原因

"需求变异加速放大"现象也被很多人称为"长鞭效应",它源于英文单词"bullwhip"。"需求变异加速放大"现象是对需求信息在供应链传递中被扭曲的现象的一种形象描述。其基本含义是:当供应链的各节点企业只根据来自其相邻的下级企业的需求信息作出生产或供给决策时,需求信息的不真实性会沿着供应链逆流而上,使订货量逐级放大,到达源头供应商时,其获得的需求信息与实际消费市场中的顾客需求信息发生了很大的偏差,需求变异将实际需求量放大了。由于这种需求放大效应的影响,上游供应商往往维持比下游供应商更高的库存水平。这种现象反映出供应链上需求的不同步现象,它说明供应链库存管理中

的一个普遍现象——看到的是非实际的。图 3-1 显示了需求放大效应的原理和需求变异加速放大过程。由于这种图形很像美国西部牛仔使用的赶牛的长鞭,所以被形象地称为 bullwhip,国内大部分人称之为"长鞭效应"。

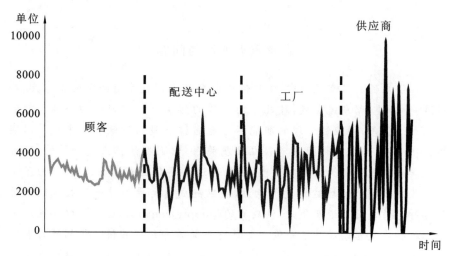

图 3-1　需求放大效应示意图

需求放大效应最先由宝洁公司发现。宝洁公司在一次考察该公司最畅销的产品——一次性尿布的订货规律时,发现零售商销售的波动性并不大,但当他们考察分销中心向宝洁公司的订货时,惊奇地发现波动性明显增大了。有趣的是,当他们进一步考察宝洁公司向其供应商,如 3M 公司的订货时,发现其订货的变化更大。除了宝洁公司,其他公司如惠普公司在考察其打印机的销售状况时也曾发现这一现象。

实际上,早在 1958 年,弗雷斯特(Forrester)就通过对一个具有四个环节的渠道的研究,揭示了这种工业组织的动态学特性和时间变化行为,发现各自的决策行为导致需求信息被扭曲和放大了。在库存管理的研究中,斯特曼(Sterman)在 1989 年通过一个"啤酒分销游戏"验证了这种现象。在实验中,四个参与者形成了一个供应链,各自独立进行库存决策而不与其他成员进行协商,决策仅依赖其毗邻的成员的订货信息。斯特曼把这种现象解释为供应链成员的系统性非理性行为的结果,或"反馈误解"。

人们已经对"需求变异加速放大"现象进行了深入的研究,将其产生的原因归纳为以下几个方面。

1. 需求预测修正

需求预测修正是指当供应链的成员采用其直接的下游订货数据作为市场需求信号时,即会产生"需求变异加速放大"现象。举一个简单的例子,当库存管理人员需要决定向供应商的订货量时,可以采用一些简单的需求预测方法,如指数平滑法。在指数平滑法中,未来的需求被连续修正,这样,送到供应商手中的需求订单反映的是经过修正的未来库存补给量,为保险起见,经过修正的订货量都是比较大的。

2. 产品定价策略导致订单规模的变动性

产品的定价策略可以分为两种情况。一种是批量折扣。批量折扣极有可能扩大供应链内订单的批量规模,进而引起供应链上各阶段库存尤其是安全库存的增加。另一种则是由于批发、预购、促销等因素引起的价格波动。如果库存成本小于由于价格折扣所获得的利益,销售人员当然愿意预先多买,这样订货就不能真实反映需求的变化,从而产生"需求变异加速放大"现象。

3. 分摊订货成本

由于订货成本及运输的固定成本很高,同时供应商提供批量折扣的优惠,下游企业可能大批量订购产品以分摊订货成本。当大批量订购的产品大大超出需求扩张量时,订单的变动性就会在供应链内放大,使订单量的变动比需求量的变动更加不稳定。

4. 补货供给期延长

因为补货企业发出订单时,会将两次供货期间的需求计算在内,如果需求的偶然性变动被误认为是一种增长(减少)趋势,订单的变动性将更大。补货供给期越长,计算在内的预测的需求将越多,变动也将更大,"长鞭效应"就越强。

5. 短缺博弈

高需求产品在供应链内往往处于短缺供应状态,这样,制造商就会在各分销商或零售商之间调配这些产品的供给。通常的做法是:当需求大于供应量时,理性的决策是按照用户的订货量比例分配现有的库存供应量,比如,当总的供应量只有订货量的50%时,合理的配给办法就是所有的用户获得其订货的50%。此时,用户为了获得更大份额的配给量,会故意夸大其订货需求。当需求下降时,订货又突然消失。这种由于个体参与的组织的完全理性经济决策导致的需求信息的扭曲最终使需求变异加速放大。

总之,由于缺少信息交流和共享,企业无法掌握下游的真正需求和上游的供货能力,只好自行多储货物。同时,供应链上无法实现存货互通有无和转运调拨,只能各自持有高额库存,从而导致"长鞭效应"。

造成"长鞭效应"的系统原因主要有订货周期和供应链的层次结构。这些系统原因是现有供应链自身无法克服的。

造成"长鞭效应"的非系统原因很多。非系统原因主要是指经营中供应链各成员的有限理性或非理性行为。一般认为,由于各成员之间信息不能有效共享,所以体现为各成员的个体优化的行为。然而对于整条供应链来说,这往往不是最优决策。这些理性或非理性行为包括需求信息处理方式、批量订货决策、订货方式、短缺博弈、价格变化、运营水平等。另外,下游经销商的需求预测修正也是非系统原因之一。

二、"曲棍球棒"现象及产生的原因

在企业实现供需活动过程中,存在一种称为"曲棍球棒"(hockey-stick)的现象,即在某一个固定的周期(月、季或年)内,前期销量很低,到期末销量会有一个突发性的增长,而且这种现象在企业生产和经营活动中会周而复始地出现,其需求曲线的形状类似于曲棍球棒,如图3-2所示。在许多企业里,这种现象非常明显,其管理者甚至认为这是他们的供应链所面临的最大问题。这种现象对企业的生产和物流运作都非常不利,在每个生产周期的期初,生产和物流能力大量闲置,但是到了期末又会出现能力的紧张甚至短缺。

1. "曲棍球棒"现象实例

某国际著名的食品公司在中国的生产厂,年产饮料20多万吨,产值约5亿元。与其他快速消费品一样,工厂采用MTS(备货型)的生产方式,其生产的产品主要在湖北省销售。按不同的品牌和包装计算,该公司共有20多种规格的产品,不同的包装规格可以按照统一的容量标准换算为标准箱。公司将销售区域按地理位置进行了划分,并指定一名销售人员负责一个区域,区域内一般有几个到十几个经销商。公司与行业内的其他公司一样,根据经销商的每月累计订货量向其提供一定的返利,但双方事先通过销售契约约定了一个目标订货量,经销商的累计订货量必须达到或超过这个数量,才能拿到相应的返利。公司采用4—4—5的统计方式(即每季前2个月按4周计,第3个月按5周计)。

为了便于观察,这里将该厂2005年和2006年日销售出库量按时间序列绘成了曲线图,如图3-2所示。

从图3-2可见,每月月初销售出库量很低,月中逐步增加并达到相对均衡,月底则急剧增加。因为图3-2中的图形就像曲棍球运动中击球杆的形状,所以被形象地称为"曲棍球棒"现象。

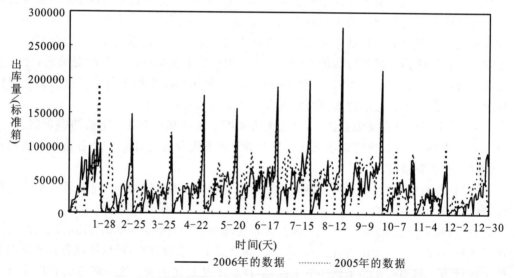

图3-2 2005年、2006年某公司的生产厂全年每日销售出库量变化趋势图

较早提到这种现象的是李(Lee)等人。他们认为,企业对销售人员的周期性考评及激励政策造成了这种需求扭曲的现象。在企业的营销系统中,为了激励销售人员努力工作,通常会对他们规定一个固定的工资和一个销量的目标,如果销量超过了这个目标,就能够拿到奖励的佣金,超出目标越多,拿的佣金也越多。如果销量在目标以下,就只能拿固定的工资。销售人员在考核期限未到时,会看看不努力能够卖多少,如果什么都不干就能达到目标当然是最理想的。但是快到期末的时候,他们就会觉得不努力不行,如果离目标还有一定的距离,他们就会拼命地干。大家都拼命地干,订单就会非常多。

在快速消费品行业,"曲棍球棒"现象非常普遍和明显。在这个行业,销售人员一般负责某个指定区域的销售工作,区域内有几个到十几个经销商,企业对销售人员的薪资政策如上所述。此外,企业为了促使经销商长期更多地购买,普遍采用一种称为总量折扣(volume discounts)的价格政策,这种促销政策也是造成"曲棍球棒"现象的一个根源。在营销战略中,价格折扣往往被企业用来作为提高分销渠道利润和抢占市场份额的利器,在较长的时期内,企业主要采用基于补货或订单批量的折扣方式(quantity discounts)。但是在近10年,基于买方在某一固定周期(月、季、年)的累计购买量的折扣方式开始流行起来。

2. "曲棍球棒"现象对企业营运的影响

"曲棍球棒"现象的存在给企业的生产和物流运作带来了很多负面的影响。在这种情况下,企业在每个考核周期的期初几乎收不到经销商的订单,而在临近期末的时候订货量又大幅增加。运用MTS生产模式的企业为了平衡生产能力,必须按每期的最大库存量而非平均库存量建设或租用仓库,从而使企业的库存费用比需求均衡时高很多。而且,这种现象使企业大量的订单处理能力、物流作业人员和相关设施、车辆在期初时闲置;而在期末,工作又太多,大家拼命加班也处理不完,厂内搬运和运输的车辆不停运转,但有时还是短缺,从而不得不从外部寻求支援。这种情况不仅使企业加班更多,物流费用更高,而且工作人员的差错率也增加,送货延误的情况也时有发生,企业的服务水平显著降低。对于运用MTO(订单式)和JIT(准时化)生产模式的企业,"曲棍球棒"现象的危害更大,其生产能力在期初由于没有订单而闲置,而在期末又由于生产能力的限制而出现需求短缺,甚至会影响到部分经销商对某些产品的正常需求,从而导致部分终端客户的流失。

此外,基于总量折扣的价格政策并不能增加终端客户的实际需求,经销商增加的订货量大部分被积压在渠道中,延长了终端顾客购买产品的货龄,从而使消费者的福利受损,并增加了供应链的总成本及供应链成员的经营风险。而且,如果经销商的库存太多,或者产品临近失效期,通常会采取两种措施:一种是折价销售,这种方式会对市场造成冲击;另一种是迫使企业退货或换货,从而形成逆向物流,增加企业与经销商处置产品的费用。从长远来看,这两种结果对企业和经销商的正常经营和利润都不利。

三、双重边际效应

"双重边际效应"(double marginalization)是供应链上下游企业为了谋求各自收益最大化,在独立决策的过程中确定的产品价格高于其生产边际成本的现象。如果下游企业的定价过高,必然会造成市场需求的萎缩,导致供应链总体收益下降。早在1950年就有学者发现了"双重边际效应"。1950年,斯彭格勒(Spengler)发表了一份研究报告,指出零售商在制定库存订货决策时并不考虑供应商的边际利润,因此导致批量很小而达不到优化的水平。

企业个体利益最大化的目标与整体利益最大化的目标不一致,是造成"双重边际效应"的根本原因。为了减弱这种效应,就要努力提高供应链的协调性,尽可能消除不协调因素的影响。

另外,20世纪90年代以来,由于信息技术的广泛运用,客户对产品和服务的需求更加多样化,以及服务竞争和基于时间的快速响应竞争日益剧烈,导致企业之间的依存度不断增加。企业单打独斗的局面发生了巨大转变,由众多企业组成的供应链已经成为竞争的主体。

实现供应链的协同是供应链成功的关键,然而,供应链的协调并不是以牺牲某一个体的利益去提高其他个体或系统的利益,而是以实现双赢甚至多赢为目标,即至少要使得改变后的个体或者系统的利益不低于以前的利益,也就是所谓的帕累托改善。

作为一种能够实现供应链协调的有效机制,供应契约得到了广泛的研究。帕斯特纳克(Pasternack)比较早地提出了契约的概念,他使用单周期报童模型研究了回购契约,指出当供应商允许零售商以部分退款返回过剩产品时,可以在一定程度上实现渠道的协调。

随着对契约关注程度的日益增加,越来越多的学者以帕斯特纳克的研究为基础,希望在供应链上下游之间通过协商达成最佳(或满意)的契约参数,设计合理的供应契约形式,实现供应链的协调,从而有效地解决"双重边际效应"和"长鞭效应"等现象,在最大化供应链的整体利润的同时,优化供应链绩效。

供应链运作不协调的现象和原因还有很多,这里就不一一阐述了。从以上对三种现象的描述就已经可以看出,如果不能很好地解决这些问题,供应链管理的绩效水平会大打折扣,进而影响人们实施供应链管理的信心。

第二节 提高供应链协调性的方法

一、缓解"长鞭效应"的方法

1. 提高供应链企业对需求信息的共享性

需求扭曲的原因来源于多级供应链需求信息的传递失真,每一个节点企业的预测需求均成了上游节点企业订货决策的放大因子,并且具有积累效应。消除需求信息扭曲的方法是:供应链上的每一个节点企业必须在自身的需求中排除下游节点企业订货决策对上游企业的影响,这就要求供应链上的每个节点企业只能根据最终产品市场的实际需求进行自身的需求预测,且消费者市场的实际需求信息必须被供应链的每一个环节共享。

2. 科学确定定价策略

解决由价格下降导致的"长鞭效应",要求供应商采取每天低价策略和分期供货契约策略,前者通过价格的持续性,后者通过供货的阶段性来抑制市场价格的波动,减少"长鞭效应"对上游企业的影响。

3. 提高运营管理水平,缩短提前期

企业在传统运作方式下通过确定经济订货量来降低成本,而订货提前期对库存相关成本的影响是很大的。要缓解因批量订购而出现的"长鞭效应"的影响,降低订货提前期是关键。这对供应链管理提出了新的要求,一是要求需求方通过增加订货次数,以最低的订货成本快速地将需求传递给供应商。通常可以通过 EDI 技术或订货看板技术来实现,但应用这些技术有其前提条件:一是组成供应链系统的企业具有基于网络信息的伙伴关系,供应链是稳定的战略联盟。二是要求小批量的物流传递可以通过低成本来完成,实现的方法只能是通过第三方物流的配送优化系统。而在引入第三方物流企业后,存储成本是可以减少甚至消除的。第三方物流企业通过供应链及时、准确、高效的配送体制,使供应链节点企业实现最低库存,从而大大降低成本。

4. 提高供应能力的透明度

现代供应链企业应通过共享生产能力与库存信息,采取风险共担、利益共享的策略来应对供应短缺所导致的"长鞭效应"。实际上,这种策略最终导致联合库存管理的出现。联合库存管理强调多方同时参与,共同制订库存控制计划,使供需双方能相互协调,使库存管理成为供需双方连接的桥梁和纽带,从而缓解"长鞭效应"。

5. 建立战略性合作伙伴关系

通过实施供应链战略伙伴关系可以消除"长鞭效应"。供需双方在战略联盟中相互信任,公开业务数据,共享信息和业务集成。这样,相互都了解对方的供需情况和能力,避免了短缺情况下的博弈行为,从而减少了产生"长鞭效应"的机会。

二、缓解"曲棍球棒"现象的方法

为了消除价格折扣导致的"长鞭效应",李等人建议最好的办法就是宝洁公司的天天低价。然而,由于商业模式的惯性和市场不成熟,目前在快速消费品行业,基于总量的价格折扣方式仍然盛行,很少有企业运用天天低价的政策。为了解决这个困扰许多企业的难题,这里结合某些企业的实践,提出一种可行的解决方案。在快速消费品行业,企业通常会经营不同品牌和不同包装规格的多种产品。为了消除"曲棍球棒"现象,平衡物流,企业可以采用总量折扣和定期对部分产品降价相结合的方式。假定企业向经销商提供两种规格的产品,当经销商的两种产品月累计进货量达到一定的数量以后,企业根据该数量向经销商提供一定的返利,即总量折扣的价格折扣政策。在具体运用这个政策时,企业可以适当降低返利率,然后在考核周期的初期降低其中一种产品的转让价格,在期中再将其价格调高。在这种政策下,经销商为了投机,会在期初多订降价产品,而在期末为了拿到返利而增加另一种产品的进货,期中则进行正常补货,其订货量将变得相对均衡,从而缓和企业出库中的周期性"曲棍球棒"现象,使其销售物流更为平稳,以减轻企业库存和物流能力的压力,提高物流运作的效率和效益。这种方式还能够使经销商在不同时期的订货比较单一,可以减少双方订单处理的工作量,并增加企业单品的生产批量,从而提高生产的规模效益,减少转产的频次。

除了以上方法,企业还可以对不同的经销商采用不同的统计和考核周期,从而让经销商的这种进货行为产生对冲,以缓和企业出货中的"曲棍球棒"现象。企业通过延长考核周期可以减少"曲棍球棒"现象出现的频率,而通过缩短考核周期可以减小出库量波动的幅度。此外,通过与经销商共享需求信息和改进预测方法,企业能够更准确地了解经销商的外部实际需求,从而在设计折扣方案时,尽可能让折扣点与经销商的外部需求一致或略高,这样做也能够缓和"曲棍球棒"现象。当然,最好的方法是:企业能够根据每期经销商的实际销量提供折扣方案,但由于信息不对称,企业很难了解经销商的实际销售情况,或需要付出很大的人力和物力去调查和统计数据,可能会得不偿失。

第三节 供应链的激励问题

一、供应链激励问题的提出

上一节提出了缓解"长鞭效应"或者"曲棍球棒"现象对供应链的不良影响的主要措施，这些措施对提高供应链运作的协调性具有重要的意义。但是，供应链管理的实践与理论研究证明，即使减少了"长鞭效应"或者"曲棍球棒"现象对供应链的不利影响，也并不能保证供应链整体绩效实现最佳收益。在大多数情况下，供应链成员总是首先关心如何优化企业自身的绩效，然后才去考虑供应链的整体绩效，这种自我优化意识导致了供应链的低效率与不协调。"双重边际效应"就是这一现象的表现。因此，如何消除"双重边际效应"的影响，就成了在解决了"长鞭效应"和"曲棍球棒"现象基础上的又一重要任务。解决"双重边际效应"需要供应链企业间的合作和信息共享，但是，由于在供应链成员间缺乏组织机构进行有效的监督，传统的控制机制无法在供应链管理中发挥作用，不能通过行政手段解决"双重边际效应"问题。在这种情况下，只能通过在供应链企业间建立激励机制，以保证成员企业间形成更紧密的战略伙伴式的联盟，使合作伙伴共担风险、共享收益，企业利益与供应链的整体目标协调一致，从而提高供应链的整体竞争优势。

下面考查一个简单的供应链系统。该供应链系统由一个制造商和一个零售商组成，如图 3-3 所示。制造商生产的产品按 122 元/件批发给零售商，该产品的市场零售价格为 180 元/件。如果零售商订货过多，每一件没有卖出去的产品只能按 18 元/件的残值价格处理掉。制造商的生产成本为 44 元/件。市场对该产品的需求分布如表 3-1 所示。

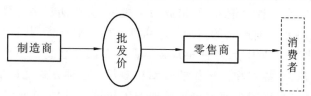

图 3-3 由一个制造商和一个零售商组成的供应链

表 3-1 市场需求概率分布

需求量（件）	需求概率密度	需求量（件）	需求概率密度
400	0.00	900	0.19
500	0.04	1000	0.18
600	0.10	1100	0.10
700	0.20	1200	0.05
800	0.29	1300	0.00

从上面描述的制造商与零售商之间的交易方式不难看出,当制造商以一定的批发价将产品交付给零售商后,制造商的收益就得到了保证,因为一旦产品出厂以后,所有权就属于零售商了,至于能否销售出去,制造商是不会关心的。由于这种批发价交易机制只能保证供应链上游企业的利益,风险都集中到了零售环节,所以,零售商为了保证自己的利益,在向制造商订货时,就会按照最有利于自己的订货策略发出订单。如本例,根据以上数据,不难看出,在零售商订货决策的临界状态,如果零售商多订一件产品并卖出去了,他的收益是58元;但如果多订一件产品且没有卖出去的话,他的损失是104元。假定销售出去与否的概率相同,零售商的期望风险将大于期望收益。于是,零售商就会把订货的数量向减少一件的方向移动,于是整个供应链也就少一件的收益。据此不难计算出,零售商的期望利润最大时的订货量为800件,当然也就能够确定制造商的利润水平,如图3-4所示。此时,零售商的期望利润是43494元,制造商的利润是62400元,整个供应链的利润是105894元。

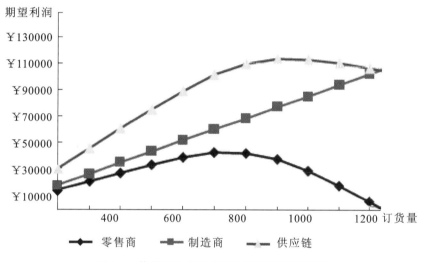

图3-4 传统批发价契约下的期望利润示意图

站在制造商的角度,他一定希望零售商尽可能多地订货,但是,在上述传统合作机制下,零售商是没有任何动力让自己冒着承担整个供应链的风险来增加订货量的。制造商应该如何说服零售商尽可能多地增加订货量呢?这就需要有一个对零售商进行激励的机制,这就是供应链协调运作的激励问题。

二、供应契约

在供应链激励机制中,供应契约是最为有效的措施之一。供应契约是指通过合理设计契约,减少合作双方的机会主义行为,促进企业之间的紧密合作,确保有效完成双方的订单交付,保证产品质量,提高用户满意度,降低供应链成本,提高整条供应链的绩效及每一个成员企业的绩效。在设置了相应的契约参数之后,供应契约通过调整供应链成员之间的关系来协调供应链,使分散控制的供应链整体利润与集中系统下的利润尽量相等。即使达不到最好的协调,也要尽可能使每一方的利润至少不比原来少。

一般而言,判断一种契约是否有效,除了考虑它是否拥有良好的协调条款和利润分配条款,能否提高供应链的利润之外,还需要分析该契约是否易于管理和操作。如果契约的设计非常复杂,执行成本相当高,那么即使这种契约能够实现利益最大化,但是由于其执行的复杂性造成了管理费用的增加,甚至超过了利益的增加值,这种契约也并不适用。与之相比,管理者们宁愿选择一种简单的契约,尽管它并不能使供应链达到最优,但只要供应链的运作水平比较高,那么这种简单的契约就是值得采用的。

三、基于供应契约的激励模式

仍以上面的例子为讨论的对象。现在,制造商向零售商提出了一个激励机制。他向零售商承诺,如果零售商增加了订货量而没有销售出去,制造商会以 78 元/件的价格将未销售出去的产品回收。这时,零售商的考虑是什么呢?他会分析,如果多订一件产品并且销售出去了,那么他的收益为 180－122＝58 元,而如果多订购一件产品但没有销售出去,他的损失是 122－78＝44 元。假定销售出去与否的概率仍然相同,显然此时零售商的期望收益大于期望损失,他就会把订货的决策向增加一件产品的方向倾斜。于是,零售商通过努力将产品销售出去了,不仅他的收益增加了,为 46649 元;制造商的收益也随之增加,为 63277 元;整个供应链的收益也增加了,为 109926 元,如图 3-5 所示。这就是能够使供应链运行达到协调的回购(buy-back)契约。下一节将专门讨论供应契约问题。

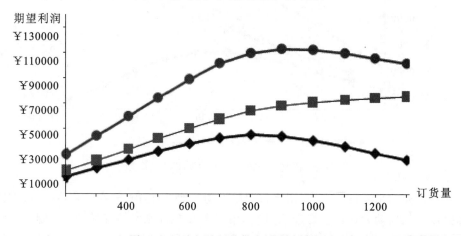

图 3-5　回购契约下的供应链收益示意图

第四节　供应契约

一、供应契约的参数

随着对供应契约的研究日益重视,人们不断建立新的契约模型,深挖原有契约模型的潜在意义,并致力于将供应契约应用到实际管理中。

究其本质,对供应契约的研究离不开契约参数。通过设置不同的参数,可以构建出多种不同的供应契约模型。例如,在契约中研究超储库存的退货问题,就形成了回购契约;在契约中研究供应链利润的分配问题,即为利润共享契约。因此,以不同的契约参数为出发点,就能够以不同类型的供应契约为对象展开研究。

此外,契约参数的具体设定会影响到供应契约的作用,例如,数量折扣契约中折扣百分比的设计、最低购买数量契约中最低购买数量限度的确定,以及利润贡献契约中利润分享参数大小的设定等,都会影响供应契约的效果。在供应链合作中,缔结供应契约的目标是优化供应链绩效,提高供应链竞争力,并确保契约双方共同获利。为了实现上述目标,必须在供应链合作双方的谈判过程中设计合理的契约参数,从而影响双方的行为和动机。

因此,供应契约的参数设定必须对供应链节点企业起到激励和约束作用,以影响节点企业的行为,促进企业之间建立更紧密的合作,使节点企业通过致力于增大整个供应链的利润来增加自身的收益。契约参数是管理供应契约要解决的主要问题,参数的设计已经成了供应契约中最为重要的一个环节。

一般而言,供应契约的参数有以下几种。

1. 决策权的确定

在传统合作模式下,契约决策权的确定并不是一个非常重要的因素,几乎每个企业都有自己的一套契约模式,并且按照该模式进行日常的交易活动。但是在供应链管理环境下,供应契约决策权的确定却发挥着相当重要的作用,因为在供应契约模式下,合作双方要进行风险共担以及利润共享。

2. 价格

价格是契约双方最关心的内容之一,价格可以表现为线性的形式(按比例增长或者下降)或者非线性的形式。合理的价格使得双方都能获利。卖方在不同时期、不同阶段会有不同的价目表,一般都会随着订货量的增大和合作时间的延长而降低,以激励买方重复订货。

3. 订货承诺

买方一般根据卖方的生产能力和自身的需求量提出数量承诺。订货承诺大体有以下两种方式:一种是最小数量承诺,另外一种是分期承诺。对于单个产品,最小数量承诺意味着买方承诺其累积购买量必须超过某特定数量,即最低购买数量;对于多品种产品,进行最小数量承诺则要求购买金额超过某最低量,即最低购买价值承诺。使用分期承诺时,买方会在每一个周期开始之前提出该期的需求量。

两种数量承诺方式有着明显的区别。从一定意义上说,前者给出总需求量,有利于卖方做好整个契约周期内的生产计划,然而一旦市场发生变化,绝大部分市场风险便转移到卖方身上。后者则要求买方在各个期初给出当期的预计订货量承诺,进行风险共担,使得卖方的风险有所降低,同时也迫使买方加强市场决策的有效性。

4. 订货柔性

任何时候买方提出数量承诺,卖方一般都会提供一些柔性,以调整供应数量。契约会细化调整幅度和频率。这种柔性包括价格、数量以及期权等量化指标。这样,一方面,卖方在完成初始承诺后,可以提供(或不提供)柔性所决定的服务补偿;另一方面,买方也从中获得收益,当市场变动影响其销售时,就可以使用柔性机制来避免更大的损失。同时柔性也提供了强有力的约束,使合作双方在契约执行过程中,更多地考虑到自身利益,改善经营,从而使双方长期受益。

5．利润分配原则

所有企业最根本的目的都是实现自身利润的最大化，因此，在设定契约参数的时候，利润分配原则通常是企业协商的重点。因此，在高度合作的情况下，如何能够维护合作双方自身的经济利益不受侵害，同时又可以尽可能努力扩大渠道利润，就成了利润分配所要考虑的问题。

供应契约往往以企业的利润作为建模的基础，在合作双方之间划分供应链的整体渠道收益就是利润的分配问题。供应契约包括按什么原则进行分配，分配的形式是怎样的，以及如何设计利润分配的模型等。

供应链利润的分配原则主要体现为利益共享和风险共担原则。在实际利润的分配过程中，供应链的核心企业起着决定性的影响，它在供应链成本、交易方式、利润激励等方面都有着举足轻重的作用。此外，主导企业对利润分配的态度还会影响其他企业对合作的积极性以及对供应链利润增值的贡献。

6．退货方式

从传统意义上讲，退货似乎对卖方很不利，因为它要承担滞销产品带来的风险和成本。但事实上，实施退货政策能有效激励买方增加订货，从而扩大销售额，增加双方收入。从某种意义上讲，如果提高产品销售量带来的收入远大于滞销产品所带来的固定成本，或者买方有意扩大市场占有率，退货政策给卖方带来的好处就会远远大于其将要承担的风险。

7．提前期

在质量、价格可比的情况下，提前期是买方关注的重要因素之一。同时，提前期导致需求信息放大，产生"长鞭效应"，这对卖方而言也很不利。因此，有效地缩短提前期，不仅可以降低安全库存水平，节约库存投资，提高客户服务水平，很好地满足供应链时间竞争的要求，还可以减少"长鞭效应"的影响。

在传统的库存模型中，提前期或被设置为固定值，或用随机变量来表示。其实，将提前期作为变量来调整供应契约，能够为供应链带来利益。

8．质量控制

在基于供应链的采购管理中，质量控制主要是由供应商进行的，企业只在必要时对质量进行抽查。因此，关于质量控制的条款不仅应明确质量职责，还应激励供应商提高其质量控制水平。对供应商实行免检，是对供应商质量控制水平的最高评价。契约中应指出实行免检的标准和对免检供应商的额外奖励，以激励供应商提高其质量控制水平。

质量问题是买卖双方谈判的矛盾所在。对于卖方而言，提高原材料或零部件的质量，意味着成本的增加；而对买方而言，只有在价格不变的前提下，保障原材料或零部件的质量，才能提高成品的合格率，才能增加收益。为此，买方需要在契约的设计中，针对质量条款采取某些激励措施，如进行质量方面的奖励或惩罚等，以达到双赢的目的。

9．激励方式

对节点企业的激励是使节点企业参与供应链的一个重要条件。为节点企业提供只有参与此供应链才能得到的利益是激励条款必须考虑的。此外,激励条款应包含激励节点企业提高质量控制水平、供货准时水平和供货成本水平等内容,因为节点企业业务水平的提高意味着业务过程更加稳定可靠,同时费用也会随之降低。

一般而言,有以下几种激励模式可供参考。

(1) 价格激励。高价格能增强企业的积极性,不合理的低价会挫伤企业的积极性。供应链利润的合理分配有利于供应链企业间合作的稳定和运行的顺畅。

(2) 订单激励。供应链获得更多的订单是一种极大的激励,在供应链内的企业也需要更多的订单激励。一般来说,一个制造商拥有多个供应商。多个供应商竞争来自制造商的订单,获得较多订单对供应商是一种激励。

(3) 商誉激励。商誉是企业的无形资产,对于企业极其重要。商誉来自供应链内其他企业的评价和在公众中的声誉,反映了企业的社会地位(包括经济地位、政治地位和文化地位)。

(4) 信息激励。信息对供应链的激励实质上属于一种间接的激励模式,如果能够很快捷地获得合作企业的需求信息,企业能够主动采取措施提供优质服务,必然会使供应链合作各方的满意度大为提高。这对在合作方之间建立起信任有着非常重要的作用。

(5) 淘汰激励。为了使供应链的整体竞争力保持在一个较高的水平,供应链必须建立对成员企业的淘汰机制,同时供应链自身也面临着被淘汰的风险。

10. 信息共享机制

供应链企业之间任何有意隐瞒信息的行为都是有害的,充分的信息交流是基于供应链的采购管理良好运作的保证。因此,契约应对信息交流提出保障措施,例如规定双方互派通信员和每月举行信息交流会议等,防止信息交流出现问题。

综上所述,契约需要考虑的因素非常多。此外,在契约的签订过程中,还需要考虑众多复杂因素的一些动态的、不断重复的博弈过程。

二、 供应契约分类

1. 按照合作程度划分

按照供应链中节点企业的合作程度,可以将供应契约分为单方决策型和联合决策型。

在单方决策型供应契约中,买卖双方之一处于主导地位,某一方在决策时可以不考虑或者较少考虑另一方的利益,双方之间还没有完全摆脱对立关系。在市场需求确定的情况下,没有完全实现信息共享时,买方的库存、促销策略等是形成卖方风险的主要原因。在市场需求不确定的情况下,卖方的风险一方面来自买方的库存、促销策略,另一方面来自变幻莫测的市场,也就是说,取决于分销商如何把风险转移给供应商。单方决策型供应契约问题在不同需求模式下采用的研究方法有本质的差别。

在联合决策型供应契约中,某一方在进行决策时必须考虑另一方的利益,双方抛开对立关系,强调提高供应链合作伙伴关系的整体运作绩效。在市场需求确定的情况下,联合决策可以减少买方的库存;在市场需求不确定的情况下,联合决策可以对来自市场需求的变化作出快速反应,减少供应链的风险损失。

2. 按照需求的特点划分

按照需求的特点,可以将供应契约分为需求确定型和需求不确定型。

需求确定型供应契约指的是在市场需求比较稳定的情况下制定的契约。在该环境下,制定供应契约时主要采取数量折扣、定价、货物分配、缩短提前期等协调手段。通常将买卖双方就新增利润的分配方式达成共识时的协调手段,称为有效的协调手段。

需求不确定型供应契约则是指当市场需求波动幅度较大时制定的契约。由于市场需求不稳定,这种形式的契约发生变化的频率比较快,契约的协商容易受到市场变化的影响。通常可以使用随机函数来描述不确定性需求,以便研究平均意义下供应链的总体特性。当然,描述不确定性时往往选择正态分布、贝努里分布或泊松分布等相对容易处理的分布形式。随着市场需求的变化,供应链中的节点企业会重新进行协商,对契约参数作出相应调整,以降低需求变化带来的风险。

三、几种常见的供应契约

如前所述,供应契约中有许多参数,将这些参数单独列出或者经过组合,就可以形成多种不同类型的供应契约。一般而言,较常见的供应契约包括以下几类。

1. 回购契约(buy-back contract)

契约规定,在销售季末,零售商可以以一定的价格把未售出的产品全部退还给供应商。回购是一种在不确定性需求系统协调中常见的契约方式,既能分担风险,又能起到激励订购的作用。回购的最大特点在于,它能够较灵活地消除随机需求下系统的"双重边际效应"。通过缔结回购契约,供应商与零售商共同分担市场风险,而刺激零售商订货的措施则能够提高其期望利润。

回购契约往往应用于生产周期较长而销售季节较短的商品交易中,它在时令商品市场(如服装、图书等)中得到了广泛使用。

2. 收入共享契约(revenue sharing contract)

在这种契约中,供应商拥有货物的所有权,决定批发价格,而收入共享的比例则由零售商决定。对于每一件卖出的产品,零售商根据事先确定的收入共享百分比,从销售收入中扣除自身应当享有的份额,然后将剩余部分交给供应商。

3. 数量折扣契约(quantity discount contract)

按契约规定,在一定时期内,供应商根据零售商承诺购买的数量,按照一定的比例对价格进行调整。

数量折扣契约在实际交易中非常普遍,通常使用的方式有两种:全部单位数量折扣和边际单位数量折扣。使用前者时,供应商按照零售商的购买数量,对所有产品都给予一定的价格折扣;而后者只对超过规定数量的部分给予价格折扣。研究发现,数量折扣适用于风险中性和风险偏好型的零售商。

4. 最小购买数量契约(minimum purchase contract)

在最小购买数量契约下,零售商在初期作出承诺,将在一段时期内至少向供应商购买一定数量的产品。通常供应商会根据这个数量给予一定的价格折扣,购买产品的单位价格将随着数量的增加而降低。通常零售商承诺在未来一个年度里的最少购买数量,供应商同意以折扣价格提供产品。这种契约在电子产品行业尤为普遍。

最小购买数量契约与数量折扣契约有些类似,不同的是,前者需要作出购买数量承诺,这种承诺并非一次性的,而是一段时期或者一个年度内的购买数量总和。

5. 数量柔性契约(quantity flexibility contract)

交易双方拟订契约,规定每一期内零售商订货量的波动比率。使用这种契约时,零售商承诺一个最小的购买数量,然后可以根据市场实际情况,在最低和最高订货范围内选择实际的订货量。按照契约规定,供应商有义务提供低于最高采购上限的产品数量。这种方式能够有效地遏制零售商故意高估市场需求,而导致供应链库存增多的不利现象。

6. 带有期权的数量柔性契约(flexibility quantity contract with option)

在这种契约模式下,零售商承诺在未来各期购买一定数量的产品,同时他还向供应商购买了一个期权。这种期权允许零售商可以在未来以规定的价格购买一定数量的产品,从而获得了调整未来订单数量的权利。

7. 削价契约(markdown contract)

这是一种经过改进的回购契约,供应商为了避免零售商将未售出的产品返还给自己,会采取一定的价格补贴措施,激励零售商继续保留那些未售出的产品。价格补贴虽然对供应商来说实施起来比较方便,但可能会给予零售商套利的机会,因此必须建立在买卖双方充分信任的基础之上。目前,价格补贴已经被广泛应用于IT产品的销售中。

价格补贴实质上是一种价格保护策略,是分销商分担零售商过剩库存风险的另外一种方式。它通过对期末未售出商品进行价格补差来实现,并经常应用价格递减方式实现短生命周期产品的协调。研究表明,价格补贴与回购有很大的相似性,亦可实现供应链系统的协调,但针对多零售商时,会出现不能确保各零售商均参与契约的情况,主要原因在于:价格补贴实现协调的条件与客户需求信息无关,仅与买卖双方的成本结构有关。

8. 备货契约(backup contract)

零售商和供应商经过谈判后,双方拟订契约,为零售商提供一定的采购灵活性。备货契约的流程为:零售商承诺在销售旺季采购一定数量的产品,供应商按零售商承诺数量的某一比例为其保留产品存货,并在销售旺季到来之前发出所预存的产品。在备货契约中,零售商可以按原始的采购价格购买供应商为其保留的产品,并及时得到货物,但要为没有购买的部分支付罚金。

9. 质量担保契约(quality contract)

质量问题构成了零售商和供应商谈判的关键。供应商知道自己生产质量的水平,拥有信息优势,而零售商却处于信息劣势。由于信息不对称,会产生两个问题:第一,供应商由于不具备提供某种质量水平的能力,可能会作出错误的质量承诺,零售商不能正确辨认供应商的能力而产生了错误的选择;第二,供应商可能存在恶意的欺骗行为,导致严重的道德问题。为了保证零售商和供应商自身的利益不受侵犯,并保证供应链绩效最优,签订契约的谈判双方必须在一定程度上实现信息共享,运用合作激励机制,设计质量惩罚措施,当供应商提供不合格产品时对其进行惩罚。

四、供应契约的作用

如前所述,供应契约的类型多种多样,尽管不少契约的理论模型与实际情况存在一定的距离,但其仍然能够为管理者们提供审视供应链的决策依据,因而具有极大的管理意义。

在实际运作中,企业使用较为普遍的契约方式有回购契约、收入共享契约和数量折扣契约等。供应契约的使用能给企业带来相当可观的收益,例如,通过使用收入共享契约,录像带租赁公司 Blockbuster 的业务额提高了 75%,市场份额也从 25% 上升到了 31%。

使用供应契约,既能克服"长鞭效应"和"双重边际效应"等多种不利影响,有效地实现供应链协调运作,还可以保障供应链企业之间的合作关系。其作用主要表现为以下几点。

1. 降低"长鞭效应"的影响

供应链的信息失真导致了"长鞭效应",这种放大的效应对于供应链企业具有非常大的危害。供应契约可以很好地降低"长鞭效应"的影响。

供应契约的签订降低了供应链中的库存。由于供应契约同时具有柔性和相对稳定的优点,所以在供应链中,每个企业不必像以前那样维持较高的安全库存。

企业通常致力于如何实现自身利益的最大化,因此,当需求信息在供应链中逐级放大时,便导致了"长鞭效应"。供应链企业之间的合作将原来的局部优化行为转为整体利益最大化,而供应契约的特性可以使这种合作具体化,防止这种合作行为成为纸上谈兵。

供应链企业之间在确定合作关系之后签订契约,使各节点企业明确了各自的职责。以前供应链的上游总是将下游的需求信息作为预测自己需求的依据,当下游企业订购时,上游企业的经理就会把这条信息作为将来产品需求的信号来处理。基于这个信号,上游企业调整需求预测,向其供应链增加或减少订购,使其供应商也作出相应的调整。这是导致"长鞭效应"的主要原因。现在,企业之间签订供应契约后,一方面,下游企业对上游企业的需求数量趋向于固定,即使有变动也在供应契约的柔性范围内,对供应和需求的影响不大。这样上游企业不必对下游企业的需求进行预测,从而避免了信息在整条供应链上产生滞后,防止了"长鞭效应"的产生。另一方面,供应契约可以提高供应链上的信息共享程度,使供应链上的每个节点企业都可以共享所有的信息,这就避免了一些不必要的预测,避免了"长鞭效应"的产生。

2. 实现供应链系统的协调,消除"双重边际效应"

如前所述,供应链的"双重边际效应"是指当供应链各节点企业都试图最优化自己的利润时,不可避免地损害了供应链的整体利润。供应契约就是为了尽量减少这种损害而提出的一种解决办法。

供应契约通过调整供应链的成员关系来协调供应链,使分散决策下供应链的整体利润与集中系统下的利润尽可能相等。即使无法实现最好的协调(与集中系统下的利润完全相等),也可能存在帕累托最优解,使得每一方的利润至少不低于原来的利润值。因此,供应链各节点企业可以通过签订不同类型的供应契约,来克服由于双重边际效应所导致的供应链低效率以及渠道利润的减少,使供应链达到最佳协调。

3. 增强供应链成员的合作关系

建立协调供应链的好处有目共睹,但这种协调是以相互信任为前提的。供应链是由多个企业组成的联合体,彼此之间没有任何产权上的联系,而仅仅是动态的合作关系。然而,供应契约可以以书面的形式保证合作企业的权利和义务,使这种权利和义务具有法律效应,这样,即使信任机制不健全,也可以实现供应链合作企业的紧密合作,加强信息共享,相互进行技术交流和提供技术支持。

供应链合作关系产生了新的利润,新增利润如何在供应链中进行分配,是决定供应链各成员企业能否继续保持合作关系的一个重要因素。供应契约模型研究了利润的分配模式,通过企业之间的协商,将利润在供应链的各个节点企业中进行分配。契约的特性就是要体现利益共享和风险共担原则,从而使供应链成员企业达到帕累托最优。

随着契约利润参数的改变,供应链承担的风险在供应链的不同阶段之间发生了转移,从而影响了零售商和供应商的决策,稳固了他们之间的长期合作伙伴关系,同时提高了供应链的总体收益。

此外,还可以通过修改契约的激励模式,为合作企业创造更好的优惠条件,减少彼此之间的不信任感,实现双赢,进一步促进并增强供应链中节点企业的合作关系。

【本章关键术语】

供应链中的"需求变异放大"现象 "曲棍球棒"现象 双重边际效应 供应链合作伙伴激励 供应契约 回购契约 收入共享契约 数量柔性契约 带有期权的数量柔性契约

【本章思考与练习题】

1. 供应链运作中的不协调现象有哪些表现?举例说明。
2. 在市场竞争激烈、顾客化需求日益明显的情况下,供应链企业运作协调有哪些好处?
3. 引起供应链需求"长鞭效应"的原因有哪些?如何缓解供应链上的"长鞭效应"?
4. 分析供应链管理环境下导致"曲棍球棒"现象的原因,并给出解决的方法。
5. 如何理解供应链企业合作中的"双重边际效应"问题?
6. 供应契约的本质是什么?这些供应契约是如何使供应链协调运行的?
7. 根据你的理解,找出几个供应契约的实际例子。
8. 供应链运作管理的协调性与供应链激励之间的关系是什么?如何构建供应链管理中的激励机制?
9. 有效实施供应契约的基本要求有哪些?

【经典案例】

M公司物流部案例分析

  M公司是国内一家著名的家用轿车生产制造商,经过十几年的快速发展,M公司目前已经具备了发动机、变速箱、制动器等汽车核心零部件以及汽车整车的制造与研发能力。公司的制造系统由冲压、焊装、涂装、组装四大分厂以及物流部、生产部组成。为了提高物流能力,保证公司供应链的生产,公司采用了模拟第三方物流的运行模式将物流部从生产部独立出来。在离组装厂不远处是物流部所管辖的厂内物流中心,物流部的主要职责是将厂内物流中心的零部件及时、准确地送至组装厂的中转处,再由组装厂的物流科送至装配线相应的工位(组装厂分为A、B、C三个工段,每个工段大约有100多个工位)。厂内物流中心的仓库是租借给供应商的,在供应商的零部件送至仓库之后,物流部负责组织相关人员卸货后将零部件存放在相应的库区,并为供应商保管这些零部件,公司按每平方米15元/月的价格收取租金以及按货款0.5%的比例收取服务费。公司曾经因为这项管理举措而获得了"国家企业管理创新二等奖"以及"XX省企业管理创新一等奖"。但是随着公司产量的逐年增加,特别是经历了2009年国内家用轿车市场的"井喷"之后,M公司明显地感觉到原有的物流能力已经钳制了公司的发展,尤其在供应链的效率方面。

  随着市场需求的不断增加,组装厂由于缺件而导致停线等待的平均时间竟然达到了24.3小时/月,这给公司带来了巨大的损失,是公司目前最严重的问题。而最让人不可思议的是,仓库里面竟然有缺件物料的库存,物流部因此成了众矢之的而饱受组装厂和生产部诟病。据统计调查,组装厂缺件停线主要集中在C工段。C工段主要完成的是一些小件的安装工作,同一个工位需要安装品种繁多的小件且各小件的需求量呈一种比例关系。但是,对于小件,目前物流部都是按照1000套的倍数送至组装厂的中转库,由于小件的消耗比例不一,就导致了小件物料在中转库内的齐套性很差,可能由于一种小件的缺件而导致整个生产线的停产,在物流部的部长看来,这似乎是一个不可能解决的问题。

  公司与供应商的沟通方面也存在着问题。目前,M公司80%的零部件供应商集中在××省,而20%的零部件供应商分布在其他省份及直辖市,这些供应商大多没有自己的运输车队,为了节省成本,他们一般将货运任务外包给一些规模非常小的物流公司。供应商给公司的采购价格已经包含了这些运输费用,M公司的财务部门将其列为公司的制造费用。随着公司产量的增加,供应商送货量也在加大,但是,厂内物流中心的面积是有限的,经常出现的情况是:由于供应商的零部件送货量太多而导致零部件无法存放在仓库而只好将其存放在其他露天场所,因此一些精密的零部件的质量难以保证。这种情况不仅给物流部的管理带来了相当大的难度,同时也给产品的质量造成了不良的影响,经常有消费者由于汽车安全气囊质量问题同公司对簿公堂！在物流部看来，这完全是供应商的素质问题，"他们为什么就不能少送点？一点也不配合主机厂的工作。"物流部的部长这样说。但是供应商则显得很无辜。例如，天津某制动桥厂就反映，目前M公司不仅将采购价格压得很低，而且在货物送至公司3～6个月之后，他们才能拿到货款。供应商们对公司模拟第三方物流运作模式的积极性不高。另外，物流公司给供应商们的价格优惠是与运输量有关的，运输量越多，价格也就越优惠，因此，供应商会尽量多送一些货物以降低运输成本。2009年M公司的产量是9万辆，2010年M公司的计划产量是16万辆。可想而知，厂内物流中心的有限的设施资源在当时的运作模式下很难容纳这么多的零部件！

面对这样的问题，M公司为了提高物流能力，决定将公司的物流业务外包给一家专业的、真正的第三方物流公司。

问题讨论：

你觉得这样做能解决他们所面临的问题吗？

第四章 供应链网络的构建

本章重点理论与问题

为了提高供应链管理的绩效,除了必须有一个高效的运行机制外,建立一个高效、敏捷的供应链网络也是重要的一环。虽说供应链网络的构成不是一成不变的,但是在实际经营中,不可能像改变办公室的桌子那样随意改变供应链网络上的节点企业。因此,作为供应链管理的一个重要环节,必须非常重视供应链网络的构建与优化。本章重点讨论供应链网络系统在构建中的相关理论和方法。通过本章的学习,使读者能够掌握供应链结构的基本问题,了解供应链体系设计的相关策略、网络选址的影响因素、网络系统的设计原则及其设计步骤,将来能够根据供应链管理中的实际问题设计和优化供应链体系。

第一节 几种常见的供应链体系结构模型

为了有效指导供应链的设计,了解并掌握供应链结构模型是十分必要的,本节着重从企业与企业之间关系的角度考查几种供应链的拓扑结构模型。

一、供应链的模型1:链状模型

结合供应链的定义和结构模型,不难得出这样一个简单的供应链模型(如图 4-1 所示),我们称其为模型 1。模型 1 清楚地表明产品的最初来源是自然界,如矿山、油田、橡胶园等,最终去向是用户。产品因用户需求而生产,最终被用户所消费。产品从自然界到用户经历了供应商、制造商和分销商等多级传递,并在传递过程中完成产品加工、产品装配形成等转换过程。被用户消费掉的产品最终仍回到自然界,完成物质循环(如图 4-1 中的虚线)。

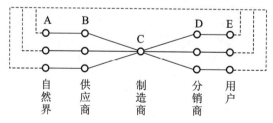

图 4-1 模型 1:链状模型

很显然,模型1只是一个简单的静态模型,表明供应链的基本组成和轮廓概貌,可以进一步地将其简化成链状模型2(如图4-2所示)。模型2是对模型1的进一步抽象,它把企业都抽象成一个个的点,称为节点,并用字母或数字表示。节点以一定的方式和顺序联结成一串,构成一条图学上的供应链。在模型2中,若假定C为制造商,则B为供应商,D为分销商;同样的,若假定B为制造商,则A为供应商,C为分销商。在模型2中,产品的最初来源(自然界)、最终去向(用户)以及产品的物质循环过程都被隐含抽象掉了。从供应链研究便利的角度来讲,把自然界和用户放在模型中没有太大的作用。模型2侧重于供应链中间过程的研究。

图4-2 模型2:链状模型

1. 供应链的方向

在供应链上除了流动着物流(产品流)和信息流外,还存在着资金流。物流的方向一般都是从供应商流向制造商,再流向分销商。在特殊情况下(如产品退货),产品在供应链上的流向与上述方向相反。但由于产品退货属非正常情况,退货的产品也非本书严格定义的产品,所以本书将不予考虑。我们依照物流的方向来定义供应链的方向,以确定供应商、制造商和分销商之间的顺序关系。模型2中的箭头方向即表示供应链的物流方向。

2. 供应链的级

在模型2中,定义C为制造商时,可以相应地认为B为一级供应商,A为二级供应商,而且还可递归地定义三级供应商、四级供应商…… 同样的,可以认为D为一级分销商,E为二级分销商,并递归地定义三级分销商、四级分销商……一般地讲,一个企业应尽可能考虑多级供应商或分销商,这样有利于从整体上了解供应链的运行状态。

二、 供应链的模型3:网状模型

事实上,在模型2中,C的供应商可能不止一家,而是有B1、B2……Bn等n家,分销商也可能有D1、D2……Dm等m家。动态地考虑,C也可能有C1、C2……Ck等k家,这样模型2就转变为一个网状模型,即供应链的模型3(如图4-3所示)。网状模型更能说明现实世界中产品复杂的供应关系。在理论上,网状模型可以涵盖世界上所有厂家,把所有厂家都看做其上面的一个节点,并认为这些节点存在着联系。当然,这些联系有强有弱,而且在不断地变化着。通常,一个厂家仅与有限个厂家相联系,但这不影响我们对供应链模型的理论设定。网状模型对供应关系的描述性很强,适合于对供应关系的宏观把握。

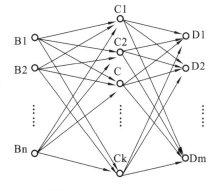

图4-3 模型3:网状模型

1. 入点和出点

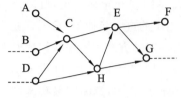

图 4-4 入点和出点

在网状模型中,物流作有向流动,从一个节点流向另一个节点。这些物流从某些节点补充流入,从某些节点分流流出。我们把这些物流进入的节点称为入点,把物流流出的节点称为出点。入点相当于矿山、油田、橡胶园等原始材料提供商,出点相当于用户。图 4-4 中 A 节点为入点,F 节点为出点。

对于有的厂家既为入点又为出点的情况,出于对网链表达的简化,将代表这个厂家的节点一分为二,变成两个节点:一个为入点,一个为出点,并用实线将其框起来。如图 4-5 所示,A1 为入点,A2 为出点。同样的,对于有的厂家对另一厂家既为供应商又为分销商的情况,也可将这个厂家一分为二,甚至一分为三或更多,变成两个节点:一个节点表示供应商,一个节点表示分销商,也用实线将其框起来。如图 4-6 所示,B1 是 C 的供应商,B2 是 C 的分销商。

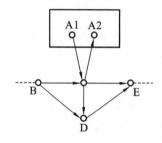

图 4-5 包含出点和入点的厂家

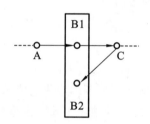

图 4-6 包含供应商和分销商的厂家

2. 子网

有些厂家规模非常大,内部结构也非常复杂,与其他厂家相联系的只是其中一个部门,而且内部也存在着产品供应关系,用一个节点来表示这些复杂关系显然不行,这就需要将表示这个厂家的节点分解成很多相互联系的小节点,这些小节点构成一个网,称为子网(如图 4-7 所示)。在引入子网概念后,研究图 4-7 中 C 与 D 的联系时,只需考虑 C2 与 D 的联系,而不需要考虑 C3 与 D 的联系,这就简化了无谓的研究。子网模型能很好地描述企业集团。

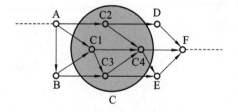

图 4-7 子网模型

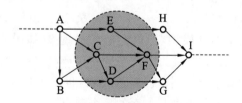

图 4-8 虚拟企业的网状模型

3. 虚拟企业

借助以上对子网模型过程的描述,我们可以把供应链网上为了完成共同目标、通力合作,并实现各自利益的这样一些厂家形象地看成一个厂家,这就是虚拟企业(如图 4-8 所示)。虚拟企业的节点用虚线框起来。虚拟企业是在经济交往中,一些独立企业为了共同的利益和目标在一定时间内结成的相互协作的利益共同体。虚拟企业组建和存在的目的就是获取相互协作而产生的效益,一旦这个目的已完成或利益不存在,虚拟企业即不复存在。

第二节　供应链体系的设计原则和策略

一、供应链网络结构设计问题的简要说明

1. 供应链网络结构设计与物流系统设计

物流系统是供应链的物流通道,是供应链管理的重要内容。物流系统设计是指原材料和外购件所经历的采购入厂—存储—投料—加工制造—装配—包装—运输—分销—零售等一系列物流过程的设计。物流系统设计有时也称通道设计(channel designing),是供应链系统设计中最主要的工作之一。设计一个结构合理的物流通道对于降低库存、减少成本、缩短提前期、实施JIT生产、提高供应链的整体运作效率都是很重要的。但供应链设计却不等同于物流系统设计,供应链设计是企业整合模式的设计,它从更广泛的思维空间——供应链整体角度去勾画企业蓝图,是扩展的企业模型。它既包括物流系统,还包括信息和组织以及资金流和相应的服务体系建设。在供应链的设计(建设)中创新性的管理思维和观念极为重要,要把供应链的整体思维观融入供应链的构思和建设中,企业之间有并行的设计才能在企业之间实现并行的运作模式,这是供应链设计中最为重要的思想。

2. 供应链网络结构设计与运行环境因素的考虑

一个设计精良的供应链在实际运行中并不一定能按照预想的那样,甚至无法达到设想的要求,这是主观设想与实际效果的差距,其原因并不一定是设计或构想不完美,而是环境因素在起作用。因此构建和设计一个供应链,一方面要考虑供应链的运行环境(地区、政治、文化、经济等因素),同时还应考虑未来环境的变化对实施的供应链的影响。因此,我们要用发展的、变化的眼光来设计供应链,无论是信息系统的构建还是物流通道设计都应具有较高的柔性,以提高供应链对环境的适应能力。

3. 供应链网络结构设计与企业再造工程

从企业的角度来看,供应链的设计是一个企业的改造问题,供应链所涉及的内容任何企业都或多或少地在进行。供应链的设计或重构不是要推翻现有的企业模型,而是要从管理思想革新的角度,以创新的观念武装企业(比如动态联盟与虚拟企业,精细生产),这种基于系统进化的企业再造思想是符合人类演进式的思维逻辑的,尽管"BPR教父"哈默(Micheal Hammer)和钱贝(James Chamby)一再强调其彻底的、剧变式的企业重构思想,但实践证明,实施BPR(业务流程重组)的企业最终还是走向改良道路,所谓无源之水、无本之木的企业再造是不存在的。因此在实施供应链的设计与重建时,并不在于是否"打碎那个瓷娃娃"(M.C.杰克逊《透过"新潮"管理法看系统管理学》),而是需要新的观念、新的思维和新的手

段,这是我们实施供应链管理所要明确的。

4. 供应链网络结构设计与先进制造模式的关系

供应链设计既是从管理新思维的角度去改造企业,也是先进制造模式的客观要求和推动的结果。如果没有全球制造、虚拟制造这些先进的制造模式的出现,集成化供应链的管理思想是很难得以实现的。正是先进制造模式的资源配置沿着"劳动密集—设备密集—信息密集—知识密集"的方向发展才使得企业的组织模式和管理模式发生相应的变化,从制造技术的技术集成演变为组织和信息等相关资源的集成。供应链管理适应了这种趋势,因此,供应链的设计应把握这种内在的联系,使供应链管理成为适应先进制造模式发展的先进管理思想。

二、 供应链网络结构设计的原则

在供应链的设计过程中,应遵循一些基本的原则,以保证供应链的设计和重建能确保供应链管理思想得以实施和贯彻。

1. 自顶向下和自底向上相结合的设计原则

在系统建模设计方法中,存在两种设计方法,即自顶向下和自底向上的方法。自顶向下的方法是从全局走向局部的方法,自底向上的方法是从局部走向全局的方法;自上而下是系统分解的过程,而自下而上则是一种集成的过程。在设计一个供应链系统时,往往是先由主管高层作出战略规划与决策,规划与决策的依据来自市场需求和企业发展规划,然后由下层部门实施决策过程,因此供应链的设计是自顶向下和自底向上的综合。

2. 简洁性原则

简洁性是供应链的一个重要原则,为了能使供应链具有灵活快速响应市场的能力,供应链的每个节点都应是具有活力的能实现业务流程的快速组合。比如供应商的选择就应以少而精为原则,通过与少数的供应商建立战略伙伴关系,有利于减少采购的成本,有利于实施JIT采购法和准时生产。生产系统的设计更是应以精细思想(lean thinking)为指导,从精细的制造模式到精细的供应链是努力追求的目标。

3. 集优原则(互补性原则)

供应链的各个节点的选择应遵循强强联合的原则,实现整合资源的目的。每个企业只集中精力致力于各自核心的业务过程,就像一个独立的制造单元(独立制造岛),这些所谓单元化企业具有自我组织、自我优化、面向目标、动态运行和充满活力的特点,能够实现供应链业务的快速重组。

4. 协调性原则

供应链业绩好坏取决于供应链合作伙伴关系是否和谐,因此,建立战略伙伴关系的合作企业关系模型是实现供应链最佳效能的保证。席酉民教授认为,和谐是描述系统是否形成了充分发挥系统成员和子系统的能动性、创造性及系统与环境的总体协调性的关键。只有和谐而协调的系统才能发挥最佳的效能。

5. 动态性（不确定性）原则

不确定性在供应链中随处可见,许多学者在研究供应链运作效率时都提到不确定性问题,由于不确定性的存在,导致需求信息的扭曲,因此要预见各种不确定因素对供应链运作的影响,减少信息传递过程中的信息延迟和失真。降低安全库存总是与服务水平的提高相矛盾。增加透明性、减少不必要的中间环节、提高预测的精度和时效性对降低不确定性的影响都是极为重要的。

6. 创新性原则

创新设计是系统设计的重要原则,没有创新性思维,就不可能有创新的管理模式,因此在供应链的设计过程中,创新性是很重要的一个原则。要产生一个创新的系统,就要敢于打破各种陈旧的思维框框,从新的角度、新的视野审视原有的管理模式和体系,进行大胆的创新设计。进行创新设计,要注意几点:一是创新必须在企业总体目标和战略的指导下进行,并与战略目标保持一致;二是要从市场需求的角度出发,综合运用企业的能力和优势;三是发挥企业各类人员的创造性,集思广益,并与其他企业共同协作,发挥供应链整体优势;四是建立科学的供应链、项目评价体系和组织管理系统,进行技术经济分析和可行性论证。

7. 战略性原则

供应链的建模应有战略性观点,通过战略的观点考虑减少不确定的影响。从供应链战略管理的角度考虑,战略性原则还体现在供应链发展的长远规划和预见性,供应链的系统结构发展应与企业的战略规划保持一致,并在企业战略指导下进行。

第三节 供应链网络设计的影响因素

一、供应链网络结构设计与选址

供应链网络结构涉及供应商、制造商、仓储设施、配送中心、零售商、最终客户等各种不同的企业,如图4-9所示。供应链网络结构设计问题就是确定产品从供货点到需求点流动的结构,包括决定网络中的节点设施的位置布局、所使用的设施种类、所需各类设施的数量、各地设施中产品到客户的分拨方式、设施之间应使用什么样的运输服务和如何进行服务等等内容。其中,供应链结构中的选址决策是最为重要的。因为供应链网络各个节点设施的建设是一项巨大的永久性投资,一旦工厂、物流中心或者配送中心建成,再发现地址选择错误则为时已晚,难以补救。如果新建的厂房不利于经营,那么出售亦必少人问津;移动厂房是难以实现的,将设备搬迁或易地重建则耗资巨大;如果继续维持下去,投资大、成本高、职工队伍不稳,企业将永远处于不利地位,一旦发生市场冲击,则很可能倒闭。因此可以说,选址不当将"铸成大错",也就决定了供应链失败的命运。

除了以上所看到的直接影响外,选址决策的正确与否还影响着企业供应链运作的机会成本。机会成本不是账面上反映出来的费用,它是一种隐性的但是对企业收益有重要影响的费用,因此,在供应链选址时,不仅要考虑直接的、显性的成本,而且要考虑隐性成本及机会成本。

从图4-9中可以看出,一个企业供应链的选址决策,与供应商、消费者及其他相关因素有密切关系。从理想的目标出发,一个企业作出的选址决策应使企业的利润最大化,至少应使供应链中的物流处于控制之中。从物流系统的观点出发,就是要综合考虑所有的因素,使得物流链上的每一个节点都能达到最优。然而,实际上供应链上的大多数企业都只考虑很小一段,或者是没有办法影响其他企业的选址决策,从而破坏了选址的系统性,使供应链成为支离破碎的离散体,这显然会影响供应链整体的竞争力。

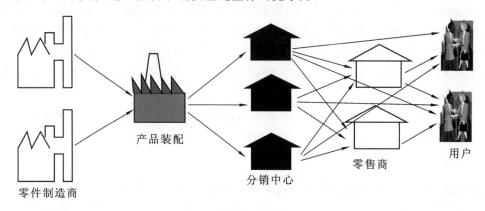

图 4-9 产品制造-销售物流网络

二、影响供应链网络设施选址的主要因素

供应链网络设施选址决策需要考虑很多因素。这些因素可分为四类:经济因素、政治因素、社会因素和自然因素。其中经济因素是基本的。

1. 经济因素

1) 运输条件与费用

供应链上企业的一切生产经营活动都离不开交通运输。原材料、工具和燃料进厂,产品和废物出厂,零件协作加工,都有大量的物料需要运输;职工上下班,也需要交通方便。交通便利能使物料和人员准时到达指定的地点,使生产活动能正常进行,还可以使原材料产地与市场紧密联系。

运输工具中,水运运载量大,运费较低,但速度较慢;铁路运输次之;公路运输运载量较小,运费较高,但最具有灵活性,能实现门到门运输;空运运载量小,运费最高,但速度最快。因此,选址时选择水、陆交通都很方便的地方是最理想的。在考虑运输条件时,还要注意产品的性质。生产粗大笨重产品的工厂,要靠近铁路车站或河海港口;制造出口产品的企业,厂址或仓储中心要接近口岸。

在企业输入和输出过程中,有大量的物料进出。有的企业需要采购大量的原材料而使输入运输量大,有的企业制造的产品输出运输量大。在选址时,要考虑是接近原材料供应地,还是接近消费市场。

(1) 接近原材料产地。原材料成本往往占产品成本的比重很大。企业都希望有优质的原材料与合理的价格。下述企业应该接近原材料产地:①原材料笨重而价格低廉的企业,如砖瓦厂、水泥厂、玻璃厂、钢铁冶炼厂和木材厂等;②原材料易变质的企业,如水果、蔬菜罐头厂;③原材料笨重,产品由原材料中的一小部分提炼而成,如金属选矿和制糖;④原材料运输不便,如屠宰厂。

(2) 接近消费市场。工厂区位接近消费市场的主要目的是节省运费并及时提供服务。在作选址决策时,要追求单位产品的生产成本和运输成本最低,不能追求只接近消费市场或只接近原材料产地。一般说来,下述企业应该接近消费市场:①产成品运输不便,如水泥厂、预制板厂;②产品易变化和变质,如制冰厂、食品厂;③大多数服务业,如商店、消防队、医院等。

2) 劳动力可获性与费用

对于劳动密集型企业,人工费用占产品成本的大部分,必须考虑劳动力的成本。供应链节点设施设在劳动力资源丰富、工资低廉的地区,可以降低人工成本。一些发达国家的企业纷纷在经济不够发达的国家设厂,一个重要原因就是降低人工成本。凡使用粗工的企业,工人易于训练,可以随时招用,劳动力的可获性不成为选址的条件。但是,随着现代科学技术的发展,只有受过良好教育的职工才能胜任越来越复杂的工作任务,单凭体力干活的劳动力越来越不受欢迎。对于大量需要具有专门技术员工的企业,人工成本占制造成本的比例很大,而且员工的技术水平和业务能力又直接影响产品的质量和产量,劳动力资源的可获性和成本就成为选址的重要条件。在大城市较容易获得高水平的劳动力资源,选择在城市或城郊建厂,容易解决劳动力资源问题。过去搞三线建设,在偏僻的山区建厂,劳动力资源的可获性就成了大问题。人们一般不愿离开自己长期居住的地方。通过行政命令,使内地职工迁往三线工厂,造成内迁职工长期不安心工作,这也是一个教训。

3) 能源可获性与费用

没有燃料(煤、油、天然气)和动力(电),企业就不能运转。对于耗能大的企业,如钢铁、炼铝、火力发电厂,其厂址应该靠近燃料、动力供应地。

4) 地理条件和建设费用

建厂(或者配送中心)地方的地势、利用情况和地质条件,都会影响到建设投资。显然,在平地上建厂比在丘陵或山区建厂要容易施工得多,造价也低得多。在地震区建厂,则所有建筑物和设施都要达到抗震要求。同样,在有滑坡、流沙或下沉的地面上建厂,也都要有防范措施,这些措施都将导致投资增加。此外,选择在荒地上还是良田上建厂,也会影响投资成本。需要强调的是,我国人均耕地面积十分有限,选择厂址要尽可能不占良田或少占良田。

地价是影响投资的重要因素。城市地价高,城郊地价较低,农村地价更低。

选择厂址还应考虑协作是否方便。与人类一样,企业也需要"群居",与世隔绝的企业是难以生存的。由于专业化分工,企业必然与周围其他企业发生密切的协作关系。大城市是企业群居的地方,但地价高。因此,这些因素需要综合考虑。

2. 政治因素

政治因素包括政治局面是否稳定,法制是否健全,税负是否公平等。供应链厂址的选择,尤其是在国外建厂,必须考虑政治因素。

政治局面稳定是发展经济的前提条件。在一个动荡不安甚至打内战的国家投资建厂,是要冒极大风险的。有些国家或地区的自然环境很适合设厂,但其法律变更无常,资本权益得不到保障,也不宜设厂。要了解当地有关法规,包括环境保护方面的法规,不能将污染环境的工厂建在法规不允许的地方。若税负不合理或太重,使企业财务负担过重,也不宜设厂。相反,一些国家为了吸引外资,制定建厂地价从优、保障外商合法权益、减免税收等政策,形成了一个有利的投资环境。

3. 社会因素

投资建厂要考虑的社会因素包括居民的生活习惯、文化教育水平、宗教信仰和生活水平。

不同国家和地区、不同民族的生活习惯不同。企业的产品一定要适合当地的需要。本国流行的产品或流行的款式,拿到外国就不一定流行。同样,外国流行的产品或流行的款式,拿到中国也不一定流行,富康轿车就是一个典型的例子。在轿车发展的初期,中国人受坐轿子的影响,认为轿车应该是两头低、中间高的款式,因此特别钟情于三厢轿车,尽管两厢的富康轿车价廉物美,也很难得到消费者的认同。还有,内地畅销的汉族的服装、装饰品拿到少数民族地区未见得销得出去,反之亦然。

在文化教育水平高的地区设厂,不仅有利于招收受过良好教育和训练的职工,而且文化教育水平高的地区的氛围也有利于吸引更多的优秀人才,这对企业的发展至关重要。

到经济不发达地区建厂,要注意当地居民的开化程度和宗教信仰。清朝末年,创办铁路曾遭到举国上下的反对,甚至受到愚民和顽吏的破坏。如果生产企业的性质与当地宗教信仰相矛盾,则不仅原材料来源和产品销路有问题,招收职工有困难,而且会遭到无端的干涉和破坏。

建厂地方的生活条件和水平决定了对职工的吸引力。人们的住房、交通工具、饮食、衣着以及能耗,反映了人们的生活水平。但生活水平高的地区,企业付给职工的工资也高,从而产品的成本也高。到贫困地区设厂,人工费用低,如果产品的科技含量不高,对劳动力素质要求不高,则是可行的。

4. 自然因素

自然因素主要是气候条件和水资源状况。气候条件将直接影响职工的健康和工作效率。根据美国制造业协会的资料,气温在 15~22 ℃ 之间,人们的工作效率最高。气温过高或过低都会影响工作效率。气温的高低关系着厂房和办公室的建筑设计。通过空调来保持适宜的温度,不仅作用范围有限,而且会耗费能源、增加成本。有的产业对气候条件的要求较高。对气候条件敏感的产业有纺织厂和乐器厂。英国的曼彻斯特是世界著名的纺织业区,温度及湿度合适是一个主要原因。美国电影制片厂之所以集中在好莱坞,是因为该地终年温和而干燥,适于室外拍片活动。

有些企业耗水量巨大,应该靠近水资源丰富的地区,例如造纸厂、发电厂、钢铁厂、化纤厂等。水资源短缺,是世界性问题。我国北方缺水,不仅影响了工业生产,而且影响了人民生活。耗水量大的企业给水质造成的污染也大,选址时,要同时考虑当地环保的有关规定,并要安装治理污染的设施,这又会增加投资。有些企业,如啤酒厂,对水质要求高,则不仅要近水源,而且要考虑水质。

三、供应链网络结构设计中设施选址的一般步骤

设施选址没有固定不变的程序。一般步骤为:①选择某一个地区;②在同一地区选择若干适当的地点;③比较不同地点,作出决定。

1. 选择某一个地区

选址时要按照企业发展战略,选择若干地区新建或扩建工厂、物流中心或者配送中心。选择地区时要综合考虑经济因素、政治因素、社会因素和自然因素,最后确定某一个地区。可以选择在城市、农村和城郊设厂。

1)城市选址

城市人口稠密,人才集中,交通便利,通信发达,各种企业聚集,协作方便,动力供应便利,资金容易筹集,基础设施齐备。但是,城市高楼林立,地价昂贵,生活水平高,对环境保护要求高。综合比较,以下情况较适于在城市设厂:①工厂规模不大,需大量受过良好教育和培训的职工;②服务业,因大部分服务业需要与顾客直接接触;③厂地占用空间少,最好能设置于多层建筑内;④对环境污染小。

2)农村选址

在农村设厂与城市设厂的优缺点相反,以下情况较适于在农村设厂:①工厂规模大,需占用大量土地;②生产对环境污染较大,如噪音、有害气体或液体;③需大量非技术性粗工;④有高度制造机密,需与周围隔离。

3)城郊选址

城郊具有城市和农村的优点,且由于现代交通和通信发达,将有越来越多的工厂选择设在城郊。

2. 选择适当的地点

地区选定之后,要确定哪片土地建厂或物流中心。这时要针对企业的特点,更深入地分析研究各种有关因素。通常考虑的是产品的可变成本,如直接人工、物料搬运费和管理费等。具体要求如下。

(1)确定厂址应考虑厂区平面布置方案,并留有适当扩充余地。按一般程序,先定厂址,再搞厂区平面布置设计。实际上,做任何工作都不可能如此刻板,都有一个交互的过程。在购置厂地之前,即应有厂区平面布置方案。留有余地会增加投资,但不考虑长远发展可能会导致更多的投资。

(2)整理厂地环境的费用。不能只考虑厂房和仓库的建设费用,还要考虑周围环境、道路、供水、下水道及废料堆放处理的场地等费用。尤其在远离城市的地方建厂,公共设施缺乏,一切都需自理,所需费用往往很大。

(3) 职工生活方便。在远离城市的地区建厂,还要考虑职工的住房问题,厂区和生活区要同时考虑。在城市或城郊建厂,要考虑职工上下班交通问题。

第四节 供应链网络设计的优化方法

一、概述

近年来,供应链设施选址理论发展迅速,各种不同的选址方法也越来越多。特别是电子计算机的广泛应用,促进了供应链系统选址问题的研究,为不同方案的可行性分析提供了强有力的手段和多种多样的选址方法,概括起来可归纳为三大类。

1. 解析方法

解析方法是通过数学模型进行供应链网络布局的方法。采用这种方法,首先根据问题的特征、外部条件和内在联系建立起数学模型或图解模型,然后对模型求解,获得最佳布局方案。解析方法的优点是能获得精确的最优解;但是,这种方法对某些复杂问题难以建立起恰当的模型,或者由于模型太复杂,使求解困难,或要付出相当高的代价。因而这种方法在实际应用中受到一定的限制。

采用解析方法建立的模型通常有微积分模型、线性规划模型和整数规划模型等。对某个问题究竟建立什么样的模型,要根据具体分析而定。

2. 计算机模拟方法

供应链网络布局的模拟方法是将实际问题用数学方程和逻辑关系的模型表示出来,然后通过模拟计算和逻辑推理确定最佳布局方案。这种方法较之用数学模型求解简单。采用这种方法进行供应链网络布局时,分析者必须提供预定的各种网络组合方案以供分析评价,从中找出最佳组合。因此,决策的效果依赖于分析者预定的组合方案是否接近最佳方案,这也是该方法的不足之处。

3. 启发式方法

启发式方法是针对模型的求解方法而言的,是一种逐次逼近最优解的方法。这种方法对所求得的解进行反复判断、实践、修正直至满意为止。启发式方法的特点是模型简单,需要进行方案组合的个数少,因此便于寻求最终答案。此方法虽不能保证得到最优解,但只要处理得当,可获得令决策者满意的近似最优解。

用启发式方法进行供应链网络布局时,一般应包括以下几个步骤:
(1) 定义一个计算总费用的方法;
(2) 拟定判别准则;
(3) 规定方案改选的途径;
(4) 建立相应的模型;
(5) 迭代求解。

二、供应链网络布局的数据收集

无论采用哪一种方法,都需要使用大量的数据。因此,供应链网络布局的设计或优化需要一个包罗万象的数据库。尽管有些数据专门用于某些特殊的网络设计问题,但数据库的大部分数据都是通用的,这些数据包括以下信息:

(1) 产品线中所有产品的清单;
(2) 客户、存储点和供货点的位置;
(3) 处于不同位置的客户对各种产品的需求;
(4) 运输费率或运输成本;
(5) 送货时间、订单传输时间和订货履行率;
(6) 仓储费率和仓储成本;
(7) 采购成本或生产成本;
(8) 不同产品的运输批量;
(9) 不同地点、不同产品的库存水平,控制库存的方法;
(10) 订货的频率,订单的规模、季节性特征和内容;
(11) 订单处理成本以及产生订单处理成本的环节;
(12) 资金成本;
(13) 客户服务目标;
(14) 现有设备和设施以及处理能力限制;
(15) 当前满足销售需求的分销能力。

这些数据可以从不同的渠道获得,如企业的财务报表、各类运营报告、咨询机构发布的报告、政府的政策以及公开出版物披露的消息等。另外,还可以参考同行业最优秀的企业的做法,为本企业找到追赶的目标。

1. 数据汇集

从上面所罗列的数据清单看,可知任何最优化模型所涉及的数据是巨大的。例如,一个典型的软饮料系统大约拥有10000到120000个客户。同样,在一个零售物流网络中,如沃尔玛或JC彭尼,流经网络的不同产品有成千上万甚至几十万个。

正是由于这个原因,数据汇集是必不可少的。数据的汇集必须遵守两个标准。

(1) 采用网格或其他集合技术,把相邻近的顾客汇集在一起。在一个单元格或集合中心的所有顾客可以用位于单元格或集合中心的单个顾客来代替。这个单元格称为一个顾客区。一种非常有效的常用技术是数据地理编码。许多研究表明,把顾客区划分为150~200个区,并保证每个区的总需求量大约相等,预测误差通常不超过1%。

(2) 根据以下标准把产品划分成合理数目的产品组。将共用同一配送渠道的产品分在一组,而将不能使用同一配送渠道的产品另列一组。通常的产品编组是将那些订货量大、需要直接以大批量运到客户所在地的产品归为一组,而将订货量小、需要经仓库系统转运的产品归为另一组。另一种方式是按货物的运输等级分组。网络布局时常常要求产品组别不超过20个。

2. 估计运输费率

供应链网络布局中，运输费率是一个重要问题，所以网络布局的下一步是估计运输成本。大多数运输费率（包括汽车、火车和其他运输方式）的一个重要特点是：运输费率和距离大致呈线性关系，而不与运输批量呈线性关系。估计运输费率时应该了解运输服务的种类，这里把运输分为自有运输和租赁运输。

对于自有运输（通常是卡车），估计其运输费率需要了解运营成本以及车辆是按什么路线到达送货点或装货点。通常公司会保有运营成本的完整记录，利用这些信息可以容易地估计每库存单位（SKU）每公里的运输费率。

对于租赁运输，其运输费率的估计与自有运输的过程明显不同。卡车、火车运输的等级费率的特点就是运输费率和距离大致呈线性关系，我们可以利用这一特征，根据起点到终点的距离绘制出运输费率估计曲线。

3. 估计里程

供应链网络布局的地理性特征要求物流管理人员掌握各种距离数据。估计运输起止点间运输成本时需要知道距离，距离也可用来替代时间。距离估计的一般方法有以下两个。

（1）在某些情况下，先在地图上标出计划经过城市街道的卡车运输路径，然后用手动的轮子（该工具可以在许多办公用品商店里买到）滚过地图上卡车将实际驶过的街道，这样就能够得到准确的距离数据。

（2）使用简单的直线网格系统，根据坐标，利用毕达哥拉斯定理计算出两点间的直线距离。具体使用毕达哥拉斯定理计算出两点间的直线距离的方法可以参考相关资料，这里就不详细叙述了。

4. 设施成本

与供应链网络中设施（如配送中心的仓库及其他物流装备）相关的成本可以表示为固定成本、储存成本、搬运成本。固定成本包括所有与流经仓库的材料数量不成比例的成本项目。固定成本通常与仓库规模呈正比例，但不一定是线性的。储存成本是那些随设施内储存货物数量变化而改变的成本。也就是说，如果某项成本随设施中储存的库存水平增加或减少，该项成本可以归为储存成本，与平均库存水平成比例关系。搬运成本是设施吞吐量变化的成本，包括劳动力和搬运工具成本。

5. 库存-仓库吞吐量之间的关系

网络布局中涉及仓库选址，所以必须估计仓库数量、位置和规模的变化对网络中的库存水平的影响。因为选址问题就是仓库之间需求调配的问题，所以我们希望能够根据分派给仓库的需求或吞吐量来估计仓库的库存量。找出库存-吞吐量关系的方法之一是根据企业自己的库存政策得到该比值。也即，如果经营目标是每年库存周转率为8，运营年周转率是年销售量与平均库存之比，所以库存-吞吐量之间的关系也就确定了。

寻找库存-吞吐量关系的更好办法是观察仓库管理人员是如何控制库存的。库存状态报告是大多数企业常见的报告，该报告按月报告网络中每座仓库的库存水平和运输批量。将各仓库的库存水平进行平均并对货运量进行加总，然后描在图上，就得到了数据图。然后，以我们能够得到的最佳数学表达式拟合这些数据，这样就可以得到如图4-10所示库存-吞吐量关系函数曲线。于是根据分派给现有仓库或新仓库的年需求量，就能用这个关系曲线估计出某特定仓库应该持有的平均库存量。

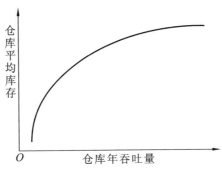

图 4-10 库存-吞吐量关系曲线

6．服务满意度水平的要求

这里的客户服务满意度水平是指每个顾客与服务仓储点之间的最大距离，这可以保证各个仓储点能够在合理的时间内为其顾客提供服务。例如，有些顾客在农村或偏僻地区，要提供给他们与其他顾客同等的服务水平要困难得多。在这种情况下，我们把服务水平定义为与指定的仓库之间的距离不超过给定值的顾客的数量占顾客总数的百分比。例如，我们可能要求 95% 的顾客位于仓储点周围 200 公里范围之内。

三、供应链网络设计的定量分析方法

供应链系统的物理表现形式是物流网络。在供应链系统中物流的运动直接关系到整个供应链的成本，因此，供应链系统设计的一个重要方面就是对物流网络的优化。

设：

$v_j=$ 在地点 j 布置物流中心的固定费用；$c_{ij}=$ 从地点 j 的工厂满足用户 i 需求所需费用；$w_i=$ 用户 i 的需求量；$Q=m$ 个地点的供货能力。

数学模型：

$$\min Z = \sum_{j=1}^{m} v_j y_j + \sum_{i=1}^{n} \sum_{j=1}^{m} c_{ij} x_{ij} \tag{4-1}$$

约束条件：

$$\sum_{j=1}^{m} x_{ij} = 1 \quad j=1,2,\cdots,m;$$

$$\sum_{i=1}^{n} w_i x_{ij} \leqslant Q \quad j=1,2,\cdots,m;$$

$$x_{ij} \leqslant y_i \quad i=1,2,\cdots,n; j=1,2,\cdots,m;$$

$$x_{ij} \in \{0,1\} \quad i=1,\cdots,n; j=1,2,\cdots,m;$$

$$y_j \in \{0,1\} \quad j=1,2,\cdots,m;$$

$$y_j = \begin{cases} 1, & \text{如果工厂设在地点 } j \\ 0, & \text{其他} \end{cases}$$

$$x_{ij} = \begin{cases} 1, & \text{如果用 } j \text{ 处的工厂满足用户 } i \text{ 的需求} \\ 0, & \text{其他} \end{cases}$$

例如,有3个设置工厂的备选处P1、P2、P3,向4个客户需求地点C1、C2、C3、C4提供产品。每个工厂的生产能力、设置工厂的成本以及从不同工厂向不同客户需求所在地供货的成本如下面数据所示,求最佳的供货网络方案。相关数据如下:

设置工厂的成本: FCOST=91,70,24;
每一座工厂的生产能力: CAP=39,35,31;
每一最终用户的需求量: DEM=15,17,22,12;
运费矩阵(元/件): COST=6,2,6,7,
　　　　　　　　　　　　4,9,5,3,
　　　　　　　　　　　　8,8,1,5;

采用优化软件(LINGO)解决上述问题,得到如下结果(见表4-1)。

表4-1　计算结果(已去掉变量为0的解)

变　　量	结　　果
OPEN(P1)	1.000000
OPEN(P3)	1.000000
VOL(P1,C1)	15.00000
VOL(P1,C2)	17.00000
VOL(P1,C4)	3.000000
VOL(P3,C3)	22.00000
VOL(P3,C4)	9.000000

四、基于多代理的集成供应链设计方法

1. 基于多代理的集成供应链模式

随着信息技术的发展,供应链不再是由人、组织简单组成的实体,而是以信息处理为核心,以计算机网络为工具的人—信息—组织集成的超智能体。基于多代理集成的供应链模式(见图4-11)是涵盖两个世界的三维集成模式,即实体世界的人-人、组织-组织集成和软体世界信息集成(横向集成),以及实体与软体世界的人-机集成(纵向集成)。

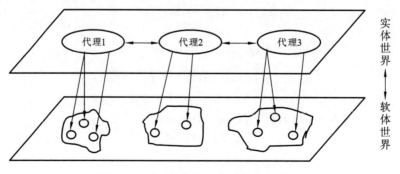

图4-11　基于多代理的集成供应链模式

2. 动态建模基本思想

动态建模基本思想如图 4-12 所示。动态建模需要多种理论方法的支持,其基本流程为多维系统分析→业务流程重构→精细化/集成→协调/控制,在建模中并行工程思想贯穿于整个过程。

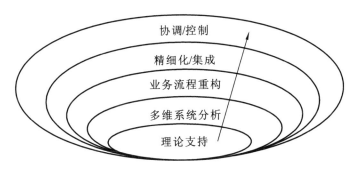

图 4-12 动态建模思想

3. 建模方法

用于基于多代理的集成供应链的建模方法主要有基于信息流的建模方法、基于过程优化的建模方法、基于案例分析的建模方法以及基于商业规则的建模方法几种。

过程优化思想在 BPR 建模中得到应用,并且 BPR 支持工具是 BPR 研究的一个重要内容。过程优化最关键的是过程诊断,即识别过程存在的问题,可采用基于神经网络的企业过程诊断法、基于物元理论系统诊断法以及基于变化矩阵法。集成化动态建模过程如图 4-13 所示。

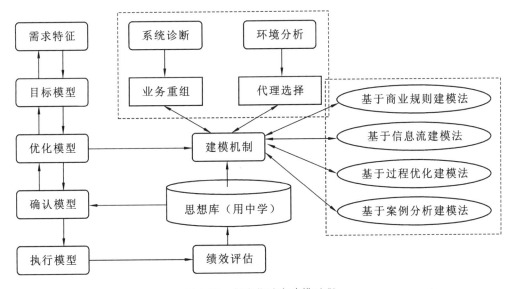

图 4-13 集成化动态建模过程

五、基于产品的供应链设计方法

在制造型企业中,供应链的运作与管理主要是围绕产品生产进行的,因此,在设计供应链的结构时,产品设计被认为是影响供应链管理的一个重要因素,众多的学者因此提出了针对供应链管理而设计产品(design for supply chain management,DFSCM)的概念。DFSCM目的在于设计产品和工艺以使供应链相关的成本和业务得到有效的管理。人们越来越清楚地认识到供应链中生产和产品流通的总成本最终决定于产品的设计。因此,必须在产品开发设计的早期就开始同时考虑供应链的设计问题,以获得最大化的潜在利益。基于产品的供应链设计步骤可以归纳为如图4-14所示模型图。

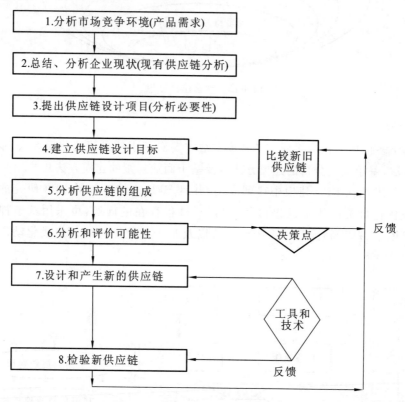

图4-14 供应链设计的步骤模型图

第一步:分析市场竞争环境。目的在于找到针对哪些产品开发供应链才是有效的。为此,必须知道现在的产品需求是什么,产品的类型和特征是什么。分析市场特征要向供应商、用户和竞争者进行调查,提出诸如"用户想要什么"、"他们在市场中的分量有多大"之类的问题,以确认用户的需求和因供应商、用户、竞争者产生的压力。这一步骤的输出是每一产品按重要性排列的市场特征。同时,这一步骤对于市场的不确定性要有分析和评价。

第二步:总结、分析企业现状。主要分析企业供需管理的现状(如果企业已经有供应链管理,则分析供应链的现状),这一个步骤的目的不在于评价供应链设计策略的重要性和合适性,而是着重于研究供应链开发的方向,分析、找到、总结企业存在的问题及影响供应链设计的阻力等因素。

第三步:针对存在的问题提出供应链设计项目,分析其必要性。

第四步:根据基于产品的供应链设计策略提出供应链设计的目标。主要目标在于获得高用户服务水平和低库存投资、低单位成本两个目标之间的平衡(这两个目标往往有冲突),同时还应包括以下目标。

(1) 进入新市场;
(2) 开发新产品;
(3) 开发新分销渠道;
(4) 改善售后服务水平;
(5) 提高用户满意程度;
(6) 降低成本;
(7) 通过降低库存提高工作效率等。

第五步:分析供应链的组成,提出供应链组成的基本框架。供应链中的成员组成分析主要包括制造工厂、设备、工艺和供应商、制造商、分销商、零售商及用户的选择及其定位,以及确定选择与评价的标准。

第六步:分析和评价供应链设计的技术可能性。这不仅仅是某种策略或改善技术,更是开发和实现供应链管理的第一步。它在可行性分析的基础上,结合本企业的实际情况为开发供应链提出技术选择建议和支持。这也是一个决策的过程,如果认为方案可行,就可进行下面的设计;如果不可行,就要进行重新设计。

第七步:设计和产生新的供应链,主要要解决以下问题。

(1) 供应链的成员组成(供应商、设备、工厂、分销中心的选择与定位、计划与控制);
(2) 原材料的来源问题(包括供应商、流量、价格、运输等问题);
(3) 生产过程设计(需求预测、生产什么产品、生产能力、供应给哪些分销中心、价格、生产计划、生产作业计划和跟踪控制、库存管理等问题);
(4) 分销任务与能力设计(产品服务于哪些市场、运输、价格等问题);
(5) 信息管理系统设计;
(6) 物流管理系统设计等。

在供应链设计中,要广泛用到许多工具和技术,如归纳法、动态规划、流程图、模拟和设计软件等。

第八步:检验新供应链。新供应链设计完成以后,应通过一定的方法、技术进行测试检验或试运行。如有不行,返回第四步进行重新设计;如果可行,可进入日常运行阶段。

六、 计算机辅助供应链网络布局优化决策

目前,计算机辅助供应链网络设计的软件水平越来越高。图4-15至图4-17所示是一个实际企业供应链中的物流网络选址决策的应用示例。图4-15是该企业"工厂—配送中心—客户"系统的地理分布图。图中的圆圈表示配送中心,三角形表示工厂,大大小小的黑色方块表示客户所在地。

图4-16是某种布局方案。在这种方案下,该企业现行的"工厂—配送中心—客户"设置总成本为12621293.00美元。

通过采用某软件公司开发的选址优化软件进行的重新设计,如图4-17所示,在这种方

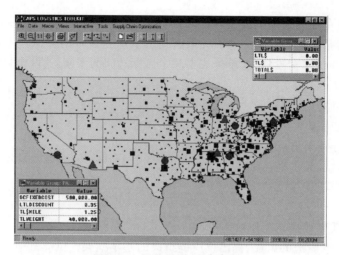

图 4-15 初始物流网络布局图

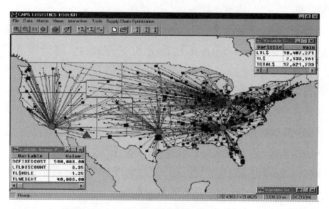

图 4-16 初始物流网络配送示意图

案下,该企业的"工厂—配送中心—客户"设置总成本为 10012763.00 美元。两者相比,后一方案比前一方案节约了 260 多万美元。

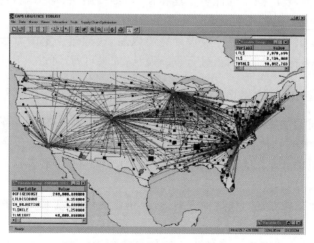

图 4-17 优化后的物流网络配送方案

【本章关键术语】

供应链网络　供应链网络结构设计　供应链结构类型　供应链网络布局　供应链结构设计原则　供应链结构设计与优化的方法　基于多代理的集成供应链设计方法　面向供应链管理的产品设计

【本章思考与练习题】

1. 现代企业的竞争具有哪些显著特征？
2. 如何界定企业的核心竞争力与非核心竞争力之间的区别？试举例说明。
3. 试举例描述几种典型的供应链体系结构，并比较分析它们之间的区别。
4. 如何理解供应链运作模型框架？如何根据这个模型优化供应链的运作过程？
5. 供应链网络结构设计的七条原则是什么？
6. 如何面向产品进行供应链的设计？产品的设计策略是否应该与供应链的设计策略保持一致？试阐述你的观点。
7. 对供应链的设计步骤进行讨论，并选择一个公司对其供应链进行重新优化设计。
8. 供应链的设计主要解决哪些关键问题？

【经典案例】

良中行公司冷链物流网络规划

1. 良中行公司简介

良中行是国内首家专注于提供中国冷冻及冷藏食材供应链服务的专业公司，致力于连锁餐饮酒店食材供应链服务。并通过整合国内外冷冻及冷藏食材供应链资源，为一系列冷冻及冷藏食材生产企业和餐饮客户提供所需的采购分销、物流加工、供应链营销推广、供应商库存管理、供应链结算融资以及信息增值等冷链配套服务。良中行具有丰富的产品资源，目前在售的产品包括蔬菜、肉禽、海鲜、面点、调料以及特色的虾类等，基本涵盖大部分餐饮食材，产品来自于国内外各地，能最大程度地满足市场的各种需求。

良中行由1986年成立的武汉信誉发展公司逐步发展而来。经过20余年的发展，良中行逐步形成了以良中行母公司（总部）为核心，7大子公司（湖北、广东、京津、上海、山东、辽宁、河南）为支撑的战略结构，并以良之隆直营店、鲜之隆加盟店连锁式发展为核心，专注于行业冷链服务的发展，利用供应链管理能力获得行业竞争力。发展至今,良中行已拥有1000家合作会员供应商、60家冻品加盟店、200家鲜之隆会员店,服务于30000家餐饮酒店,有6大采购物流中心,年采购物流额超过10亿元;打造了创新而丰富的营销平台和冷链行业B2B、B2C电子商务机信息化平台。

此前,良中行公司针对的客户以餐饮酒店为主,利润来源于经销差价。但是近两年来,由于受到内外部经济下滑、不确定因素增多等影响,餐饮业营业收入增幅出现明显下滑,严重影响了良中行的收益。良中行公司因此调整其发展战略,开拓零售市场,发展电子商务,并将企业的发展重点转向提供供应链服务。2012年,冷链行业开始受到越来越多企业的关注,顺丰、1号店、天猫等纷纷试水冷链,使得良中行的竞争压力增大。相比而言,良中行在物流系统的构建上劣势较为明显,所以为了满足公司的发展需求以及应对未来的行业挑战,良中行开始将物流网络规划提上日程。

2. 冷链行业发展背景

有人称2012年是"生鲜电商元年",顺丰、淘宝等电商集中推出了生鲜频道。2013年,1号店、京东等电商也纷纷加入生鲜市场的争夺战中,就连苏宁易购都宣布要加入生鲜电商领域。其实,生鲜电商早有我买网这种专业的垂直类食品电商网站涉足,但是顺丰、京东等巨头的加入,使得生鲜电商市场争夺的战争呈现白热化。各大电商在服装、3C、图书、日化等多个领域已压榨了多余的利润空间,只能向难度系数更高的生鲜领域进军。2012年,国内网络零售交易规模达1.31万亿元,但是食品类电商比重却不足1‰,市场空间巨大。除了电商,还有像良中行这样传统的冷链企业都想从中分得一杯羹,而决定这场战争胜败的关键,就是冷链物流系统。

所谓冷链,是指易腐食品从产地收购或捕捞之后,在产品加工、储藏、运输、分销和零售直到消费者手中等各个环节始终处于产品所必需的低温环境下,以保证食品质量安全、减少损耗,防止污染的特殊供应链系统。冷链包括低温加工、低温运输与配送、低温储存、低温销售四个方面。冷链物流是物流行业中特别的分支,属于高端物流的范畴,较其他物流方式的不同点就是需要特别的冷藏手段和运输方法,同时这也是个投资大、风险大但是市场前景非常看好的行业。冷链物流应遵循"3T原则":产品最终质量取决于冷链的储藏与流通的时间(time)、温度(temperature)和产品耐藏性(tolerance)。

冷链物流环节包括两种类型的节点:一个是作为储藏性和周转性的节点的冷库;另一个是节点和节点之间,在运输过程中需要用的移动冷藏车。近年来,我国冷链市场发展迅速,年增长率在8%以上,冷链物流的发展前景引起业内的广泛关注。虽然冷链物流市场需求巨大,但我国冷库资源和冷藏运输资源相对紧缺,国内冷藏保温车数量有限,冷藏运输率仅为15%~20%,冷链物流的供给远小于需求。

与此同时,我国还未形成完整、独立的冷链体系,具体而言:在冷链物流管理体制方面,存在制度缺失;在技术手段方面,存在冷链技术设施落后、运输设备陈旧,以及现代信息技术装备缺乏等问题,导致产品流通环节损耗严重、物流效率低下。然而,在当前环境下,机遇大于挑战,各企业纷纷开始构建自己的冷链物流系统。

3. 良中行冷链物流网络规划

在冷链行业的竞争中,如何减少中间环节、缩短产品的物流时间,关系到企业的市场竞争力。同时,冷链物流具有高成本特点,如何避免库存的积压、降低库存和运输成本,是至关重要的议题。最后,冷链市场具有需求空间分布广泛的特性,如何让冷链物流服务覆盖到尽可能多的目标市场也是冷链企业迫切要解决的问题。要做到这三点,需要的是一个反应快速、经济适用、触角遍布各地的物流网络。谁能率先获得冷链行业的仓储、物流能力,形成完整的冷链物流系统,谁就会成为这轮市场角逐的胜利者。

具体到良中行,结合其自身实际运作情况,主要面对如下三个问题:一是冷链物流需求市场"高成本、高要求"服务和"低成本、低要求"服务的两极分化;二是质量有保证的包车物流不对外提供服务,而零担物流又无法保证温度和时效性;三是冷链物流存货周期、约车时间、运输成本偏高,是常温物流的2~3倍,并且集货时间成本和空返成本高。以良中行武汉冷冻食材库为例,库容50万吨,存货25万吨,年配送量为150万吨;按半径400公里每次配送5吨计算,吨公里配送费为1元,年配送费用为6亿元;以2个月周转1次计算,资金占用为50亿,仓储成本为3.6亿。

为解决上述问题,良中行对现有的仓库和干线运输网络资源进行整合优化。良中行冷链物流系统整合的重要工作之一是启动干线冷链物流班车:通过冷链物流班车提高运输效率,以压缩销售终端库存、提高库存周转率,带动冷链班车运行进入常规轨道,最终实现在既定服务水平下降低库存费用和运输费用总和。再以良中行武汉冷冻食材库为例,经过资源整合后,按半径400公里每次配送15吨计算,吨公里配送费用降为0.5元,年配送费用节约50%;以1个月周转1次计算,资金的占用和仓储成本均减少一半。

良中行冷链物流班车的运作方案是:在省际城市间开设1周2配、1周1配、2周1配班车,为食材冷链提供透明、高效的运输与配送服务,年配送量为10万吨;通过干线物流标准化运作和监控,实现产品从厂商到终端的快速流动,最大化保证产品质量;通过服务标准化、车辆标准化,设计从工厂生产、存储、运输以及在途运输过程的运作标准,整合社会货物流转路线,实现快速周转(周转速度提高一倍)及降低成本(节约50%左右)。具体如下。

1)供需现状

良中行在全国设有北京、广州、上海、武汉、郑州5大物流中转中心。仅考虑良中行在省际城市之间的干线运输,产品的供给地包括6个城市(五大中转中心均在其内),需求地包括22个城市,良中行公司的供需表如表4-2所示(以周配送量为例,单位为吨),周配送频率如表4-3所示。

表4-2 良中行公司的周供需表　　　　　　　　单位:吨

需求地	供给地	1 北京	2 广州	3 济南	4 上海	5 武汉	6 郑州
1	北京	—	36.4	6.8	11.3	30.5	4.8
2	广州	11.3	—	5.1	8.5	22.9	3.6
3	济南	1.9	4.7	—	1.4	3.9	0.6
4	上海	10.7	26.0	4.9	—	21.8	3.5
5	武汉	17.7	43.0	8.1	13.3	—	5.7
6	郑州	1.9	4.7	0.9	1.4	3.9	—
7	成都	1.4	3.4	0.6	1.0	2.8	0.5
8	福州	1.0	2.4	0.5	0.7	2.0	0.3
9	贵阳	0.9	2.3	0.4	0.7	1.9	0.3
10	杭州	9.0	22.0	4.1	6.8	18.4	2.9
11	合肥	2.6	6.3	1.2	1.9	5.3	0.8
12	昆明	1.0	2.4	0.5	0.7	2.0	0.3
13	兰州	1.0	2.4	0.5	0.7	2.0	0.3
14	南昌	2.7	6.5	1.2	2.0	5.5	0.9
15	南京	6.8	16.5	3.1	5.1	13.9	2.2
16	南宁	1.0	2.4	0.5	0.7	2.0	0.3
17	沈阳	3.8	9.1	1.7	2.8	7.6	1.2
18	太原	1.2	2.9	0.5	0.9	2.4	0.4
19	无锡	9.1	22.0	4.1	6.8	18.5	2.9
20	西安	2.4	5.7	1.1	1.8	4.8	0.8
21	长沙	5.3	12.8	2.4	4.0	10.7	1.7
22	重庆	1.3	3.2	0.6	1.0	2.7	0.4

表 4-3 良中行公司的周配送频率表　　　　　　　　　单位:吨

需求地 \ 供给地		1 北京	2 广州	3 济南	4 上海	5 武汉	6 郑州
1	北京	—	2	1	2	2	1
2	广州	2	—	1	2	2	1
3	济南	2	1	—	1	1	1
4	上海	2	2	1	—	2	1
5	武汉	2	2	1	2	—	1
6	郑州	2	1	1	1	2	—
7	成都	1	1	1	1	1	1
8	福州	1	2	1	1	1	3
9	贵阳	1	2	1	1	1	1
10	杭州	1	2	1	3	2	1
11	合肥	1	1	1	1	3	1
12	昆明	1	2	1	1	1	1
13	兰州	1	1	1	1	1	2
14	南昌	1	1	1	1	3	1
15	南京	1	1	1	3	2	1
16	南宁	1	2	1	1	1	1
17	沈阳	1	1	1	1	1	1
18	太原	2	1	1	1	1	1
19	无锡	1	2	1	3	2	1
20	西安	1	1	1	1	1	3
21	长沙	1	1	1	1	3	1
22	重庆	1	1	1	1	1	3

2) 当前物流网络方案

根据供需现状,良中行确定,从产品的供给城市到需求城市的冷链物流班车的运输路线分为直发和中转两种,冷链物流运输线路如表 4-4 所示。

表 4-4 良中行公司冷链物流运输线路

目的地	发运地											
	北京	广州		济南		上海		武汉		郑州	
	发运方式	目的地	发运方式	目的地	发运方式	目的地	发运方式	目的地	发运方式	目的地	发运方式
成都	郑州中转	北京	直发	北京	直发	北京	直发	北京	直发	武汉	直发
福州	上海中转	成都	直发	成都	郑州中转	成都	郑州中转	成都	郑州中转	北京	直发
广州	直发	福州	直发	福州	广州中转	福州	直发	福州	广州中转	成都	直发
贵阳	广州中转	贵阳	直发	广州	直发	广州	直发	广州	直发	福州	直发
杭州	直发	杭州	直发	贵阳	广州中转	贵阳	广州中转	贵阳	广州中转	广州	广州中转
合肥	武汉中转	合肥	北京中转	杭州	直发	杭州	直发	杭州	直发	贵阳	广州中转
济南	直发	济南	郑州中转	合肥	武汉中转	合肥	北京中转	合肥	北京中转	杭州	直发
昆明	广州中转	昆明	直发	昆明	广州中转	济南	广州中转	济南	广州中转	合肥	武汉中转
兰州	郑州中转	兰州	直发	兰州	郑州中转	昆明	郑州中转	昆明	郑州中转	济南	直发
南昌	武汉中转	南昌	直发	南昌	武汉中转	兰州	直发	兰州	直发	昆明	广州中转
南京	直发	南京	北京中转	南京	直发	南昌	广州中转	南昌	广州中转	兰州	直发
南宁	广州中转	南宁	直发	南宁	广州中转	南京	北京中转	南京	直发	南昌	武汉中转
上海	直发	上海	直发	上海	北京中转	南宁	北京中转	南宁	北京中转	南京	直发
沈阳	直发	沈阳	北京中转	沈阳	直发	沈阳	直发	上海	北京中转	南宁	广州中转
太原	直发	太原	北京中转	太原	直发	太原	郑州中转	沈阳	直发	上海	北京中转
无锡	直发	无锡	直发	无锡	直发	无锡	武汉中转	太原	郑州中转	沈阳	直发
武汉	直发	武汉	直发	武汉	直发	武汉	武汉中转	无锡	直发	太原	直发
西安	郑州中转	西安	郑州中转	西安	郑州中转	西安	直发	西安	直发	无锡	直发
长沙	武汉中转	长沙	直发	长沙	武汉中转	长沙	郑州中转	长沙	郑州中转	西安	直发
郑州	直发	郑州	直发	郑州	直发	郑州	武汉中转	郑州	直发	长沙	武汉中转
重庆	郑州中转	重庆	直发	重庆	郑州中转	重庆	郑州中转	重庆	郑州中转	重庆	直发

(1) 直发　5大物流中转中心之间均可直发；
6个供给城市到杭州、南京、无锡均可直发。
(2) 中转　以北京为中转中心:北方(沈阳、太原、济南);
以广州为中转中心:东南(南宁、昆明、福州、贵阳);
以上海为中转中心:福州;
以武汉为中转中心:中南(长沙、合肥、南昌);
以郑州为中转中心:西南(成都、重庆)和西北(西安、兰州)。

同时，考虑到良中行的产品在不同的地区需求情况不同，具有一定的地区性，这就造成了在良中行的配送网络中存在某些节点具有"需求点、供给点、中转点"三重属性，使得网络更为复杂，增大优化难度。由于冷链运输费用较高，为便于实际运作，良中行将需求量较小的需求地产品集货到附近的中转中心，以获得较低的单位运输成本，却在无形中增加了库存成本，同时降低了时效性。

问题讨论：

良中行提出的冷链物流班车规划方案，满足当前该公司发展的需要。但是，对于将需求量较小的需求地产品集货到附近的中转中心这一方式，在降低单位运输成本的同时，会增加库存成本并且降低时效性。如果你是该公司的物流总监，请探讨当前的物流班车规划方案是否最优。如果不是，该如何进一步优化？

第五章 供应链合作伙伴关系的建立与评价

本章重点理论与问题

> 本章主要研究供应链战略合作伙伴关系。围绕这一中心,本章将讨论供应链合作关系的建立步骤及其制约因素,并对合作伙伴的选择问题作具体阐述。通过本章的学习,读者可以了解到在全球性的竞争中,企业要想持续稳定地发展,就必须将自身业务与合作伙伴业务集成在一起,缩短相互之间的距离,站在整个供应链的角度考虑产品增值问题,这样才能使企业在新的竞争环境下保持发展的动力。通过本章的学习,读者还可以掌握建立战略性合作伙伴关系的战略重点,充分认识到这是供应链管理的核心,认识到供应链管理的关键就在于供应链各节点企业之间的联系和合作,以及相互之间在设计、生产、竞争策略等方面良好的协调。

第一节 供应链战略合作伙伴关系

一、供应链合作伙伴关系的定义

供应链合作伙伴关系(supply chain partnership,SCP)至今还没有一个权威定义。有人称其为"供应商-制造商"(supplier-manufacturer)关系,或者称为"卖方/供应商-买方"(vendor/supplier-buyer)关系,有时候更简单地称"供应商关系"(supplier partnership)。供应链合作伙伴关系可以理解为制造商与供应商或零售商之间的、在一定时期内共享信息、共担风险、共同获利的战略性合作关系。

这样一种战略合作关系是随着集成化供应链管理环境的发展而形成的。形成合作伙伴关系的原因通常是为了降低供应链总成本,降低供应链上的库存水平,提升信息共享水平,改善相互之间的交流,保持战略伙伴之间在运作上的一致性,从而使供应链产生更大的竞争优势,以实现供应链上的合作企业在财务状况、质量、产量、交货期、用户满意度和业绩等方面的改善和提高。因此,战略性合作伙伴关系必然强调企业之间的合作和信任。

实施供应链合作伙伴关系就意味着新产品/技术的共同开发、数据和信息的交换、市场机会共享和风险共担。在供应链合作伙伴关系环境下,制造商选择供应商不再只考虑价格,而是更注重选择能在优质服务、技术革新、产品设计等方面进行良好合作的供应商。

供应商为制造企业的生产和经营供应各种生产要素(原材料、能源、机器设备、零部件、工具、技术和劳务服务等)。供应者所提供要素的数量和价格,直接影响到制造企业生产成

本的高低和产品质量的优劣。因此,制造商与供应商的合作伙伴关系应着眼于以下几个方面:

(1) 让供应商了解企业的生产程序和生产计划,使供应商能够清楚地知道企业需要产品或原材料的期限、质量和数量;

(2) 向供应商提供企业的经营计划和经营策略时应采取的必要措施,使供应商明确企业的希望,以便使自己达到企业的要求;

(3) 企业与供应商要明确双方的责任,并各自向对方负责,使双方明确共同的利益所在,并为此而团结一致,以达到双赢的目的。

供应链合作伙伴关系发展的主要特征就是从以产品/物流为核心转向以集成/合作为核心。在集成/合作逻辑思想的指导下,供应商和制造商把它们相互的需求和技术集成在一起,以实现为制造商提供最有用产品的共同目标。因此,供应商与制造商的交换不仅是物质上的交换,还包括一系列可见和不可见的服务(研发、设计、信息、物流等)。

供应商要具备创新和良好的设计能力,以保证交货的可靠性和时间的准确性。这就要求供应商采用先进的管理技术(如准时化生产、全面质量管理等),管理和控制中间供应商网络。而对制造商来说,要提供的活动和服务包括控制供应市场、管理和控制供应网络、提供培训和技术支持、为供应商提供财务服务等。

二、供应链战略合作伙伴关系的产生

从国内外学者的研究文献中我们可以清楚地看到,对供应链管理模式的认识,人们强调得最多的就是企业间的战略伙伴关系问题,把基于新型企业关系和传统企业关系的管理模式区别开来,就形成了供应链管理模式,这是近年来企业关系发展的新动向。

(一) 自动化工业中企业关系的发展

莱明(Lamming)在《超越伙伴关系:革新的战略和精细供应》一书中,将自动化工业中企业关系的发展分为五个阶段。

1. 传统关系阶段(1975年以前)

这一时期的市场基本上是供不应求。企业的管理战略是:改进工艺和技术,提高生产率;扩大生产规模,降低单位产品成本。在这一阶段,企业各行其是,竞争比较温和、友好,竞争压力较轻、较稳定。

2. 自由竞争时期(1972—1985年)

市场上产品供应日趋饱和,企业间的竞争非常激烈,破坏性极大;竞争压力很大,具有爆炸性,令人无法忍受。

3. 合伙关系时期(1985年前后)

市场竞争激烈、秩序混乱,顾客对产品的质量要求日益提高。质量竞争使得企业经营战略转向纵向一体化,以确保最终产品质量稳定。企业间合作比较紧密,部分合作具有一定的战略性,竞争压力适中。

4. 伙伴关系时期(20世纪90年代)

市场变化加快,纵向一体化经营模式反应迟缓,失去市场风险、投资风险、行业经营风险都在不断增大,企业逐渐由纵向一体化经营转向横向一体化经营,采取快速响应市场变化的竞争战略。企业间确立伙伴关系,经营合作具有一定的层次性、能动性。竞争压力很大,但比较稳定。

5. 战略联盟关系时期(20世纪90年代后期)

企业间过去是你死我活的竞争,现在由于市场全球化的发展,经营难度和经营风险不断加大,企业间不得不更紧密地合作。于是产生了双赢的合作竞争和企业间的战略联盟。企业间的竞争压力非常大,但这种压力是企业为了更好地发展而自我施加的。

(二) 企业关系演变过程

从历史上看,企业关系大致经历了三个发展阶段,如图5-1所示。

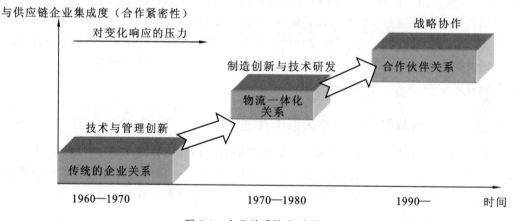

图5-1 企业关系演变过程

1. 传统的企业关系

从传统的企业关系过渡到创新的合作伙伴关系模式,经历了从以生产、物流相结合为特征的物流一体化关系(20世纪七八十年代),到以战略协作为特征的合作伙伴关系这样一个过程(20世纪90年代)。在传统的企业关系中,企业处于以卖方市场为主的环境下,企业之间的交易主要是"买-卖"关系。由于卖方市场的影响,企业的管理理念是以生产为中心,采购与销售处于次要、附属的地位,物流的组织地位不高。企业间很少沟通与合作,更谈不上企业间的战略联盟与协作。

2. 物流一体化关系

从传统的以生产为中心的企业关系模式向物流一体化关系模式转化,JIT等管理思想起着催化剂的作用。为达到生产均衡化和物流同步化,加强了部门间、企业间的合作与沟通。但是,基于简单物流一体化关系的企业合作关系可以认为是一种处于作业层和技术层的合作。在信息共享(透明性)、服务支持(协作性)、并行工程(同步性)、群体决策(集智性)、柔性化与敏捷性等方面都不能很好地适应越来越激烈的市场竞争的需要,企业需要更高层次的合作与集成,于是产生了基于战略伙伴关系的企业模型。

3. 合作伙伴关系

具有战略合作伙伴关系的企业体现了企业内外资源集成与优化利用的思想。基于这种企业运作环境的产品制造过程,从产品的研发到投放市场,周期大大缩短,而且顾客定制化程度更高,模块化、简单化产品及标准化组件的生产模式使企业在多变的市场中柔性和敏捷性显著增强,虚拟制造与动态联盟加强了对业务外包这种策略的利用。企业集成即从原来的中低层次的内部业务流程重组上升到企业间的协作,这是一种最高级别的企业集成模式。在这种企业关系中,市场竞争的策略最明显的变化就是基于时间的(time-based)竞争和价值链的价值让渡系统管理,或基于价值的供应链管理。

三、基于战略合作伙伴关系的企业集成模式

基于战略合作伙伴关系的企业集成模式如图 5-2 所示。

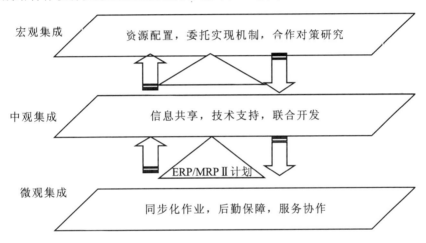

图 5-2　战略伙伴关系的企业集成模式

由图 5-2 可见,企业在宏观、中观和微观上都实现了相互作用的集成。宏观层面上主要是实现企业之间的资源优化配置、企业合作以及委托实现;而在中观层面,主要是在一定的信息技术的支持和联合开发的基础上实现信息的共享;微观层面上则是实现同步化、集成化的生产计划与控制,并实现后勤保障和服务协作等业务职能。

第二节　供应链合作伙伴关系形成的意义与价值

一、供应链合作伙伴关系与传统供应商关系比较

在新的竞争环境下,供应链合作伙伴关系研究强调直接、长期的合作,强调共同努力实现共有的计划和解决共同问题,强调相互之间的信任与合作。这与传统的关系模式有着很大的区别。

供应链合作伙伴关系与传统供应商关系的区别如表 5-1 所示。

表 5-1　供应链合作伙伴关系与传统供应商关系的比较

比 较 项 目	传统供应商关系	供应链合作伙伴关系
相互交换的主体	物料	物料、服务
供应商选择标准	强调价格	多标准(如交货的质量和可靠性等)
稳定性	变化频繁	长期、稳定、紧密合作
合同性质	短期、单一	开放合同(长期)
供应批量	小	大
供应商数量	多	少(少而精,可以长期紧密地合作)
供应商规模	小	大
供应商定位	当地	全球性
信息交流	信息专有	信息共享(电子化链接、共享各种信息)
技术支持	不提供	提供
质量控制	输入检查控制	质量保证(供应商对产品质量负全部责任)
选择范围	投标评估	广泛评估可增值的供应商

二、建立供应链合作伙伴关系的重要意义

随着全球性金融危机影响面的扩大,各类企业的经营遇到了前所未有的困难。如何渡过难关？近几年来的实践证明,通过善待供应商,企业可以获得过去未曾想到的收益,因此,企业需要转变过去对待供应商的态度。

我们从供应链合作伙伴关系在缩短供应链总周期中的作用,可以看出它对于供应链管理企业的重要意义(见图 5-3)。

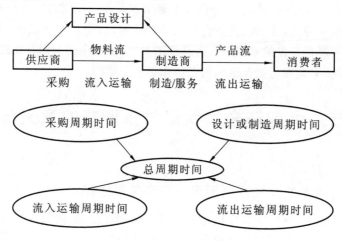

图 5-3　供应链总周期时间

速度是企业赢得竞争的关键所在,供应链中制造商要求供应商加快生产运作速度,通过缩短供应链总周期时间,达到降低成本和提高质量的目的。从图 5-3 可以看出,要缩短总周期,主要依靠缩短采购时间、流入物流(inbound)运输时间、流出物流(outbound)运输时间和设计或制造时间(制造商与供应商共同参与)来实现。很显然,加强供应链合作伙伴关系运作的意义重大。

通过建立供应商与制造商之间的战略合作关系,可以达到以下目标。

1. 对于制造商/买主

(1) 降低成本(降低合同成本);
(2) 实现数量折扣及稳定而有竞争力的价格;
(3) 提高产品质量和降低库存水平;
(4) 改善时间管理;
(5) 缩短交货提前期和提高可靠性;
(6) 提高面向工艺的企业规划;
(7) 获得更好的产品设计和更快的对产品变化的反应速度;
(8) 强化数据信息的获取和管理控制。

2. 对于供应商/卖主

(1) 保证有稳定的客户;
(2) 对客户需求有更好的了解或理解;
(3) 提高运作质量;
(4) 提高零部件生产质量;
(5) 降低生产成本;
(6) 提高对买主交货期改变的反应速度和柔性;
(7) 获得更高的利润(与非战略合作关系的供应商相比)。

3. 对于双方

(1) 改善相互之间的交流;
(2) 实现共同的期望和目标;
(3) 共担风险和共享利益;
(4) 共同参与产品和工艺开发,实现相互之间的工艺集成、技术和物理集成;
(5) 减少外在因素的影响及其造成的风险;
(6) 降低投机思想和投机几率;
(7) 增强矛盾冲突解决能力;
(8) 在订单、生产、运输方面实现规模效应,以降低成本;
(9) 降低管理成本;
(10) 提高资产利用率。

虽然有这些利益存在,但仍然有许多潜在的风险会影响供应链战略合作关系的参与者。最重要的是,过分地依赖一个合作伙伴可能在合作伙伴不能满足期望要求时损失惨重。同时,企业可能因为对战略合作关系的失控、过于自信、合作伙伴缺乏灵活性等原因降低竞争力。而且,企业可能过高估计供应链战略合作关系的利益而忽视了合作伙伴潜在的缺陷。所以,企业必须先对传统合作关系和战略合作关系策略进行正确比较,再做出最后的决策。

战略性合作伙伴的企业关系体现了对企业内外资源的集成与优化利用。基于这种企业环境的产品制造过程,从产品的研发到投放市场,周期大大缩短了,而且顾客导向化程度更高,模块化、简单化、标准化的组件使企业在多变的市场中柔性和敏捷性显著增强。虚拟制造与动态联盟加强了业务外包策略的利用,企业集成从原来的中低层次的内部业务流程重组上升到企业间的协作,形成了一种更高级别的企业集成模式。

合作伙伴关系密切程度带来的价值增值如图 5-4 所示。

图 5-4　合作伙伴关系带来的价值增值

三、建立供应链合作伙伴关系的影响因素

1. 供应链合作伙伴关系建立的过程

一个企业在能从实施供应链战略合作关系中获益之前,首先必须认识到这是一个复杂的过程,供应链合作伙伴关系的建立不仅是企业结构上的变化,而且在观念上也必须相应地改变。所以,必须非常仔细地选择合作伙伴,以确保真正实现供应链合作关系的目标。

建立供应链合作伙伴关系的步骤如下:

(1) 建立供应链战略合作关系的需求分析;

(2) 确定标准,选择供应商,选择合作伙伴;

(3) 正式建立合作关系;

(4) 实施和加强战略合作关系。

建立战略合作关系的第一步必须明确战略关系对于企业的必要性,企业必须评估潜在的利益与风险。然后,确立选择合作伙伴的标准和初步评估可选的合作伙伴。一旦选定了合作伙伴,必须让每一个合作伙伴都认识到参与和合作的重要性,真正建立合作关系。最后一步包括实施和加强合作关系,或者解除无益的合作关系。

2. 建立供应链合作伙伴关系的影响因素

良好的供应链合作关系首先必须得到最高管理层的支持,并且企业之间要保持良好的沟通,建立相互信任的关系。

在战略分析阶段,需要了解相互的企业结构和文化,消除社会、文化和态度之间的障碍,并适当地改变企业的结构和文化,同时在企业之间建立统一、一致的运作模式或体制,消除业务流程和结构上存在的障碍。

而在合作伙伴评价和选择阶段,总成本和利润的分配、文化兼容性、财务稳定性、合作伙伴的能力和定位(自然地理位置分布)、管理的兼容性等将影响合作关系的建立。必须增加与主要供应商和用户的联系,增进相互之间(对产品、工艺、组织、企业文化等)的了解,并且保持一定的一致性。

到了供应链战略合作关系建立的实施阶段,需要进行期望和需求分析,相互之间需要紧密合作,加强信息共享,互相提供技术交流和设计支持。在实施阶段,相互之间的信任最为重要,良好愿望、柔性、解决矛盾冲突的技能、业绩评价(评估)、有效的技术方法和资源支持等也很重要。

第三节 供应链合作伙伴的选择

合作伙伴的评价选择是供应链合作关系运行的基础。合作伙伴的业绩对制造企业的影响越来越大。合作伙伴的评价、选择对于企业来说是多目标的,包含许多可见和不可见的多层次的因素。

供应链主要由供应商、制造商和零售商等企业构成。企业和企业之间具有内在的关联性。供应商是整个供应链的"源",对供应链的竞争力影响很大。因此,对供应商的评价和选择是供应链合作关系运行的基础。供应商在交货、产品质量、提前期、库存水平、产品设计等方面都影响着制造商的产品。同时,供应商所供应产品的价格和质量决定了最终消费品的价格和质量,从而也决定了最终产品的市场竞争力、市场占有量和市场生存力,对供应链各个环节的核心竞争力也会产生一定的影响。当然,一个供应链的整体绩效水平不仅与供应商有关,也与分销商和零售商有关。为了便于叙述,下面重点讨论供应商的选择和评价。其所使用的方法稍加改造也同样适用于选择零售商。

一、合作伙伴选择原则

在供应链管理环境下,供应链合作伙伴的选择需要考虑的主要问题之一,就是合作伙伴的数量决策。这里所说的确定合作者的数量,尤其是对供应商,指的是同样一种零部件,是选择一家供应商单独供货,还是选择几家共同供货。也就是说,对同一种零部件(原材料)是遵循单一供应商原则,还是多供应商原则。

两种不同的选择原则有不同的特点。

对于单一供应商原则来说,其优点主要表现在:节省协调管理的时间和精力,有助于与供应商发展伙伴关系;双方在产品开发、质量控制、计划交货、降低成本等方面共同改进;

供应商早期参与对供应链价值改进的贡献较大。但是单一供应商也有很大的风险，主要表现在：供应商的失误可能会导致整个供应链的崩溃；企业更换供应商所花的时间和成本较多；供应商有了可靠顾客，会失去其竞争的原动力及应变能力、革新主动性，以致不能完全掌握市场的真正需求，等等。在企业实际工作中，包括丰田公司在内的很多企业选择了单一供应商合作模式。虽然与丰田公司合作的供应商也确实出现过由于火灾烧毁了工厂而导致供货中断，给丰田公司带来了很大的损失，但是这么多年来，丰田公司始终坚持单一供应商原则。他们认为，单一供应商原则给丰田公司带来的收益远远大于损失。关于单一供应商的风险问题，另一个企业的负责人曾说，选择单一供应商原则当然有风险，但是"我们把所有的鸡蛋都放在一个篮子里，并且会非常小心照看着这个篮子"，从而减少风险带来的损失。所以，在有的大公司里设置有供应关系管理经理岗位，以与供应商保持密切的关系。

对于多供应商原则来说，其优点主要表现在：通过选择多个供应商供货可以分摊供应环节中断的风险；可以激励供应商在成本、交货期、服务方面始终保持旺盛的竞争力；可以促使供应商不断创新，因为一旦他们跟不上时代步伐就会被淘汰。但是多供应商原则也有缺点：因为供应商们都知道被他人替代的可能性很大，缺乏长期合作的信心，从而降低了供应商的忠诚度；由于多供应商之间过度价格竞争容易导致供应链出现偷工减料而带来潜在风险；等等。实际上，多供应商原则虽然能够避免单一供应商供货中断而导致整个供应链中断的风险，但是也是有条件的。如果一个区域发生了突发状况，整个地区的供应商实际上也都无法保证供货。另外，一个供应商供货中断，其他供应商不一定有足够的产能保证需要。再次，因为现在的市场是全球性的，一个供应商的突发事件会给整个行业的客户带来采购上的问题。因此，多供应商原则未必能够降低供应链供货中断的风险。

综上所述，到底是采用单一供应商原则还是多供应商原则，供应链上的合作伙伴必须根据具体情况作出决策。

二、合作伙伴关系类型

在供应链管理环境下，供应链合作关系的运作需要减少供应源的数量（短期成本最小化的需要，但是供应链合作关系并不意味着单一的供应源），相互的连接变得更专有（紧密合作的需要），并且制造商会在全球市场范围内寻找最杰出的合作伙伴。因此可以把合作伙伴分为两个层次：重要合作伙伴和次要合作伙伴。重要合作伙伴是少而精的、与制造商关系密切的合作伙伴，而次要合作伙伴是相对多的、与制造商关系不是很密切的合作伙伴。供应链合作关系的变化主要影响重要合作伙伴，而对次要合作伙伴的影响较小。

根据合作伙伴在供应链中的增值作用及其竞争实力，可将合作伙伴分成不同的类别，分类矩阵如图5-5所示。

在图5-5中，纵轴代表合作伙伴在供应链中增值的作用。对于一个合作伙伴来说，如果他不能对增值作出贡献，他对供应链的其他企业就没有吸引力。横轴代表某个合作伙伴与其他合作伙伴之间的区别，主要是设计能力、特殊工艺能力、柔性、项目管理能力等方面竞争力的区别。

在实际运作中，应根据不同的目标选择不同类型的合作伙伴。对于长期合作而言，要求

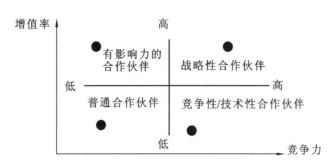

图 5-5 合作伙伴分类矩阵

合作伙伴能保持较高的竞争力和增值率,因此最好选择战略性合作伙伴;对于短期合作或某一短暂市场需求而言,只需选择普通合作伙伴满足需求则可,以保证成本最小化;对于中期合作而言,可根据竞争力和增值率对供应链的重要程度的不同,选择不同类型的合作伙伴(有影响力的或竞争性/技术性的合作伙伴)。

从调查数据以及与一些企业管理人员的交谈中发现,我国企业选择合作伙伴时存在较多问题:企业在选择合作伙伴时,主观成分过多,有时往往根据企业的印象来确定合作伙伴,选择中还存在一些个人的成分;选择的标准不全面,目前企业的选择标准多集中在企业的产品质量、价格、柔性、交货准时性、提前期和批量等方面,没有形成一个全面的综合评价指标体系,不能对企业作出全面、具体、客观的评价。

三、合作伙伴选择的影响因素

供应链管理是一个开放系统,供应商隶属于该系统的一部分,因此,合作伙伴如供应商的选择会受到各种政治、经济和其他外界因素的影响。这些因素主要包括以下几个。

1. 价格因素

主要是指供应商所供给的原材料、初级产品或消费品组成部分的价格。供应商的产品价格决定了消费品的价格和整条供应链的投入产出比,对生产商和销售商的利润率会产生一定的影响。

2. 质量因素

主要是指供应商所供给的原材料、初级产品或消费品组成部分的质量。产品的质量是供应链生存之本,产品的使用价值是以产品质量为基础的。如果产品的质量低劣,该产品将会缺乏市场竞争力,并很快退出市场。而供应商所供应产品的质量是消费品质量的关键所在,因此,质量是一个重要因素。

3. 交货提前期因素

对于企业或供应链来说,市场是外在系统,它的变化或波动都会引起企业或供应链的变化或波动,市场的不稳定性会导致供应链各级库存的波动,由于交货提前期的存在,必然造成供应链各级库存变化的滞后性和库存的逐级放大效应。交货提前期越短,库存量的波动就越小,企业对市场的反应速度就越快,对市场反应的灵敏度也就越高。由此可见,交货提前期也是重要因素之一。

4. 交货准时性因素

交货准时是指按照订货方所要求的时间和地点,供应商将指定产品准时送到指定地点。如果供应商的交货准时性较低,必定会影响生产商的生产计划和销售商的销售计划及时机。这样一来,就会引起大量的浪费和供应链的解体。因此,交货准时性也是较为重要的因素。

5. 品种柔性因素

在全球竞争加剧、产品需求多变的环境下,企业生产的产品必须多样化,以适应消费者的需求,达到占有市场和获取利润的目的。因此,多数企业采用了JIT生产方式。为了提高企业产品的市场竞争力,就必须发展柔性生产能力。而企业的柔性生产能力是以供应商的品种柔性为基础的。供应商的品种柔性决定了消费品的种类。

6. 开发能力因素

集成化供应链是供应链的未来发展方向,产品的更新是企业的市场动力。产品的研发和设计不仅是生产商分内之事,集成化供应链要求供应商也应承担部分研发和设计工作。因此,供应商的开发能力属于供应商选择的考虑范畴。

7. 特殊工艺能力因素

每种产品都具有独特性,没有独特性的产品市场生存力较差。产品的独特性要求特殊的生产工艺,所以,供应商的特殊工艺能力也是影响因素之一。

8. 其他影响因素

如项目管理能力、供应商的地理位置、供应商的库存水平等。

四、合作伙伴选择的综合评价指标体系

以上所列的影响因素在实际的供应链选择过程中表现出来的重要性是不同的。迪克森(Dickson)认为,产品的质量、成本和历史效益是选择合作伙伴的三大重要标准(见表5-2),很多学者如叶哈雅(Yahya)和金曼(Kingaman)都对供应商选择建立了相应的评价准则体系(见表5-3)。我国企业在选择供应商时,采用的主要标准是产品质量,其次是价格,但同时也综合考虑供应商的交货行为和其他特性。

表5-2 迪克森的供应商选择准则

排序	准则	排序	准则	排序	准则
1	质量	8	财务状况	15	维修服务
2	交货	9	遵循报价程序	16	态度
3	历史效益	10	沟通系统	17	形象
4	保证	11	美誉度	18	包装能力
5	生产设施/能力	12	业务预期	19	劳工关系记录
6	价格	13	管理与组织	20	地理位置
7	技术能力	14	操作控制	21	以往业务量

表 5-3　叶哈雅和金曼的供应商选择准则

序号	评价准则	子准则
1	质量(0.246)	顾客拒绝度(0.696) 工厂审计(0.304)
2	响应(0.031)	紧急交货(0.413) 质量问题(0.587)
3	纪律性(0.036)	诚实(0.671) 程序遵循度(0.329)
4	交货(0.336)	—
5	财务状况(0.067)	—
6	管理(0.048)	态度(0.795) 业务技能(0.205)
7	技术能力(0.084)	技术问题解决能力(0.814) 产品广度(0.186)
8	设施(0.152)	机器设备(0.67) 基础设施(0.13) 布局(0.20)

在设置综合评价指标体系时,应遵循以下原则。

(1)系统全面性原则。评价指标体系必须全面反映合作伙伴企业目前的综合水平,且应包括企业发展前景的各方面指标。

(2)简明科学性原则。评价指标体系的大小也必须适宜。如果指标体系过大,指标层次过多,指标过细,势必将评价者的注意力吸引到细小的问题上;而如果指标体系过小,指标层次过少,指标过粗,又不能充分反映合作伙伴的水平。

(3)稳定可比性原则。评价指标体系的设置应考虑到易于与国内其他指标体系相比较。

(4)灵活可操作性原则。评价指标体系应具有足够的灵活性,以使企业能根据自己的特点以及实际情况,灵活运用指标。

根据企业调查研究,影响合作伙伴选择的主要因素可以归纳为四类:企业业绩、业务结构与生产能力、质量系统和企业环境。为了有效地评价、选择合作伙伴,我们可以框架性地构建三个层次的综合评价指标体系(见图 5-6,其中第三层次略),第一层次是目标层,包含以上四个主要因素,影响合作伙伴选择的具体因素建立在指标体系的第二层次,与其相关的细分因素建立在第三层次。

对于供应商来说,要想在所有的内在特性方面获得最佳是相当困难的,或者说是不可能的。例如,一个高质量产品的供应商就不可能有最低的产品价格。因此,在实际的选择过程中,必须综合考虑供应商的所有主要影响因素。

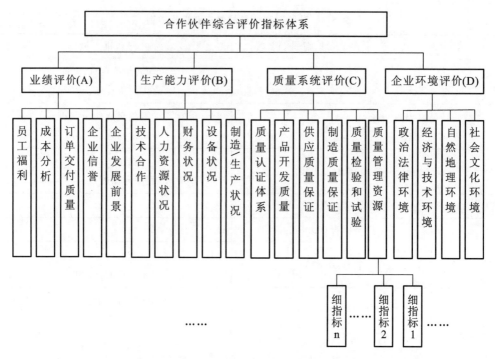

图 5-6 合作伙伴综合评价指标体系结构图

第四节 供应链合作伙伴选择的步骤与方法

一、选择步骤

供应商在供应链中担负重要角色,其选择机制是多样化的,因此,企业的决策者选择供应商时要因地制宜,对企业所处的内外环境进行详细的分析,根据企业的长期发展战略和核心竞争力,选择适应本企业或本行业的供应商,制定相应的实施步骤和实施规则。

合作伙伴的综合评价选择可以归纳为以下几个步骤(见图 5-7)。企业必须确定各个步骤的开始时间。对企业来说,每一个步骤都是动态的(企业可自行决定先后和开始时间),并且都是一次改善业务的过程。

1. 步骤 1:分析市场竞争环境(需求、必要性)

市场需求是企业一切活动的驱动源。建立基于信任、合作、开放性交流的供应链长期合作关系,首先必须分析市场竞争环境,目的在于找到针对哪些产品市场开发供应链合作关系才有效。为了达到这一目的,必须知道现在的产品需求是什么、产品的类型和特征是什么,以确认用户的需求,确认是否有建立供应链合作关系的必要。如果已经建立了供应链合作关系,则根据需求的变化确认供应链合作关系变化的必要性,从而确认合作伙伴评价、选择的必要性;同时,分析现有合作伙伴的现状,分析、总结企业存在的问题。

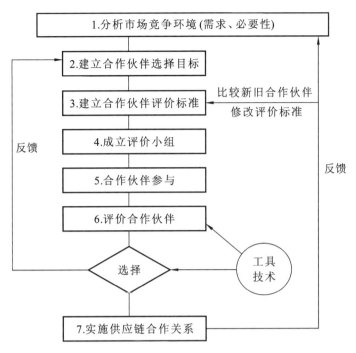

图 5-7　合作伙伴评价、选择步骤图

2. 步骤 2：建立合作伙伴选择目标

企业必须确定合作伙伴评价程序如何实施、信息流程如何、谁负责，而且必须建立实质性、实际的目标。其中，降低成本是主要目标之一。合作伙伴评价、选择不仅是一个简单的评价、选择过程，它本身也是企业自身和企业与企业之间的一次业务流程重构过程，成功的实施本身就可带来一系列的利益。

3. 步骤 3：建立合作伙伴评价标准

合作伙伴综合评价指标体系是企业对合作伙伴进行综合评价的依据和标准，是反映企业本身和环境所构成的复杂系统不同属性的指标，是按隶属关系、层次结构有序组成的集合。应根据系统全面性、简明科学性、稳定可比性、灵活可操作性的原则，建立集成化供应链管理环境下合作伙伴的综合评价指标体系。不同行业、企业、产品需求及不同环境下的合作伙伴评价应该是不一样的，但都涉及合作伙伴的业绩、设备管理、人力资源开发、质量控制、成本控制、技术开发、用户满意度、交货协议等可能影响供应链合作关系的方面。

4. 步骤 4：成立评价小组

企业必须成立一个小组以控制和实施合作伙伴评价。组员主要来自采购、质量、生产、工程等与供应链合作关系密切的部门，组员必须有团队合作精神，具有一定的专业技能。评价小组必须同时得到制造商企业和合作伙伴企业最高领导层的支持。

5. 步骤 5：合作伙伴参与

一旦企业决定实施合作伙伴评价，评价小组就必须与初步选定的合作伙伴取得联系，以确认他们是否愿意与企业建立供应链合作关系，是否有获得更高业绩水平的愿望。企业应尽早让合作伙伴参与到评价的设计过程中来。然而，因为企业的力量和资源是有限的，企业只能与少数关键的合作伙伴保持紧密合作，所以参与的合作伙伴不能太多。

6. 步骤6：评价合作伙伴

评价合作伙伴的一个主要工作是调查、收集有关合作伙伴的生产运作等方面的信息。在收集合作伙伴信息的基础上，就可以利用一定的工具和技术方法进行合作伙伴的评价。

在评价过程的最后，有一个决策点，根据一定的技术方法选择合作伙伴，如果选择成功，则可开始实施供应链合作关系；如果没有合适的合作伙伴可选，则返回步骤2重新开始评价选择。

7. 步骤7：实施供应链合作关系

在实施供应链合作关系的过程中，市场需求将不断变化，可以根据实际情况的需要及时修改合作伙伴评价标准，或重新开始合作伙伴评价选择。在重新选择合作伙伴的时候，应给予原来的合作伙伴以足够的时间来适应变化。

二、选择方法

选择合作伙伴是对企业输入物资的适当品质、适当期限、适当数量与适当价格的总体进行选择的起点与归宿。选择合作伙伴的方法较多，一般要根据供应单位的多少、对供应单位的了解程度以及对物资需要的时间是否紧迫等要求来确定。目前国内外较常用的方法主要有以下几种。

1. 直观判断法

直观判断法是根据征询和调查所得的资料并结合采购人员的分析判断，对合作伙伴进行分析、评价的一种方法。这种方法主要是倾听和采纳有经验的采购人员意见，或者直接由采购人员凭经验作出判断。常用于选择企业非主要原材料的合作伙伴。

2. 招标法

当订购数量大、合作伙伴竞争激烈时，可采用招标法来选择适当的合作伙伴。它是由企业提出招标条件，各招标合作伙伴进行竞标，然后由企业决标，与提出最有利条件的合作伙伴签订合同或协议。招标既可以是公开招标，也可以是指定竞标。公开招标对投标者的资格不予限制；指定竞标则由企业预先选择若干个可能的合作伙伴，再进行竞标和决标。招标法竞争性强，企业能在更广的范围内选择适当的合作伙伴，以获得供应条件有利、便宜而适用的物资。但招标法手续较繁杂，时间长，不能适应紧急订购的需要；订购机动性差，有时会因订购者对投标者了解不够，双方未能充分协商，从而造成货不对路或不能按时到货的后果。

3. 协商选择法

在供货方较多、企业难以抉择时，也可以采用协商选择的方法，即由企业先选出供应条件较为有利的几个合作伙伴，与他们分别进行协商，再确定适当的合作伙伴。与招标法相比，协商选择法由于供需双方能充分协商，在物资质量、交货日期和售后服务等方面比较有保证。但由于选择范围有限，不一定能得到价格最合理、供应条件最有利的供应来源。当采购时间紧迫、投标单位少、竞争程度低、订购物资规格和技术条件复杂时，协商选择法比招标法更为合适。

4. 采购成本比较法

对质量和交货期都能满足要求的合作伙伴,则需要通过计算采购成本来进行比较分析。采购成本一般包括售价、采购费用、运输费用等各项支出的总和。采购成本比较法是通过计算分析各个不同合作伙伴的采购成本,以选择采购成本较低的合作伙伴的一种方法。

5. ABC 成本法

鲁德霍夫(Roodhooft)和科林斯(Jozef Konings)在 1996 年提出了作业成本法(activity based costing approach),即 ABC 法,通过计算合作伙伴的总成本来选择合作伙伴。他们提出的总成本模型为

$$S_i^B = (p_i - p^{\min}) \times q + \sum_j c_j^B \times D_{ij}^B$$

式中:S_i^B——第 i 个合作伙伴的成本值;

　　p_i——第 i 个合作伙伴的单位销售价格;

　　$p^{\min}$—— 合作伙伴中单位销售价格的最小值;

　　q——采购量;

　　c_j^B——因企业采购相关活动导致的成本因子 j 的单位成本;

　　D_{ij}^B——因合作伙伴 i 导致的在采购企业内部的成本因子 j 的单位成本。

该成本模型适用于分析企业因采购活动而产生的直接和间接成本的大小。企业将选择 S_i^B 值最小的合作伙伴。

6. 层次分析法

层次分析法是 20 世纪 70 年代由著名运筹学家赛惕(T. L. Satty)提出的,韦伯(Weber)等提出将层次分析法用于合作伙伴的选择。它的基本原理是:根据具有递阶结构的目标、子目标(准则)、约束条件、部门等来评价方案,采用两两比较的方法确定判断矩阵,然后把判断矩阵的最大特征根对应的特征向量的分量作为相应的系数,最后综合给出各方案的权重(优先程度)。由于该方法让评价者对照相对重要性函数表,给出因素两两比较的重要性等级,因而可靠性高、误差小。不足之处是遇到因素众多、较复杂的问题时,该方法不易操作,如果判断矩阵难以满足一致性要求,往往难以进一步对其分组。它作为一种定性与定量相结合的工具,目前已在许多领域得到了广泛的应用。

另外,蒂默曼(Timmerman)提出的合作伙伴评价分类法(categorical method),温德(Wind)和鲁宾逊(Robinson)、格雷戈里(Gregory)提出的标重法(weighted point plan)等都可以用于合作伙伴的选择,但它们在供应链管理环境下应用都存在一些问题,因为没有考虑具体的环境,所以不能有效地进行合作伙伴的评价和选择。

7. 合作伙伴选择的神经网络算法

人工神经网络(artificial neural network,ANN)是 20 世纪 80 年代后期迅速发展的一门新兴学科,ANN 可以模拟人脑的某些智能行为,如知觉、灵感和形象思维等,具有自学习、自适应和非线性动态处理等特征。

这里将 ANN 应用于供应链管理环境下合作伙伴的综合评价选择,旨在建立更加接近

于人类思维模式的定性与定量相结合的综合评价选择模型。通过对给定样本模式的学习,获取评价专家的知识、经验、主观判断及对目标重要性的倾向。当对合作伙伴作出综合评价时,该方法可再现评价专家的经验、知识和直觉思维,从而实现了定性分析与定量分析的有效结合,也可以较好地保证合作伙伴综合评价结果的客观性。

基于人工神经网络的合作伙伴综合评价选择的总体流程结构模型如图 5-8 所示。

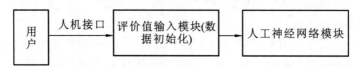

图 5-8　基于人工神经网络的合作伙伴综合评价选择流程结构模型

在选定评价指标组合的基础上,对评价指标作出评价,得到评价值之后,因各指标间没有统一的度量标准,难以进行直接的分析和比较,也不利于输入神经网络计算,因此,在用神经网络进行综合评价之前,应首先将输入的评价值通过隶属函数的作用转换为[0,1]之间的值,即对评价值进行标准无纲量化,作为神经网络的输入,以使 ANN 可以处理定量和定性指标。

评价值输入模块处理功能结构示意图如图 5-9 所示。其中,χ_{pi} 表示第 i 个指标的评价值(输入值);γ_{pi} 表示第 i 个指标经量化后的评价值(输出值),它是 B-P 人工神经网络(以下简称"B-P 网络")的输入值。

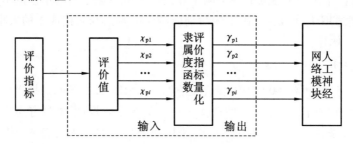

图 5-9　评价输入模块

人工神经网络模块是综合评价系统的重要组成部分,由 B-P 网络组成,主要完成网络结构的定义、样本的学习和通过 B-P 算法进行合作伙伴的综合评价计算等功能。

用于合作伙伴评价选择的 B-P 网络可以采用具有一个输入层、一个隐含层和一个输出层的网络结构。各层具有多个节点,每相邻两层之间单方向互连,如图 5-10 所示。

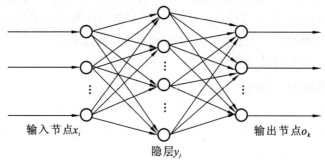

图 5-10　B-P 网络结构

B-P网络结构参数的选择是一项十分重要的工作,输入层和隐含层个数的增加会增强网络的表达能力,但也会影响其收敛速度。B-P网络结构参数可在网络运行前进行设置定义,相应设置存于网络结构文件。

在通过计算得到网络的权值和阈值后,就可将经过初始化的企业评价值作为网络输入进行计算,得到评价输出。

三、处理好供应链企业合作关系的若干问题

供应链的良好运作是以供应链成员企业相互间充分信任和合作为基础的。供应链上的企业甚至可以了解到另一个合作企业的生产作业计划,由此可见,供应链中的企业相互间是相当信任和合作的。缺乏这种信任和强烈的合作愿望,供应链的有序运作是不可能的。但是,供应链中的企业之间不可能永远一团和气。供应链中的企业都是独立的利益个体,虽然相互间存在战略伙伴关系,但同时也存在自身的利益,而且这些企业加入供应链的最根本的目的也是为了获得更多的利益。由于存在利益的分配问题,因此不免存在异议、矛盾,甚至冲突。要保证供应链良好的信任和合作,就必须意识到这些问题的客观存在并找到相应的解决办法。

目前,供应链中企业间的连接手段主要是合同,并由核心企业充当事实上的链管中心。这种运作方式虽然很好,但是在实际运作中仍然存在许多问题。首先是在法律上存在许多问题,使得供应链的信任和合作缺乏有力的保障;其次是由于对信任和合作没有良好的保障,不免损失了供应链的功效。具体地讲,供应链企业间合作关系中主要存在以下几个方面的问题。

1. 合同问题

供应链企业间的合同有两种:一种为长期合同,即原则性合同,确立两企业间的长期合作;另一种是短期合同,如订货合同,这种合同几乎每天都会发生。这两类合同从根本上规范了供应链企业间的行为。但是,由于这两类合同仍然存在一些设计上的缺陷,所以有时会让合作双方都对对方不满,而同时双方又都感到很委屈。这是需要进一步研究解决的问题。

2. 知识产权问题

由于供应链和知识产权具有各自的特点,知识产权问题就成了供应链所涉及的一个重要法律问题。供应链中的知识产权包括专利权的使用、商标权的使用、专属知识产权等。

在供应链上,当一项专利被分解成产品在几个企业之间生产时,如何保护专利所有人的利益?因为一个企业使用某项专利的一部分进行生产的产品不是仅仅提供给一家企业,而是同时提供给多家企业。这种利用某部分专利的专利使用费应如何确定?如果不考虑以上这种情况,单纯的一个生产流程上的几个共同使用某专利的企业也存在如何分割专利使用费的问题。除了专利使用费问题,一些企业也存在没有申报专利的核心技术(如可口可乐的配方至今没有申请专利)在供应链中使用的问题。在这种情况下,核心技术需要严格保密。在保护机密时,如何做到信息充分共享而又不致损害合作关系,降低供应链的功效?

商标共用现象在供应链中普遍存在。产品到用户手中时只会有一个商标品牌。这个品牌在名义上属于整个供应链,需要所有参与生产该产品的企业共同去维护。这样就出现了

以下问题:谁真正承担商标的保护责任?如何承担?当外侵出现时,对商标的保护比较容易——一致对外,但当出现内扰时如何控制?特别是在保护策略不同时,如果商标具体属于某个企业,如何要求其他企业共同维护这一资源?

在如今的电子产品、软件产品中,企业往往拥有自己的专属知识产权。专属知识产权在这些企业中相当于核心能力。但是,由于要和其他企业实现信息共享,专属知识产权必须在供应链企业间公开,特别是电子产品、软件产品在制造与开发中,如何保护其专属知识产权?如果企业间不了解信息、共享不充分,将有损合作的开展并降低供应链的功效。

3. 利益协调问题

供应链上合作企业之间的产品传递时,必须有一个合理的价格。目前商品定价有两种原则:一是成本价,即以成本为基础制定价格;二是市场价,即依市场竞争结果而形成价格。供应链从根本上说也是一个市场,供应链上的产品传递价格理应以市场价为准。但供应链上产品成本构成清晰,交易双方相互间极为了解,隐藏成本价也常常被使用。然而,成本定价对一些优势企业是极为不利的,特别是掌握了某些稀缺资源(核心技术)的企业,想获得一些超额利润很可能不被供应链认可。

供应链定价反映了共同利润在企业间的合理分配。在供应链管理环境下,各个企业在战略上是相互合作关系,但是各个企业的利益不能被忽视。供应链获得的总利润需要在供应链中各个企业间进行合理的分配,这种合理的分配主要体现在价格上。产品传递价格的高低实质上反映了企业分配利润的多少。

在供应链上,有时会出现以下两种情况:①为了积极配合,一个企业总是为另一个企业提供无偿服务,总是付出而得不到任何回报;②因供应链优化的需要,某些企业承担了额外支出,而另一些企业得到了额外收益。例如,物流优化时将本应放在B仓库的产品放在A仓库较为有利,这种优化的结果使B节省了库存费用而A却额外支出了库存费。如果实际情况只是如此简单的话,将B节省的费用补给A即可解决问题。但实际发生的情况要复杂得多。首先,这种情况一般涉及多个企业;其次,支出与收益的对象、数量均不易辨别。这两种情况实质上反映了供应链在运行过程中出现了利益需要进一步协调的问题。

在涉及相互间利益协调问题时,相互间利益如何分界?由谁或由哪个机构去分界?虽然法律是社会规范,是法庭的武器,但法律不总是受欢迎。例如,对于足球联赛中出现的纠纷,足协就明确要求先在足协内了结,而且尽可能在足协了结,不上法庭。事实上,也有一些问题确实不在法律调解范围内。供应链调解利益时是否需要其他类似足协的机构?

4. 供应链自身的定位问题

供应链在认识上是作为一种生产组织模式,或者是一种管理方式存在,但在运作时却表现出很多类似一个实体企业的特性,比如作为一个整体与其他供应链竞争,有统一的计划、与外界的边界等。

我们知道,关于企业的法律非常多,供应链也需要得到法律的承认,需要法律来规范,此即供应链的法律定位问题。

在一个法治社会,任何活动没有法律的规范是不可想象的,但是迄今为止仍然没有关于供应链的法律。在解决供应链的问题时,更多的是借用关于企业的法律,或者将企业法延伸至供应链层次。但是这种做法毕竟有许多局限性。因此,必须解决供应链的法律定位问题,并使供应链得到法律的认可。

5. 供应链在不同国家法域的协调问题

供应链的全球化已经是客观事实,供应链的运作涉及许多国家,跨越众多法域。国家不同,政策、法律就不同。每个国家都有自己的海关,有自己的关税政策。供应链是众多企业一体化的产物,不能因为国界的阻隔和法域的障碍而故步自封。供应链的正常运行必须面对这些现实问题。

前些年,一些国际集团利用某些发展中国家对保税区的特殊政策来避税。这些集团先在某国的保税区设立一个企业,然后以母公司无利润的极低价格将产品卖给这家企业进行交易,再以一个非常高的价格买回这些产品或加工后的产品。这样,母公司根本不盈利,只需缴纳非常少的税或者根本不缴纳任何税;而保税区的企业盈利极高,但由于保税区实行免税政策也无须纳税,从而达到避税的目的。

按照供应链的优化成本和资源原则,美国所有的商用卫星都应当在中国发射,因为中国卫星发射成本最低。但是,美国政府多次阻止了美国的卫星或者美国为其他国家制造的卫星在中国发射,因为美国怕中国得到它的某些核心技术。

【本章关键术语】

供应链合作伙伴关系　供应商关系管理　利益共享　评价指标体系　合作伙伴选择的招标法　协商选择法　采购成本比较法　ABC成本法　层次分析法　合作伙伴选择的神经网络算法

【本章思考与练习题】

1. 详细说明供应链合作伙伴关系的含义,讨论一般合作关系与战略性合作伙伴关系之间的区别,并举例说明。
2. 讨论供应链合作关系与传统供应商关系的区别,并讨论供应链战略合作关系对于企业的益处。
3. 供应链企业之间合作的根本基础是什么?
4. 分析建立供应链合作关系的步骤,并举例说明。
5. 建立供应链合作关系的制约因素有哪些?如何降低这些因素的影响?
6. 如何建立合作伙伴选择的评价指标体系?可以用于选择合作伙伴的技术方法有哪些?
7. 请查找一些供应商选择的文章,试用各种供应商选择与评价方法验证一下供应商选择方法的实用性。

【经典案例1】

国内面皮供应商与肯德基失之交臂

据报道,肯德基新推出的"墨西哥鸡肉卷"在中国近700家餐厅甫一上市,就大受欢迎。但令人遗憾的是,这个看似简单的洋肉卷除调料"莎莎酱"是进口的外,连外面那层薄薄的面皮也要进口。实际上,肯德基一直致力于在国内寻找供应商,但在整个中国却找不到一家合格的面皮供应商。因为所有的面皮都要做到大小、厚度、规格、韧性、温度控制一模一样,而且要求保证每日的供应数量和质量持续和长期稳定,其背后更深层次的要求是供应商整个生产的所有环节和物流过程标准、高效、精确和安全,因而要求供应商要有长期的战略考虑。这对国内面皮供应商而言是一个很好的机会,但遗憾的是,国内很多供应商更看重的是短期利润,不能致力于长期的标准和稳定发展,不愿下功夫整合供应链系统,因此肯德基在国内找不到合适供应商的情况下,不得不从美国和澳大利亚进口面皮。

问题讨论:

你从国内面皮供应商与肯德基失之交臂的案例中悟出了什么道理?

【经典案例2】

该选谁作为合作伙伴?

王小军受聘到一家日用品制造商——Y公司任物流总监。他通过对第三方物流提供商进行调研分析后,发现了一个令人惊讶的现象:为Y公司在同一个城市内提供市内分销配送的三家公司(两大一小),彼此间提供同样的服务,但价格差异却很大——最高一家的价格甚至是较低一家的2倍之多(见表5-4)。

表5-4 三家物流公司的比较

物流商	物流价格(举例)	物流商业性质
N	3.7元/吨公里	Y公司所在集团参股的第三方大型物流企业
M	3.0元/吨公里	第三方大型物流企业
O	1.8元/吨公里	第三方小型物流企业(搬家公司)

这样的选择结果究竟是怎么来的呢?

虽说在制造商的供应链环节中,物流商选择不像产能规划、产品战略、库存模式那样直接影响企业的全面成本,但每年投入几千万元甚至几亿元,至少也要弄清楚所选的第三方物流商究竟怎样。于是,王小军决定进行认真分析。

1. 相关资料：Y公司的背景及供应链运作方式

Y公司拥有上百个规格品种的产品，年营业额达数百亿元人民币。

Y公司约70％的销量来自经销商（全国共600多家），其余的来自一些重点零售客户（key account, KA）和特别渠道，如机构、学校等。

因此，Y公司有一个由生产技术为主导的供应链部门负责公司产成品的仓储、运输、调拨计划、需求和供应计划、销售订单处理等业务，并在武汉、成都、西安等城市分别设有区域配送中心（RDC）。这些区域配送中心负责支持各自区域的销售活动。

每周，Y公司总部计划部门会根据各区域配送中心所覆盖地区的销售预测、部门设定的库存目标、当前库存和生产基地的供应周期，向生产基地下达补货计划。每年，除了管理人员的薪酬、办公费用和IT系统支出外，大部分的物流支出（总共约2亿元）是花在仓储、分装、运输领域。

仓储方面的主要支出是配送中心的支出。Y公司所有的配送中心均采用外包租赁形式，包给了不同的第三方物流，也就是租赁他们的仓库。配送中心的主要职责是收发货、仓储、分拣、轻度加工和按订单配送，其中轻度加工主要是服务于Y公司的不定期的促销活动，这往往需要做诸如贴标签、再包装等工作。

运输主要包括从生产基地到区域配送中心的干线运输、从配送中心到经销商的支线运输和从配送中心到零售商的配送。运输的整体费用占Y公司储运支出的80％。虽然有少量的车辆，但大部分运输活动均采用外包——Y公司在配送中心所在区域寻找基于该市范围内的物流商。

Y公司的物流业务模式对其物流合作伙伴也有许多不利之处。例如，Y公司有上百个单品，Y公司目前把销量小的规格品种存放在一个仓库中。而现在下游分销客户订货平均包含10多个品种，为了完成配货，物流商需要在各个地点的仓库分别装货，完成配货需要花大概一整天的时间，而物流商真正运输的时间平均只有一天，从而大大增加了物流商的物流成本。

产品规格增加还导致物流商运输工具的装载能力下降。仅以60吨的火车皮为例，如果装载单一品种，可以满载60吨。但是客户一般订货平均有10多种规格的产品，数量不一，装载能力就下降到50吨，从而使吨均运输费用增加了20％。假如能对规格进行有效管理，使车皮装载能力提高到53吨，吨均运输费用大约会降低5％，则物流企业每年可以节约运输费用400万元左右。这种装载问题同样存在于厢式货车（市内配送）等固定容积运输工具。

2. 原来是不得已而为之

面对Y公司的奇事，王小军决定深入研究一下。

每年六七月份，Y公司都会举行物流服务商招标会，确定下一年度的物流服务商，也顺势对区域的经销商、KA物流策略进行相应调整。

举行招标会，设想得挺好，看起来也不是很难：只要将生产技术部储运经理的分析报告往招标会上一放，然后各物流商针对分析报告内容提交各自的解决方案,最终储运经理根据这些解决方案,确定一家第三方物流公司,这次招标活动就算圆满结束了。至少在一年时间里,Y公司不用再为换物流服务商的事情操心——很多公司都采用这种方法。

但每当这个时候,问题经常接踵而来。正如Y公司所抱怨的,与中标物流企业确定服务价格、协商具体服务合同条款真是件麻烦事。要知道,一场招投标活动,招方、投方各有算盘:招方担心物流商报价有假,在投标现场故意砸价,其实真正实施起来,服务条款难以保证,物流商到时候还可能会借机涨价;投标的物流商担心合作难以持久,成本不好换算,如果为Y公司投入人力、物力,甚至购买新物流设备,资金压力太大。

这样选来谈去,最后Y公司也看花了眼,便去查探当地同行中哪个物流公司的口碑好,价格反而被放在了一边。

这一打听虽然能缩小范围,但终究还剩下几家需要挑。Y公司一心想在这几家中选一个大物流商,但大物流商实力渐长,店大欺客,物流成本谈不下来。换用小物流商,虽然服务口碑也不错,但以它的配送能力,又没法兼顾区域内的全面市场。

这时公司内部又提出了问题:如果只选集团外的配送商,他们又不是只接我们一家的业务,万一到了旺季,无法保证对我们的服务怎么办?岂非白白把市场送给了对手品牌?因此,还是应该把部分业务给Y公司自己参股的物流公司。

到底应该选择哪一种物流服务商呢?到头来,Y公司只好大小通接,于是就出现了前面的那一幕:彼此间提供同样的服务,价格差异却很大,生产商也无法管理——大物流商说:嫌价高,你可以去找小物流商啊;小物流商说:你嫌我远地方的货物送得慢,你可以去找价高的送啊!

3. 物流企业的委屈

其实,物流服务商也一肚子委屈。

报价高的那家N大型运输公司的管理者——他们虽然隶属于Y公司,但合作条件上其实与第三方物流公司相同——抱怨说:我知道自家的价格肯定不如对手有竞争力,但我绝不是店大欺客。

这宗大单落到N物流公司头上,不仅意味着巨大的业务量,同时也意味着它得承担Y公司的物流风险:因为现在Y公司要求的报价单毕竟与过去投标的报价单有所不同,物流公司的解决方案报价明明白白列出了N物流公司的成本底线。细分到细节,成本透明且没有任何弹性空间。一旦遭遇淡季或者其他原因引起的销量变化,N物流公司就有亏本的危险。而M物流公司除Y公司之外还有别的客户,因此一些如叉车、货架、人工等的服务资源都可能被共享,成本可以摊薄。

那么N物流公司跟O物流公司相比又如何呢?N物流公司可以说小物流商O是故意砸价,但口说无凭,从专业角度讲,如果O物流公司在报价时采用作业成本法来具体分析各项仓储配送活动的成本,则真有可能会使价格降低。

比如,同样的两个仓库都用30个工人30天的成本完全摊到每月每箱的报价中,而不管Y公司的业务耗用的人工是否全时使用;而O公司作为小型物流公司,在报价中,可能考虑到业务真正耗用的人工有时多、有时少,因此是按比例分摊人工成本,当然搬运工人这一项的报价就比N物流公司低。

既然理论上(方案中)真的存在这样的情况,Y公司基本就无法考虑O物流公司的报价是真实的低成本低价,还是恶性地报低价。而且Y公司在运作中也的确不觉得O物流公司的服务差多少,并且跟Y公司这样的企业合作,O物流公司也很听话。

Y公司还拿O物流公司和M物流公司的价格去找N物流公司,一再表示别人的报价比N物流公司低,可N物流公司的管理者说了:我也没有办法改变。

与大物流商的价格谈判麻烦点儿,他们大多会提出最低运输量的要求(即保本业务量),不过他们至少运作还算正规。小公司价格低,也好操控,但他们是不是先报低价胜标,再等日后找各种借口要求涨价?如果那样,招标岂不是白搞了?或届时再搞?选择物流商是大的好还是小的好?又如何去管理招投标呢?

这些问题不得不使王小军对那些报价高的企业表示同情,但也惋惜有这么多可以改进的地方。为什么Y公司没有动静呢?要知道,Y公司毕竟是这条链条上的主导者。

Y公司有这么多物流管理问题都没有改进,更谈不上对第三方物流伙伴进行仔细筛选了。加上有N物流公司这样一个"特殊关系"企业,Y公司更难在招标中进行精细化的考虑了。

而如果对招标的考察不精细,那么招投两边都犹犹豫豫、不尴不尬的场面就很容易出现了。

问题讨论:

王小军应该如何解决供应链上的这些问题?

第六章 供应链管理环境下的采购管理

本章重点理论与问题

> 采购是指企业为实现企业销售目标,在充分了解市场要求的情况下,根据企业的经营能力,运用恰当的采购策略和方法,取得营销对路商品的经营活动过程。采购成本直接影响到企业的利润和资产回报率。在有的企业,原材料及零部件的采购成本在生产成本中占的比例较高,一般在30%左右,有的高达60%~70%。过高的采购成本将会影响企业资金流动的速度,因此,在企业的管理活动中,采购一直是管理者关注的重点。在传统的采购模式中,采购被理解为单纯的买卖活动,只是为了补充消耗掉的材料库存,即为库存而采购。在供应链管理的环境下,采购将由库存采购向以订单驱动方式转变,以适应新的市场经济。通过本章的学习,使读者能够理解掌握供应链管理环境下的采购与传统采购之间的不同,建立采购中的合作伙伴关系概念,掌握准时化采购的基本概念、特点、基本原则和方法,掌握供应商管理中的双赢关系管理的概念及方法,掌握供应商选择的影响因素,了解供应商选择的步骤,了解全球采购的发展及对我国企业的影响。

第一节 采购的定义

一、采购的定义

有效的货物或服务的采购,对企业的竞争优势具有很大的影响。采购过程把供应链成员联结起来,保证供应链的供应质量。采购是入厂物流(inbound logistics)的前端活动,采购管理做得好与不好,直接关系到供应链的整体绩效。此外,在许多行业中,原材料投入成本占总成本的比例很大,投入原材料的质量影响成品的质量,并由此影响顾客的满意度和企业的收益。由于采购对于收入和供应链关系起着决定性的作用,所以采购管理越来越受到重视。

采购是一个复杂的过程,目前还很难对它进行统一的定义,根据环境的不同它可以有不同的定义。狭义地说,采购是企业购买货物和服务的行为;广义地说,采购是一个企业取得货物和服务的过程。然而,采购的过程并不仅仅是各种活动的机械叠加,它是对一系列跨越组织边界活动的成功实施。因此,对采购的定义可以是:用户为取得与自身需求相吻合的货物和服务而必须进行的所有活动。

著名管理学家迈克尔·波特在他的价值链理论中发现了采购的战略重要性。采购管理包括了对新的供应商的资质认定、对各种不同投入物的采购和对供应商表现的监督,因而采购在供应链管理中起着重要的作用。

二、采购过程的组织与管理

不管采购的定义如何,我们都可以给出一般的采购过程所包括的基本活动,这些活动对于货物与服务的采购都是适用的。这些活动通常跨越企业内部的功能边界,如果在交易中不是所有职能部门都投入,就不能有效地完成采购过程。成功地实施这些活动,对于买卖双方来说,都能取得尽量大的价值,因此它有助于供应链的价值最大化。

1. 确定或重新估计客户的需求

采购一般是对用户的需求作出反应。用户可以是企业外部的客户,也可以是企业内部的其他部门,既可以是集体用户(如企业或其他组织),也可以是最终消费者(个体)。采购活动是为了满足用户需求而进行的。用户的需求可以来源于订单,也可以来源于企业对市场需求的预测。在任何情况下,一旦需求被确认,采购过程就可以开始了。需求可以由企业的不同部门(如制造部或销售部)、甚至由企业以外的人员来确定(比如客户)。

2. 定义和评估用户的需求

一旦需求确定下来,必须以某种可以衡量的标准形式来定义和表示采购对象。标准可以是简单的,如复印机的用纸标准可以是具有一定数量的白纸,原材料的标准可以是其重量计量单位(如吨或公斤)或计数单位(如多少个、多少件等)。如果企业要购买高技术的产品,标准也很复杂。通过这些标准,采购专业人员可以把这些用户的需求告诉潜在的供应商。

3. 自制与外购决策

在需求由外部供应之前,企业应决定是由自己来制造产品或提供服务还是通过购买来满足用户的需求。即使作出了自己制造或提供的决定,企业也必须从外部供应商处购买某种类型的投入物。目前,这一步骤已变得越来越重要,因为越来越多的企业作出外包的决策,以便集中精力于自己的核心业务。

4. 确定采购的类型

采购的类型将决定采购过程所需的时间和复杂性。按时间和复杂程度不同,采购可以分为三种类型。

(1) 直接按过去的惯例采购或重新采购。

(2) 修正采购,需要对目前供应商或投入物作出决定。

(3) 全新采购,由全新的用户需求引起的采购。

5. 供应市场分析

供应商可以处于一个完全竞争的供应市场(有许多供应商)情况,或在一个寡头市场(有个别大的供应商)或垄断市场(一个供应商)的情况。了解市场类型有助于采购专业人员决定市场供应商的数量、权力与依赖关系的平衡,确定哪种采购方式最有效,如谈判、竞争投标等。有关市场类型的信息并不总是明显的,因此必须进行一些研究,参阅有关历史资料、行业最新发展动态及行业协会信息等。

6. 确定所有可能的供应商

即找出所有能满足用户需求的供应商。在这一阶段,也可以把过去未被选中的供应商也包括在内。在全球化的环境下,找出所有的供应商具有挑战性,需要进行一定的研究。如果企业很小,可以依靠常规使用的信息来源,如搜索引擎等。

7. 对所有可能的资源进行初步评估

通过初步评估,选择出可以满足用户需求的少数几家有实力的、优秀的供应商,以备进一步评估。

8. 备选供应商的再评估

对于已经选择出来的少数优秀的供应商,经过再评估后,就有可能确定哪家供应商最能满足用户的要求或期望。如果采购项目既简单又标准,并有足够数量的潜在供应商,采购活动可以通过竞争招标来实现。如果这些条件不存在,则必须进行更加详细的评估,使用工程测试或模拟最终的使用情况。例如,对汽车的座位安全带进行测试。

9. 选择供应商

供应商的选取决定了买卖双方将建立的关系,这一活动也决定了与未被选上的供应商之间的关系将如何维持。实际选取将依据依次讨论的数据来进行,如质量、可靠性、服务水平、报价等。

10. 采购执行的评价

供应商确定后,一旦完成相应的产品供应或服务之后,应对供应商的工作进行评价,以确定其是否真正满足本企业及用户的需求,这也是对采购进行"管理与控制"的活动。如果供应商的工作不能满足用户的需求,必须确定发生这些偏差的原因,并进行适当的纠正。

以上这些活动在实施过程中都会受到采购专业人员控制范围以外因素的影响。这些影响可以决定每一个活动执行的效率,它包括企业之间、企业内部的因素及政府的影响等外部因素。比如,潜在供应商的财务问题会导致问题的出现,并有可能推翻前面所做的工作,需要重新进行供应商的选择。

三、采购活动的作用

如图 6-1 所示,供应链中,采购活动是连接制造商与供应商的纽带。制造商根据自己客户的订单制订出生产计划,然后根据生产计划产生物料需求计划,再根据物料需求计划产生采购计划。采购部门根据这些计划,开始一系列的准备报价单、选择供应商、订货、接收等活动。这些活动将供应商行为与制造商的需求紧密联系起来。

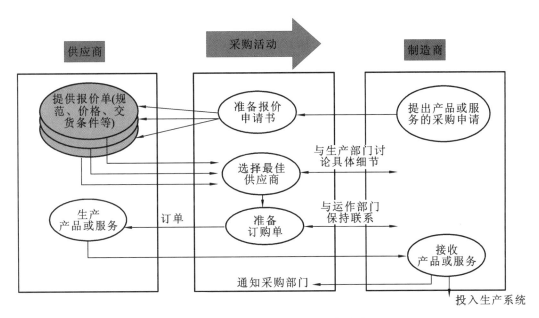

图 6-1　采购活动连接制造商和供应商

第二节　传统采购模式及问题

一、传统采购模式

传统的采购活动和基于供应链环境的采购模式存在很大差别。

图 6-2 为传统的采购原理示意图。传统采购的重点放在如何和供应商进行商业交易的活动上，其特点是比较重视交易过程中供应商的价格比较，通过供应商的多头竞争，从中选择价格最低的作为供应方。虽然质量、交货期也是采购过程中应考虑的重要因素，但在传统的采购方式下，质量、交货期等都是通过事后把关的办法进行控制，如到货验收等，而采购过程的重点、尤其是确定供应商的时候，是放在价格的谈判上。因此在供应商与采购部门之间经常要进行报价、询价、还价等来回的谈判，并且多头进行，最后从多个供应商中选择一个价格最低的供应商签订合同，订单才决定下来。

二、传统采购模式存在的问题

传统的采购模式存在的问题主要表现在如下几个方面。

1. 传统采购过程是典型的非信息对称博弈过程

选择供应商在传统的采购活动中是一个首要的任务。在采购过程中，采购一方为了能够从多个竞争性的供应商中选择一个最佳的供应商，往往会保留私有信息，因为如果给供应商提供的信息越多，供应商的竞争筹码就越大，这样对采购一方不利，因此采购一方尽量保

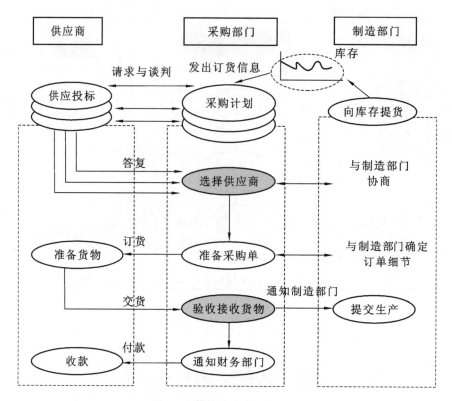

图 6-2 传统的采购业务原理

留私有信息,而供应商也会在和其他的供应商竞争中隐瞒自己的信息。这样,采购、供应双方都没有进行有效的信息沟通,这就是信息不对称的博弈过程。

2. 传统采购过程的质量控制难度大

质量与交货期是采购一方要考虑的两个重要因素,但在传统的采购模式下,要有效控制质量和交货期只能通过事后把关的办法。因为采购一方很难参与供应商的生产组织过程和有关质量控制活动,相互的工作是不透明的。在质量控制上,主要依靠对到货的检查验收,即所谓事后把关。这种缺乏合作的质量控制使采购部门对采购物品质量控制的难度增加。一旦出现不合格产品,即使能够检验出来,也可能会影响整个后续工作流程。

3. 供需关系缺乏战略性合作意识

在传统的采购模式中,企业通常将供应商看作竞争对手,是一种"零和竞争"模式。因此,供应与需求之间的关系是临时性的,或者短时期的合作,而且竞争多于合作。由于缺乏合作与协调,采购过程中各种抱怨和扯皮的事情比较多,使双方把很多时间消耗在解决日常问题上,没有更多的时间用来做长期性的计划工作。供需之间存在的这种缺乏合作的气氛加剧了运作中的不确定性。

4. 响应用户需求能力弱

由于供应与采购双方在信息的沟通方面缺乏及时的信息反馈,在市场需求发生变化的情况下,也不能改变已有的订货合同,因此采购一方在需求减少时,库存增加,需求增加时,出现供不应求。重新订货需要增加谈判过程,因此供需之间对用户需求的响应没有同步进行,缺乏应对需求变化的能力。

第三节　供应链管理环境下的采购

一、基于供应链的采购管理模型

采购管理是供应链管理中的重要一环,是实施供应链管理的基础,图 6-3 所示为基于供应链的采购管理模型。

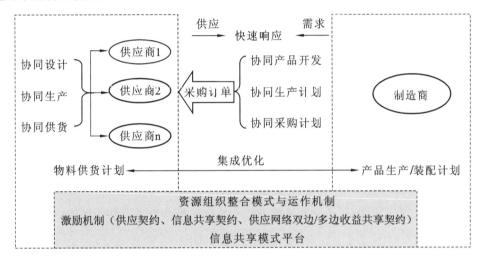

图 6-3　基于供应链的物资采购管理模型

在该模型中,整个采购过程的组织、控制、协调都是站在供应链集成优化的角度进行的。企业与供应商首先要建立起战略性的合作伙伴关系,与供应商在产品开发、生产和供货方面形成协同运作的机制。生产和技术部门通过企业内部的管理信息系统,根据订单编制生产计划和物料需求计划。供应商通过信息共享平台和协同采购机制,可以随时获得用户的采购信息,根据用户企业的信息预测企业需求以便备货,当订单到达时可以迅速组织生产和发货,货物质量由供应商自己控制。这个模型的要点是以协同运作和信息共享实现降低供应链的不确定性,从而降低不必要的库存,提高采购工作质量。

实现此模型的关键是企业与供应商建立长期的战略合作伙伴关系,其次是畅通无阻的信息交流,最后是各种供应契约的设计与执行。

设计一个适合于企业的信息处理系统是实现畅通的信息交流的关键,一般将此系统分成内部信息交流系统和对外信息共享系统。

1. 企业内部信息交流系统

关于信息处理系统的解决方案有很多,但它们对采购管理的关注却很少,有的系统甚至不支持采购管理信息的处理。现有的 MRP 或 MRPⅡ以及 ERP 系统都不能很好地支持基于供应链的采购管理,甚至缺乏专门为采购管理设置的数据库。因为,它们只考虑如何合理地应用企业内部的资源来提高效率、降低成本,而极少考虑应用企业外部资源来创造价值。也有一些专用的采购管理信息处理系统,但它们多是独立于其他系统之外的一个独立系统,没有很好地和企业系统集成。因此,建立基于供应链的采购系统,要将企业的采购信息与企业管理信息系统集成,为采购管理提供物料需求信息和库存信息。

2. 企业间信息共享系统

信息技术的发展为企业与供应商的信息交流提供了很多平台,互联网、EDI等已被广泛应用到商业信息传递中,其中EDI就是一种应用较为广泛的模式。EDI是一种电子数据交换规范,联系双方使用同一种规范进行数据编辑和传递,利用企业之间的计算机网络来传递信息。它的特点是传递信息快、种类多、保密性好。但其费用昂贵,不适合中小型企业使用。目前,通过因特网与供应商共享信息是一种越来越普遍的选择。从效果来看,这种途径可以满足信息共享的需要,而价格要比EDI低很多,其B/S(Browser/Server)结构比较适合于小型供应商。随着信息技术的进一步发展,将会有更好的技术平台用于供应链合作伙伴之间的信息共享。

为供应商提供信息技术的支持是必要的,因为信息平台的使用是要双方同时进行才可实现的,而且平台的兼容性是不得不考虑的内容。因此,要为供应商提供良好的信息技术支持,并保持在此领域的交流,以求整个系统的稳定。

二、基于供应链的采购管理与传统采购管理的异同

在供应链管理的环境下,企业的采购方式和传统的采购方式有所不同,这些差异主要体现在如下几个方面。

1. 从为库存而采购到为订单而采购的转变

在传统的采购模式中,采购的目的很简单,就是为了补充库存,即为库存而采购。采购部门并不关心企业的生产过程,不了解生产的进度和产品需求的变化,因此采购过程缺乏主动性,采购部门制订的采购计划很难适应制造需求的变化。在供应链管理模式下,采购活动是以订单驱动方式进行的,制造订单的产生是在用户需求订单的驱动下产生的,然后,制造订单驱动采购订单,采购订单再驱动供应商,如图6-4所示。这种准时化的订单驱动模式,使供应链系统得以准时响应用户的需求,从而降低了库存成本,提高了物流的速度和库存周转率。

订单驱动的采购方式有如下特点。

(1) 由于供应商与制造商建立了战略合作伙伴关系,建立供应合同的手续大大简化,不再需要双方的询盘和报盘的反复协商,交易成本也因此大为降低。

(2) 在协同供应链计划的协调下,制造计划、采购计划、供应计划能够并行进行,缩短了用户响应时间,实现了供应链的同步化运作。采购与供应的重点在于协调各种计划的执行,使制造计划、采购计划、销售计划保持同步。

(3) 采购物资直接进入制造部门,减少采购部门的工作压力和非增值的活动过程,实现供应链精细化运作。

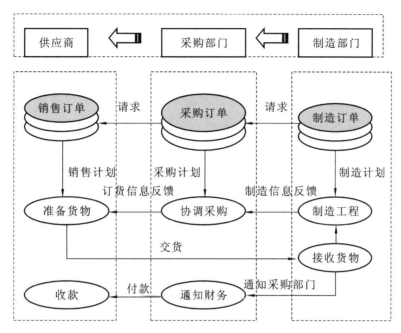

图 6-4 订单驱动的采购业务原理

（4）信息传递方式发生了变化。在传统采购方式中，供应商对制造过程的信息不了解，也无须关心制造商的生产活动，但在供应链管理环境下，供应商能共享制造部门的信息，提高了供应商应变能力，减少信息失真。同时在订货过程中不断进行信息反馈，修正订货计划，使订货与需求保持同步。

（5）实现了面向过程的作业管理模式的转变。订单驱动的采购方式简化了采购工作流程，采购部门的作用主要是沟通供应与制造部门之间的联系，协调供应与制造的关系，为实现精细采购提供基础保障。

2. 从一般的交易管理向外部资源管理转变

传统的采购管理可以简单地认为就是买卖管理，这是一种交易式的活动，双方都缺乏一种战略性合作的意识。供应链管理视角下的采购就不仅仅是买卖活动了，对企业来说，是一种外部资源管理。

那么，为什么要进行外部资源管理？又如何进行有效的外部资源管理？

正如前面所指出的，传统采购管理的不足之处，就是企业与供应商之间缺乏合作，缺乏柔性和对需求快速响应的能力。随着市场竞争的加剧，出现了个性化和准时化满足客户订单的需求，这无疑对企业的采购物流提出了严峻的挑战。

为应对挑战，需要企业改变单纯为库存而采购的传统管理模式，需要增加与供应商的信息联系和相互之间的合作，建立新的供需合作模式，从而提高企业在采购活动上的柔性和对市场的响应能力。一方面，在传统的采购模式中，由于信息无法共享，供应商对采购部门的要求不能得到实时的响应；另一方面，对所采购物料的质量控制也只能进行事后把关，不能进行实时的控制。这些问题使供应链上的企业无法实现同步化运作。为此，供应链管理环境下的采购模式就是将简单的买卖行为上升到对外部资源(如供应商资源)的战略性管理上来。

实施外部资源管理也是实施精细化生产、"零库存"生产方式的要求。供应链管理中的一个重要思想,是在生产控制中采用基于订单流的准时化生产模式,使供应链企业的业务流程朝着精细化管理方向努力,即实现生产过程的几个"零"化管理:零缺陷、零库存、零交货期、零故障、零(无)纸文书、零废料、零事故、零人力资源浪费。

供应链管理的思想就是系统性、协调性、集成性、同步性,外部资源管理是实现供应链管理的上述思想的一个重要步骤——企业集成。从供应链企业集成的过程来看,它是供应链企业从内部集成走向外部集成的重要一步。

要实现有效的外部资源管理,制造商的采购活动应从以下几个方面着手进行改进。

(1) 和供应商建立一种长期的、互惠互利的战略性合作关系。这种合作关系保证了供需双方能够有合作的诚意,以及参与双方共同解决问题的积极性。

(2) 通过提供信息反馈和教育培训支持,促进供应商改善和保证质量。传统采购管理的不足在于没有给予供应商在有关产品质量保证方面的技术支持和信息反馈。在顾客化需求越来越强的今天,产品的质量是由顾客的要求决定的,而不是简单地通过事后的把关所能解决的。因此,在这样的情况下,质量管理的工作需要下游企业在提供相关质量要求的同时,及时把产品质量问题反馈给供应商,以便及时改进。对个性化的产品的质量要提供有关技术培训工作,使供应商能够按照要求提供合格的产品和服务。

(3) 供应商参与产品设计和产品质量控制过程。同步化运营是供应链管理的一个重要思想。通过同步化的供应链计划使供应链各企业在响应需求方面取得一致性的行动,增加供应链的敏捷性。实现同步化运营的措施是并行工程。制造商应该积极组织供应商参与到产品设计和质量控制过程中来,共同设计产品、共同制定有关产品质量标准等,使最终客户的需求信息能在产品开发和生产组织的早期就能让供应商及时了解。

(4) 协调供应商的计划。一个供应商有可能同时参与多条供应链的业务活动,在资源有限的情况下必然会造成多方需求争夺供应商资源的局面。在这种情况下,下游企业的采购部门应主动参与供应商的计划协调。在资源可能出现冲突的情况下,保证供应商不至于因为资源紧张而对本企业产生影响,保证供应链能够正常运行,维护企业的利益。

(5) 建立一种新的有不同层次的供应商网络,并通过逐步减少供应商的数量,致力于与供应商建立合作伙伴关系。在供应商的数量方面,一般而言,供应商越少越有利于双方的合作。但是,企业的产品对零部件或原材料的需求是多样的,因此不同企业的供应商的数目不同,企业应该根据自己的情况选择适当数量的供应商,建立供应商网络,并逐步减少供应商的数量,致力于和少数供应商建立战略伙伴关系。

外部资源管理并不是采购一方(下游企业)的单方面努力就能取得成效的,需要供应商的配合与支持,为此,供应商也应该从以下几个方面提供协作。

(1) 帮助拓展用户(下游企业)的多种战略;

(2) 保证高质量的售后服务;

(3) 对下游企业的问题作出快速反应;

(4)及时报告可能影响用户服务的内部发现的问题；

(5)基于用户的需求，不断改进产品和服务质量；

(6)在满足自己的能力需求的前提下提供一部分能力给下游企业——能力外援助。

3. 从一般买卖关系向战略协作伙伴关系转变

供应链管理模式下采购管理的第三个特点，是供应与需求的关系从简单的买卖关系向双方建立战略协作伙伴关系转变。

在传统的采购模式中，供应商与需求企业之间是一种简单的买卖关系，因此无法解决一些涉及全局性、战略性的供应链问题，而基于战略伙伴关系的采购方式为解决这些问题创造了条件。这些问题是：

第一，库存问题。在传统的采购模式下，供应链的各级企业都无法共享库存信息，因此，各级节点企业都独立地采用订货点技术进行库存决策，不可避免地产生需求信息的扭曲现象，因此供应链的整体效率得不到充分的提高。但在供应链管理模式下，通过双方的合作伙伴关系，供应与需求双方可以共享库存数据，因此采购的决策过程变得透明多了，减少了需求信息的失真现象。

第二，风险问题。供需双方通过战略性合作关系，可以降低由不可预测的需求变化带来的风险，比如运输过程的风险、信用的风险、产品质量的风险等。

第三，通过建立合作伙伴关系可以为双方共同解决问题提供便利的条件。合作双方可以为制订战略性的采购供应计划而共同协商，不必要为日常琐事消耗时间与精力。

第四，采购成本问题。通过合作伙伴关系，供需双方都为降低交易成本而获得好处。信息的共享避免了信息不对称决策可能造成的成本损失。

第五，组织障碍问题。战略性的伙伴关系消除了供应过程的组织障碍，为实现准时化采购创造了条件。

第四节 供应链管理环境下的准时化采购策略

一、准时化采购的基本思想

准时化采购也叫 JIT 采购法，是一种先进的采购模式，也是一种管理哲学。它的基本思想是：在恰当的时间、恰当的地点，以恰当的数量、恰当的质量提供恰当的物品。它是从准时化生产发展而来的，是为了消除库存和不必要的浪费而进行的持续性改进。要进行准时化生产必须有准时的供应，因此准时化采购是准时化生产管理模式的必然要求。它和传统的采购方法在质量控制、供需关系、供应商的数目、交货期的管理等方面有许多不同，其中供应商的选择（数量与关系）和质量控制是其核心内容。

准时化采购包括供应商的支持与合作以及制造过程、货物运输系统等一系列的内容。准时化采购不但可以减少库存，还可以加快库存周转、降低提前期、提高购物的质量、获得满意交货效果等。

二、准时化采购对供应链管理的意义

准时化采购对于供应链管理思想的贯彻实施有重要的意义。从前一节的论述中可以看到,供应链环境下的采购模式和传统采购模式的不同之处在于采用订单驱动的方式。订单驱动使供应与需求双方都围绕订单运作,也就实现了准时化、同步化运作。要实现同步化运作,采购方式就必须是并行的,当采购部门产生一个订单时,供应商即开始着手物品的准备工作。与此同时,采购部门编制详细采购计划,制造部门也进行生产的准备过程,当采购部门把详细的采购单提供给供应商时,供应商就能将物资在较短的时间内交给用户。当用户需求发生改变时,制造订单又驱动采购订单发生改变,这样一种快速的改变过程,如果没有准时的采购方法,供应链企业将很难适应。因此,准时化采购增加了供应链的柔性和敏捷性。

综上所述,准时化采购策略体现了供应链管理的协调性、同步性和集成性,供应链管理需要准时化采购来保证供应链的整体同步化运作。

三、准时化采购的特点

从表 6-1 中可以看出,准时化采购和传统的采购方式有许多不同之处,其主要表现在如下几个方面。

表 6-1 准时化采购与传统采购的区别

项　　目	准时化采购	传统采购
采购批量	小批量,送货频率高	大批量,送货频率低
供应商选择	长期合作,单源供应	短期合作,多源供应
供应商评价	质量、交货期、价格	价格、质量、交货期
检查工作	逐渐减少,最后消除	收货、点货、质量验收
协商内容	长期合作关系,质量和合理价格	获得最低价格
运输	准时送货,买方负责安排	较低的成本,卖方负责安排
文书工作	文书工作少,需要的是有能力改变交货时间和质量	文书工作量大,改变交货期和质量的采购单多
产品说明	供应商革新,强调性能宽松要求	买方关心设计,供应商没有创新
包装	小,标准化容器包装	普通包装,没有特地说明
信息交流	快速、可靠	一般要求

1. 采用较少的供应商,甚至单源供应的策略

传统的采购模式一般是多头采购,供应商的数目相对较多。从理论上讲,采用单供应源比多供应源好。一方面,供应商管理比较方便,也有利于降低采购成本;另一方面,有利于供需之间建立长期稳定的合作关系,质量上比较有保证。但是,采用单一的供应源也有风险,比如供应商因意外原因中断交货,以及供应商缺乏竞争意识等。

在实际工作中,许多企业并不是很愿意成为单一供应商。原因很简单,一方面供应商是具有较强独立性的商业竞争者,不愿意把自己的成本数据披露给用户;另一方面,供应商不愿意成为用户的一个产品库存点。实施准时化采购,需要减少库存,但库存成本由用户转移到供应商。因此,用户必须意识到供应商的这种忧虑。

2. 对供应商的选择标准不同

在传统的采购模式中,供应商是通过价格竞争来选择的,供应商与用户的关系是短期的合作关系,当发现供应商不合适时,可以通过市场竞标的方式重新选择供应商。但在准时化采购模式中,由于供应商和用户之间是长期的合作关系,供应商的合作能力将影响企业的长期经济利益,因此对供应商的要求就比较高。在选择供应商时,需要对供应商进行综合评估,在评价供应商时价格不是主要的因素,质量是最重要的标准,这种质量不单指产品的质量,还包括工作质量、交货质量、技术质量等多方面内容。高质量的供应商有利于建立长期的合作关系。

3. 对交货准时性的要求不同

准时化采购的一个重要特点是要求交货准时,这是实施精细化生产的前提条件。交货准时取决于供应商的生产与运输条件。作为供应商来说,要使交货准时,可从以下几个方面着手:一是不断改进企业的生产条件,提高生产的可靠性和稳定性,减少由于生产过程的不稳定导致的延迟交货或误点现象。作为准时化供应链管理的一部分,供应商同样应该采用准时化的生产管理模式,以提高生产过程的准时性。二是为了提高交货准时性,运输问题不可忽视。在物流管理中,运输问题是一个很重要的问题,它决定着准时交货的可能性。特别是全球化的供应链系统,运输过程长,而且可能要先后经过不同的运输工具、需要中转运输等,要进行有效的运输计划与管理,使运输过程准确无误。

4. 对信息共享的需求不同

准时化采购要求供应与需求双方信息高度共享,保证供应与需求信息的准确性和实时性。由于双方的战略合作关系,企业在生产计划、库存、质量等各方面的信息都可以及时进行交流,以便出现问题时能够及时处理。

5. 制定采购批量的策略不同

小批量采购是准时化采购的一个基本特征。准时化采购和传统采购模式的一个重要不同之处在于,准时化生产需要减少生产批量,直至实现"一个流生产",因此物资采购也应采用小批量办法。当然,小批量采购自然会增加运输次数和成本,对供应商来说,这是很为难的事情,特别是供应商在国外等远距离的情形,在这种情况下实施准时化采购的难度就更大。可以通过混合运输、代理运输等方式,或尽量使供应商靠近用户等办法来解决。

四、准时化采购的基本原则

在供应链管理模式下,准时化采购工作的基本原则就是要做到五个恰当:恰当的数量、恰当的质量和时间、恰当的地点、恰当的价格、恰当的来源。

1. 恰当的数量

传统的采购模式中,采购活动主要是围绕补充库存而进行的,而在供应链管理模式下,采购活动是以订单驱动方式进行的。制造订单驱动采购订单,采购订单再驱动供应商。这种准时化的订单驱动模式,使供应链系统得以准时响应用户的需求,从而降低库存成本,提高了物流的速度和库存周转率。越来越多的企业在近年来已逐步实行了订单驱动方式的采购方式。采购数量根据企业的订单计划而定,根据订单实际需求而采购,从而降低了库存成本,提高了经济效益。

2. 恰当的质量和时间

质量与交货期是采购一方要考虑的重要因素。在传统的采购模式下,要有效控制质量和交货期只能通过事后把关的办法。因为采购一方很难参与供应商的生产组织过程和有关质量控制活动。供需双方相互的工作是不透明的,往往通过国际、国家标准等进行检查验收。而供应链管理模式的特点就是系统性、协调性、集成性、同步性。外部资源管理是实现供应链管理的上述思想的重要步骤——企业集成。它是企业从内部集成走向外部集成的重要一步。可以从以下几方面进行提高。

(1) 和供应商建立一种长期的、互惠互利的合作关系,这种合作关系保证了供需双方能够有合作的诚意和有共同解决问题的积极性。

(2) 通过提供信息反馈和教育培训支持。

①及时把供应商的产品质量问题反馈给供应商,便于迅速解决问题;

②按照 ISO 9000、ISO 14000 和 ISO 18000 的要求建立内外部信息交流渠道,双方及时进行各种信息交流;

③对个性化的产品提供有关技术资料,使供应商能够按照要求提供合格的产品和服务;

④对供应商进行 ISO 14000 和 ISO 18000 体系标准的培训,使其符合国家环保和生产安全等方面的要求。

(3) 参与供应商的产品质量控制过程。

① 在选择供应商时,选择那些质量管理体系完善(通过 ISO 9000 认证的企业优先)、设备先进、技术国内领先的企业作为合作伙伴;

② 定期对供应商进行考察、评定,主要考察其计量、质量、技术管理水平、产品合格率、设备技术状况等;

③ 制定各种严格的标准要求,促使供应商提高产品质量。

3. 恰当的地点

在选择产品交货地点时,应考虑到各种因素,如价格、时间、产品种类。

4. 恰当的价格

物资价格的确定是采购的重要环节,为保证物资价格恰当、合理,可以从以下几方面来确定价格:

① 采取大宗原辅、包装材料集中招投标；
② 优先考虑质量稳定、价格合理、长期合作的供应商；
③ 通过信息交流和分析,考察供求关系,了解物资价格的变动趋势。

5．恰当的来源

在传统的采购模式中,供应与需求之间的关系是临时性的,没有更多的时间用来做长期性预测与计划工作,而供应链管理模式是供应与需求的关系从简单的买卖关系向双方建立战略合作伙伴关系转变。

① 战略性的伙伴关系,消除了供应过程的各种障碍,为实现准时化采购创造了条件；
② 可以降低由于不可预测的需求变化带来的风险,比如运输过程的风险、信用风险、产品质量的风险等；
③ 通过合作伙伴关系,双方可以为制订战略性的采购供应计划共同协商,不必要为日常琐事消耗时间与精力。

五、准时化采购的方法

前面分析了准时化采购法的特点和优点,从中我们看到准时化采购方法和传统采购方法的一些显著差别,要实施准时化采购法,以下三点是十分重要的：
① 选择最佳的供应商,并对供应商进行有效管理是准时化采购成功的基石；
② 供应商与用户的紧密合作是准时化采购成功的钥匙；
③ 卓有成效的采购过程质量控制是准时化采购成功的保证。

在实际工作中,如果能够根据以上三点开展采购工作,那么成功实施准时化采购的可能性就很大了。

如何有效地实施准时化采购呢？下面的几点可以作为实施准时化采购的参考。

1．创建准时化采购班组

世界一流企业的专业采购人员有三个责任：寻找货源、商定价格、发展与供应商的协作关系并不断改进。因此,专业化的高素质的采购队伍对实施准时化采购至关重要。为此,首先应成立两个班组。一个是专门处理供应商事务的班组,该班组的任务是认定和评估供应商的信誉、能力,或与供应商谈判签订准时化订货合同,向供应商发放免检签证等,同时要负责对供应商的培训与教育。另外一个班组专门从事消除采购过程中的浪费。这些班组人员,对准时化采购的方法应有充分的了解和认识,必要时应进行培训；如果这些人员本身对准时化采购的认识和了解都不彻底,就难以指望供应商的合作了。

2．制订计划,确保准时化采购策略有计划、有步骤地实施

要制定采购策略,以及改进当前采购方式的措施,包括如何减少供应商的数量、评价供应商、向供应商发放签证等内容。在这个过程中,要与供应商一起商定准时化采购的目标和有关措施,保持经常性的信息沟通。

3．精选少数供应商,建立伙伴关系

选择供应商应从以下几个方面考虑：产品质量、供货情况、应变能力、地理位置、企业规模、财务状况、技术能力、价格,以及其他供应商的可替代性等。

4. 进行试点工作

先从某种产品或某条生产线的试点开始,进行零部件或原材料的准时化供应试点。在试点过程中,取得企业各个部门的支持是很重要的,特别是生产部门的支持。通过试点,总结经验,为正式的准时化采购实施打下基础。

5. 搞好对供应商的培训,确定共同目标

准时化采购是供需双方共同的业务活动,单靠采购部门的努力是不够的,需要供应商的配合,只有供应商也对准时化采购的策略和运作方法有了认识和理解,才能获得供应商的支持和配合,因此需要对供应商进行教育培训。通过培训,大家达成一致的目标,相互之间就能够很好地协调,做好采购的准时化工作。

6. 向供应商颁发产品免检合格证书

准时化采购和传统采购方式的不同之处在于买方不需要对采购产品进行过多的检验,要做到这一点,需要供应商能够提供百分之百的合格产品。当其做到这一要求时,即发给免检证书。

7. 实现配合准时化生产的交货方式

准时化采购的最终目标是实现企业的生产准时化,为此,要实现从预测的交货方式向准时化适时交货方式转变。

8. 持续改善,扩大成效

准时化采购是一个不断完善和改进的过程,需要在实施过程中不断总结经验教训,从降低运输成本、提高交货的准确性、提高产品的质量、降低供应商库存等各个方面进行改进,不断提高准时化采购的运作绩效。

六、准时化采购实践分析

为了对准时化采购的目的、意义和影响因素有一个初步的了解,美国加利福尼亚州立大学的研究生对汽车、电子、机械等企业的经营者准时化采购的效果进行了一次问卷调查,共调查了67家美国企业。这些企业有大有小,其中包括著名的3COM企业、惠普公司、苹果计算机公司等。这些公司有的是制造商,有的是分销商,有的从事服务业,调查的对象为公司的采购与物料管理经理。调查的有关内容分别见表6-2至表6-5。

从调查报告不难看出以下几个方面的结论。

(1)准时化采购成功的关键是与供应商的关系,而最困难的问题也是缺乏供应商的配合。供应链管理所倡导的战略伙伴关系为实施准时化采购提供了基础性条件,因此在供应链环境下实施准时化采购比传统管理模式下实施准时化采购更具现实意义和可能性。

(2)难以找到"好"的合作伙伴是影响准时化采购的第二个重要因素,如何选择合适的供应商就成了影响准时化采购的重要条件。在传统的采购模式下,企业之间的关系不稳定,风险较大,影响了合作目标的实现。供应链管理模式下的企业是协作性战略伙伴,为准时化采购奠定了基础。

表 6-2 准时化采购成功的关键因素

问 题	肯定回答/(%)
和供应商的相互关系	51.5
管理的措施	31.8
适当的计划	30.3
部门协调	25.8
进货质量	19.7
长期的合同协议	16.7
采购的物品类型	13.6
特殊的政策与惯例	10.6

表 6-3 准时化采购解决的问题

问 题	肯定回答/(%)
空间减少	44.8
成本减少	34.5
改进用户服务	34.5
及时交货	34.5
缺货问题	17.2
改进资金流	17.2
提前期减少	10.3

表 6-4 实施准时化采购的困难因素

问 题	肯定回答/(%)
缺乏供应商的支持	23.6
部门之间协调性差	20.0
缺乏对供应商的激励	18.2
采购物品的类型	16.4
进货物品质量差	12.7
特殊政策与惯例	7.1

表 6-5 与供应商有关的准时化采购问题

问　　题	肯定回答/(%)
很难找到好的供应商	35.6
供应商不可靠	31.1
供应商太远	26.7
供应商太多	24.4
供应商不想频繁交货	17.8

（3）缺乏对供应商的激励是准时化采购的另外一个影响因素。要成功地实施准时化采购，必须建立一套有效的供应商激励机制，使供应商和用户一起分享准时化采购带来的好处。

（4）准时化采购不单是采购部门的事情，企业的各部门都应为实施准时化采购创造有利的条件，为实施准时化采购而共同努力。

我国企业的采购管理情况如何？图 6-5 是 1998 年国内某研究所对我国企业采购管理现状的调查结果，图中显示了不同的企业供应商的供货准时率情况。

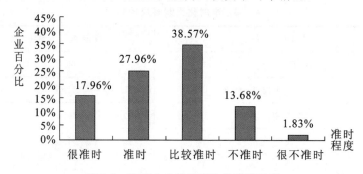

图 6-5 我国企业供应商的供货准时率

从图 6-5 中可以看出，有 17.96% 的企业认为供应商供货很准时，27.96% 的企业认为供应商供货准时，38.57% 的企业认为供应商供货比较准时，13.68% 的企业认为供应商供货不准时，1.83% 的企业认为供应商供货很不准时。大部分企业对供应商的供货准时情况反映较好，只有少数企业认为供应商供货不准时。

虽然我国企业对交货准时情况评价还不错，但从总体来看，我国企业实施准时化采购的基础性条件比较差，特别是企业间的合作方面有待加强。

第五节　供应商管理

供应商管理是供应链采购管理中一个很重要的问题，它在实现准时化采购中有极其重要的作用。

在采购活动中提出关系管理并不是什么新概念。从供应商与企业关系的特征来看,传统企业的关系表现为三种:竞争性关系、合同性关系(法律性关系)、合作性关系,而且企业之间的竞争多于合作,是非合作性竞争。供应链管理环境下的关系管理是一种战略性合作关系,提倡一种双赢机制。从传统的非合作性竞争走向合作性竞争、合作与竞争并存是当今企业关系发展的一个趋势。

一、两种供应关系模式

在供应商与制造商关系中,存在两种典型的关系模式:传统的竞争关系和合作性关系(或者叫双赢关系)。两种关系模式的采购特征有所不同。

竞争关系模式是价格驱动的。这种关系的采购策略表现为以下几点。

(1) 买方同时向若干供应商购货,通过供应商之间的竞争获得价格好处,同时也保证供应的连续性;

(2) 买方通过在供应商之间分配采购数量对供应商加以控制;

(3) 买方与供应商是一种短期合同关系。

双赢关系模式是一种合作的关系,这种供需关系最先在日本企业中采用。它强调在合作的供应商和生产商之间共同分享信息,通过合作和协商协调相互的行为:

(1) 制造商对供应商给予协助,帮助供应商降低成本、改进质量、加快产品开发进度;

(2) 通过建立相互信任的关系提高效率,减少交易和管理成本;

(3) 通过长期的信任合作取代短期的合同;

(4) 比较多的信息交流。

前面一节介绍的准时化采购采用的模式就是合作性的关系模式,供应链管理思想的集中表现就是合作与协调性。因此,建立一种双赢的合作关系对于实施准时化采购是很重要的。

二、双赢关系对实施准时化采购的意义

从前面对准时化采购原理和方法的探讨中可以看到,供应商与制造商的合作关系对于准时化采购的实施是非常重要的,只有建立良好的供需合作关系,准时化策略才能得到彻底贯彻落实,并取得预期的效果。图 6-6 显示了准时化采购中供需合作关系的作用与意义。

从供应商的角度来说,如果不实施准时化采购,由于缺乏和制造商的合作,库存、交货批量都比较大,而且在质量、需求方面都无法获得有效的控制。通过建立准时化采购策略,把制造商的 JIT 思想扩展到供应商,加强供需之间的联系与合作,在开放性的动态信息交互下,面对市场需求的变化,供应商能够作出快速反应,提高了供应商的应变能力。对制造商来说,通过和供应商建立合作关系,实施准时化采购,管理水平得到提高,制造过程与产品质量得到有效的控制,成本降低,制造的敏捷性与柔性增加。

概括起来,双赢关系对于采购中供需双方的作用表现在以下方面。

1. 供应商方面

(1) 增加对整个供应链业务活动的共同责任感和利益的分享;

(2) 增加对未来需求的可预见性和可控能力,长期的合同关系使供应计划更加稳定;

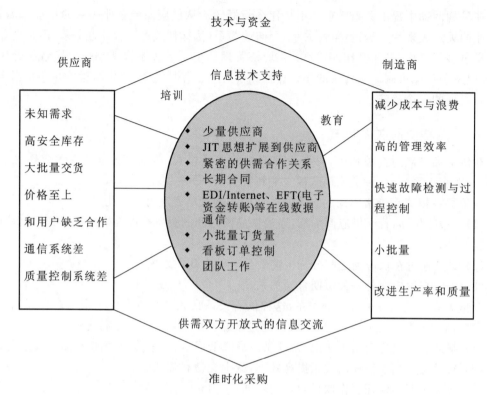

图 6-6 准时化采购环境下的供需合作关系

(3) 成功的客户有助于供应商的成功；
(4) 高质量的产品增强了供应商的竞争力。

2. 制造商方面

(1) 增加对采购业务的控制能力；
(2) 通过长期的、有信用保证的订货合同满足了采购的要求；
(3) 减少和消除了不必要的购进产品的检查活动。

建立互惠互利的合同是巩固和发展供需合作关系的根本保证。互惠互利包括了双方的承诺、信用、持久性。信守诺言是商业活动成功的一个重要原则,缺乏信用的供应商,或缺乏信用的采购客户都不可能产生长期的合作关系,即使建立起合作关系也是暂时性的。持久性是保持合作关系的保证,没有长期的合作,双方就没有诚意作出更多的改进和付出。机会主义和短期行为将对供需合作关系产生极大的破坏作用。

三、双赢供应关系管理

双赢关系已经成为供应链企业之间合作的典范,因此,要在采购管理中体现供应链的思想,对供应商的管理就应集中在如何与供应商建立以及维护、保持双赢关系上。

1. 信息交流与共享机制

信息交流有助于减少投机行为,有助于促进重要生产信息的自由流动。为加强供应与制造商之间的信息交流,可以从以下几个方面着手。

(1) 在供应商与制造商之间经常进行有关最终市场需求、生产成本、作业计划、质量控制信息的交流与沟通,保持信息的一致性和准确性。

(2) 实施并行工程。制造商在产品设计阶段让供应商参与进来,这样供应商可以对原材料和零部件的性能和功能要求提供有关信息,为实施QFD(质量功能开发)的产品开发创造条件,把用户的价值需求及时转化为供应商的原材料和零部件的质量与功能要求。

(3) 建立联合的任务小组解决共同关心的问题。在供应商与制造商之间应建立一种基于团队的工作小组,由双方的有关人员共同组成,解决供应过程以及制造过程中遇到的各种问题。

(4) 供应商和制造商工厂互访。供应商与制造商采购部门应经常性地互访,及时发现和解决各自在合作活动过程中存在的困难和出现的问题,便于打造良好的合作气氛。

(5) 使用电子数据交换(EDI)和互联网技术进行快速的数据传输。

2. 供应商的激励机制

要保持长期的双赢关系,对供应商的激励是非常重要的,没有有效的激励机制,就不可能维持良好的供应关系。在激励机制的设计上,要体现公平、一致的原则。可给予供应商价格折扣和柔性合同,以及采用赠送股权等,使供应商和制造商能够分享成功,同时也使供应商从合作中体会到双赢机制的好处。

3. 合理的供应商评价方法和手段

要对供应商进行激励,就必须对供应商的业绩进行评价,使供应商不断改进。没有合理的评价方法,就不可能对供应商的合作效果进行评价,这将大大挫伤供应商的合作积极性和合作的稳定性。对供应商的评价要抓住主要指标或问题,比如交货质量是否改善了、提前期是否缩短了、交货的准时率是否提高了等。通过评价,把结果反馈给供应商,与供应商一起共同探讨问题产生的根源,并采取相应的措施予以改进。

四、与供应商的长期契约的制定

传统采购管理的过程控制是以企业监督、以合同为考核标准来进行控制的。这种控制过程需要在每次采购之前签订一个购销合同,此合同必须尽量考虑到控制过程中会发生的任何情况,这是很难做到的。

基于供应链的采购管理中的过程控制是根据长期契约来进行的。这种长期契约与传统合同所起的那种约束功能不同,它是维持供应链的一条"纽带",是企业与供应商合作的基础。它提供一个行为规范,这个规范不但供应商应该遵守,企业自己也必须遵守。它应该包含以下内容。

1. 损害双方合作的行为的判定标准,以及此行为应受到的惩罚

企业与供应商的长期合作是实现基于供应链的采购管理的基础。任何有损于合作的行为都是有害的,不管此行为是供应商引起的还是企业自己引起的。因此,对这种行为的判定和惩罚是契约的必要组成部分。

2. 激励条款

对供应商的激励是能否使供应商参与此供应链的一个重要条件。为供应商提供只有参与此供应链才能得到的利益是激励条款必须包含的。此外,激励条款应包含激励供应商提高质量控制水平、供货准时水平和降低供货成本水平等内容,因为供应商业务水平的提高意味着采购过程更加稳定可靠,而且费用也会随之降低。

3. 与质量控制相关的条款

在基于供应链的采购管理中,质量控制主要是由供应商进行的,企业只在必要时对质量进行抽查。因此,关于质量控制的条款应明确质量职责,还应激励供应商提高其质量控制水平。对供应商实行免检,是对供应商质量控制水平的最高评价。契约中应指出实行免检的标准和对免检供应商的额外奖励,以激励供应商提高其质量控制水平。

4. 对信息交流的规定

供应链企业之间任何有意隐瞒信息的行为都是有害的,充分的信息交流是基于供应链的采购管理良好运作的保证。因此,契约应对信息交流提出保障措施,如规定双方互派通信员和规定每月举行信息交流会议等,防止信息交流出现问题。

应该强调的是,契约应是合作双方共同制定的,双方在制定契约时处于相互平等的地位。契约在实行一段时间后应考虑进行修改,因为实际环境会不断变化,而且契约在制定初期也会有不合适的地方,一定的修改和增减是必要的。

第六节 全 球 采 购

一、全球采购加速发展

在过去一段时间里,全球采购离我们的生活、离企业的经营好像还是非常遥远的。但在近一两年,这种全球采购的活动在中国的市场上表现得越来越频繁。

首先,大型跨国企业和国际采购组织的采购网络正在加速向中国市场延伸。例如一汽大众,它是第一个面向中国的企业,特别是将汽车零配件供应商引入全球采购概念的国际企业。自此,通用、大众、西门子、沃尔玛、家乐福这样的跨国企业都开始在中国设立其国际采购部或采购中心,希望从中国市场获得合理、便宜、优质的商品和资源。

其次,跨国公司和国际采购组织在中国市场的采购活动日趋频繁和活跃。如沃尔玛在深圳的采购中心,2001年在中国市场采购并进入其全球销售网络的商品数额达到了100亿美元。虽然比较其全球的采购额来讲,这个份额还是微乎其微的,但它却表明了一种趋势。再如西门子,其在2001年的全球采购额是20亿欧元,而从中国市场采购的通信零配件就达到了5亿欧元,占其全球采购市场份额的25%。家乐福2008年在中国的采购额也达到了3亿美元。此外,很多国际专业化的采购组织和经纪人近年来也纷纷到访中国,在一些国际性的展览上经常可以看到这些采购经纪人或国际采购团,他们与很多的国内企业接触,寻求与中国企业合作的机会,并将中国企业纳入他们的全球采购网络。由此可见,这些大型跨国公司全球采购网络正在向中国市场延伸,其日益频繁和活跃的采购活动实际上已经对中国经济的发展、特别是出口的增长产生了重要影响。

另外,一些经济发达的城市和地区正在成为国际采购中心。目前全球采购网络和跨国公司的采购组织在我国一些中心城市和沿海发达地区纷纷设立了它们的采购基地。比如在上海、天津、深圳、北京等经济发达的城市,已经有了相当数量的跨国公司采购中心或者区域采购总部。上述城市也希望利用这种全球采购发展的机会来拓展商品出口的新途径,为地区的经济发展作出一定的贡献。因此,有些城市(如上海、天津等),也提出要努力把城市或某一个地区打造为全球采购中心的发展目标。

值得注意的是,这些跨国公司和跨国采购组织之所以选择我国一些经济发达的城市建立采购基地或采购中心,是有其内在的要求和条件的。一是这样的城市或地区本身的经济发展水平和经济结构决定了采购市场的大小,特别是这个地方制造业的发展决定了它未来向国际市场提供商品的能力。二是这样的城市或地区要有非常良好的交通条件和非常强的物流集散的能力。三是要有比较高水平的服务业,如金融服务、展览服务。四是要有完善的贸易促进体制,包括进出口商品分销权的自由以及鼓励出口的各种政策,还有为跨国全球采购提供的信息服务体系。因此,要将我国一些发达地区的城市或者某些区域建设成为一个国际采购中心或采购基地还需要在各个方面创造条件,从而促进一个地区或一个城市的经济发展。

例如,TESCO(乐购)的全球采购战略。每天大约有 200 个 20 英尺(1 英尺＝0.3048 米)标准集装箱从香港发往 TESCO 在全球的连锁店。这些集装箱里装满了衣服、电视、玩具、烧烤金属烤架、购物推车等商品。其中有 60% 的服装和 40% 的非食品类商品是销往英国连锁店的。而这所有的商品都是经由 TESCO 在香港的全球采购中心(TESCO International Sourcing,TIS)集中采购。TIS 负责协调与分布在 40 多个国家的 800 多个供应商及其 1200 家工厂(多数分布在东南亚)直接的采购关系,涉及的产品多达 50000 多个。TIS 总共有 500 多名员工,其中 250 名在香港,其他的散布在围绕香港的八个卫星城市,比如泰国的曼谷和斯里兰卡的科伦坡。TIS 不仅负责寻找供应商,同时还负责监控供应商厂家的生产过程以控制产品质量。

二、全球采购对我国企业的影响

全球采购的迅速发展及其在我国市场日趋频繁的采购活动,对我国经济发展有着许多积极的影响。

从微观层面来看,全球采购对我国企业的积极影响主要表现在三个方面。第一,这种国际采购活动无疑为我国企业,特别是那些过去以内销为主的多数国内企业提供了一个开拓国际市场、建立稳定的销售渠道、带动企业产品出口的机遇。第二,我国企业在参与全球采购并与跨国公司或国际企业合作的过程中,不仅能够建立起稳定的供销关系,而且能够按照国际市场的规则来进行生产、提供产品,这样可以使我国的企业更快、更直接地了解国际市场的运行规则和需求,促进企业加快自身产品结构的调整和技术的创新,提高自己的产品质量和竞争能力。第三,我国企业目前面临着"走出去"的发展挑战,需要学习和尽快适应全球采购的资源配置方式,使我国的企业也能够在与国际对手竞争的过程中建立起全球化的生产网络和采购网络,真正提高在国际市场上的竞争能力。

从宏观层面来看，全球采购也有着积极的影响和作用。

首先，全球采购进入我国市场以后，能对我国出口规模的扩大和出口结构的升级起到非常积极的推动作用。因为在我国经济的发展过程中，出口对经济增长的贡献一直是非常重要的。扩大出口是我国经济发展战略中非常关键的领域。因此，全球采购作为一种新的贸易渠道和贸易方式，将为我国产品走向国际市场提供一个非常好的机遇。另一方面，长期以来，我国的出口结构更多的是依赖初级产品和资源性产品，而对于我国已经形成了一定竞争能力的制造业产品，依靠传统的贸易公司和企业自营出口开拓市场，不仅难度较大，而且很难进入到国际生产和国际市场的主流领域。因此，利用这种跨国的采购活动和全球采购网络体系，可以使我国很多有竞争力的制造业产品进入到国际市场，从而真正推动我国有附加价值的、具有竞争力的产品出口，进而推动我国出口结构的升级。

其次，更为重要、更为积极的意义在于全球采购对我国经济结构及产业结构的调整有着积极的促进作用。在全球经济一体化加速发展的过程中，整个世界的经济结构都处在一个新的调整过程中，新的国际分工格局正在形成。这就使得当前我国的经济结构特征既要从自身经济发展要求来进行主动的调整，也需要在国际分工新格局的形成过程中早作选择。因此，国内企业通过与国际企业合作并纳入全球采购网络，可能会尽快赢得一些有利的竞争地位，进而占据全球性市场，从而使得我国的产业结构调整既能够适应我国经济发展的要求，也能够适应全球市场发展的需求，为我国经济发展赢得更广阔的市场发展空间。

最后，全球采购能够有效地促进和维持我国的竞争性市场结构。因为，全球采购进入我国市场，实际上是给我国企业，特别是过去一直在国内市场进行经营和竞争的企业带来直接的国际竞争。这种国际竞争将迫使国内企业采取符合国际市场规则的、更加规范的竞争手段来寻求企业的发展，逐步走出以恶意价格竞争、依靠政府维持地区性或行业性的垄断而获得市场优势的低层次的竞争怪圈，使我国市场经济中的竞争水平得到提高，真正发挥市场机制的作用，促进我国经济的发展。

当然，全球采购活动进入我国，也对我国企业和经济政策、贸易制度提出了许多挑战。例如，企业的产品种类、质量与标准能否满足跨国公司全球生产体系和国际市场的要求？企业如何了解和适应国际采购的规则和方法？国内相关服务行业和基础设施是否能够适应国际采购中心运作的要求？经济体制和贸易政策中还存在着哪些不利于企业参与全球化竞争的内容？等等。这些方面也正是当前需要企业、政府及相关研究机构进行深入研究和探讨的领域。

【本章关键术语】

采购管理　传统采购模式　供应链管理下的采购模式　准时化采购　供应商管理双赢供应关系管理　全球采购

【本章思考与练习题】

1. 如何界定采购的定义？举例描述采购的过程。

2. 传统采购模式的主要特征是什么?
3. 基于供应链的采购管理模式与传统的采购管理模式之间存在哪些不同?
4. 准时化采购的意义和特点是什么?准时化采购应该遵循什么原则?
5. 调查了解分析我国准时化采购的现状,并与国外情况进行比较。
6. 讨论供应商管理中的竞争关系模式和双赢关系模式之间的异同。
7. 供应商的选择受哪些因素的影响?试建立相应的评价指标体系。
8. 供应商选择一般包括哪几个步骤?
9. 试对我国企业在全球采购方面受到的影响作出分析,并讨论如何应对全球采购的趋势。

【经典案例】

供应商选择:运作成本评价

本案例是关于三个供应商总运作成本比较评价的。总运作成本包括价格、质量、交货期等方面的要素。这个比较分析来源于一个意大利的中等机械制造企业的供应链。

1. 案例背景

该企业生产的机器上有一种零件需要从供应链上的其他企业购进,年需求量为10000件。有三个供应商可以提供该种零件,它们的价格不同,三个供应商提供的零件的质量也有所不同。另外,这三个供应商的交货提前期、提前期的安全期及要求的采购批量均不同。详细的数据见表6-6。

表6-6 三个供应商的基本数据

供应商	价格/(元/件)	合格品率	提前期/周	提前期的安全期/周	采购批量/件
A	9.50	88%	6	2	2500
B	10.00	97%	8	3	5000
C	10.50	99%	1	1	200

如果零件出现缺陷,需要进一步处理才能使用。每个有缺陷的零件处理成本为6元,主要是用于返工的费用。

为了比较分析评价的结果,共分为三个级别评价供应成本和排名。

第一级:仅按零件价格排序;

第二级:按价格+质量水平排序;

第三级:按价格+质量水平+交货时间排序。

2. 供应商供货绩效及排序分析

首先按第一个级别即价格水平排序,排出的结果如表6-7所示。

表 6-7 三个供应商的价格排序

供应商	价格/(元/件)	排名
A	9.50	1
B	10.00	2
C	10.50	3

其次,按价格和质量成本的绩效排名。有缺陷零件的处理成本可根据不同供应商的零件质量水平来计算。排出的结果如表 6-8 所示。

表 6-8 三个供应商的价格和质量成本排序

供应商	缺陷率	缺陷费用/(元/年)	缺陷处理成本/元	质量成本/(元/件)	总成本/(元/件)	排名
A	12%	1200.00	7200.00	0.72	9.50+0.72=10.22	2
B	3%	300.00	1800.00	0.18	10.00+0.18=10.18	1
C	1%	10.00	600.00	0.06	10.50+0.06=10.56	3

最后,综合考虑价格、质量和交货时间的因素,评价供应商的运作绩效。交货期长短的不同主要会导致库存成本的不同。主要考虑下列一些因素:交货提前期、提前期的安全期、允许的最小采购批量、考虑缺陷零件增加的安全量(补偿有缺陷零件的额外库存)。

该企业用下列方式计算考虑提前期和安全库存的数量:

$$安全库存(SS) = K \cdot s \cdot \sqrt{LT + LTS}$$

式中:K——根据质量可靠性(95%)确定的系数,取 $K=1.64$;

s——标准偏差,在这里取 $s=80$,即每周的零件数量偏差为 80 件;

LT——交货提前期;

LTS——交货提前期的安全期。

下面以供应商 A 为例计算库存相关费用。给供应商 A 设定的安全库存为:

$$SS = 1.64 \times 80 \times \sqrt{6+2} = 371(件)$$

则库存物资的价值为:

$$371 \times 9.50 = 3524.50(元)$$

供应商 A 要求的订货批量为 2500 件,由订货批量引起的成本按下面的方法计算:

$$(2500/2) \times 9.50 = 11875.00(元)$$

用于预防有缺陷零件的成本是根据缺陷率和零件的总的库存价值计算的,即:

$$(3524.50 + 11875.00) \times 12\% = 1847.94(元)$$

综合以上结果,得到表 6-9 的结果。

表 6-9 三个供应商的库存成本

供应商	提前期引起的库存价值/元	批量引起的库存价值/元	总库存价值/元	年缺陷零件造成的费用/元	实际总库存成本/元
A	3524.50	11875.00	15399.50	1847.94	17247.44
B	4350.00	25000.00	29350.00	880.50	30230.50
C	1953.00	1050.00	3003.00	30.03	3033.03

与零件库存有关的维持费用,如库房租赁费、货物保险费等,按库存价值的25%计算(这个系数根据企业的不同而不同)。计算结果如表 6-10 所示。

表 6-10 三个供应商的持有成本

供应商	实际总库存价值/元	维持费用/元	单位零件成本/(元/件)
A	17247.44	4311.86	0.43
B	30230.50	7557.63	0.76
C	3033.03	758.26	0.08

那么,根据价格、质量成本、交货期的综合评价结果如表 6-11 所示。

表 6-11 三个供应商的总成本排序

供应商	价格/(元/件)	质量成本/(元/件)	交货期成本/(元/件)	总成本/(元/件)	排序
A	9.50	0.72	0.43	10.65	2
B	10.00	0.18	0.76	10.94	3
C	10.50	0.06	0.08	10.64	1

3. 结论

结论已经很明显。通过对三家供应商的供货运作绩效的综合评价,在价格、质量、交货时间及订货批量方面,供应商 C 最有优势,最后应选择供应商 C 为供应链上的合作伙伴。

问题讨论:

你还能找到更好的供应商选择方法吗?

第七章 供应链管理环境下的生产计划与控制

本章重点理论与问题

生产计划与控制是企业运作管理主要内容之一,供应链管理思想的出现无疑会对此带来很大的影响。供应链管理模式下的企业在需求信息来源、信息的集成方法、计划的决策模式、计划的运行环境、生产控制的手段等方面更强调超越企业界线,从整个供应链的角度看待企业生产计划与控制问题,寻求供应链总体能力的平衡,追求供应链整体成本下降、竞争力提高的绩效目标。在这一章中,首先分析传统生产计划与控制模式和供应链管理思想的差距,进而分析供应链管理对生产计划与控制提出的新要求,并根据供应链管理的要求提出一个适应供应链管理的新的生产计划与控制总体模型,分析了该模型的特点。本章还较为系统地介绍了合作计划、预测与补货(CPFR)的计划管理模式,期望解决需求信息扭曲而导致的存货过多或供应不足等问题。在生产控制方面,提出以增加信息共享与信息交流为目的的协调控制策略:信息跟踪机制。通过本章的学习,希望读者能够理解供应链管理思想对企业最直接和最深刻的影响是管理思维方式的转变:从传统、封闭的纵向思维方式向开放、横向思维方式转变。

第一节 传统生产计划与控制模式和供应链管理思想的差距

一、概述

所谓传统管理模式下的生产计划与控制模式,一般是指从 19 世纪末 20 世纪初一直到 20 世纪 70 年代所形成的生产计划与控制的方法体系。这一方法体系主要建立在美国的泰勒(F. Taylor)与福特(H. Ford)等人的管理思想和理论基础之上。典型的计划方法如订货点法、物料需求计划及制造资源计划等,当然也包括日本的丰田公司提出的准时生产制等方法体系。这些生产计划与控制模式对提高企业的计划管理水平起到了非常大的作用,与那一阶段的市场竞争水平是基本适应的。

供应链管理思想的不断发展,对企业管理中的生产计划与控制模式提出了挑战。

传统的企业生产计划是以某个企业的物料需求为中心展开的,缺乏和供应商的协调,企业的计划制订没有考虑供应商以及分销商的实际情况,不确定性对库存和服务水平影响较大,库存控制策略也难以发挥作用。供应链上任何一个企业的生产和库存决策都会影响供应链上其他企业的决策,或者说,一个企业的生产计划与库存优化控制不但要考虑某企业内部的业务流程,更要从供应链的整体出发,进行全面的优化控制,跳出以某个企业物料需求为中心的生产管理界线,充分了解用户需求并与供应商在经营上协调一致,实现信息的共享与集成,以顾客化的需求驱动顾客化的生产计划,获得柔性敏捷的市场响应能力。由于企业的经营活动是以顾客需求驱动的,是以生产计划与控制活动为中心而展开的,只有通过建立面向供应链管理的生产计划与控制系统,企业才能真正从传统的管理模式转向供应链管理模式。我们探讨现行生产计划与控制模式和供应链管理思想的差距,其目的就是要找出现行生产计划与控制模式和供应链管理思想不相适应的地方,从而提出新的适应供应链管理的生产计划与控制模式,为供应链管理运行机制的建立提供保证。

二、传统生产计划与控制模式和供应链管理思想的差距

传统生产计划与控制模式和供应链管理思想的差距主要表现在如下几个方面。

1. 决策信息来源的差距(多源信息)

生产计划的制订要依据一定的决策信息,即基础数据。在传统的生产计划决策模式中,计划决策的信息主要来自两个方面,一方面是需求信息,另一方面是资源信息。需求信息又主要来自两个方面,一个是用户订单,另一个是需求预测。通过对这两方面信息的综合,得到制订生产计划所需要的需求信息。资源信息则是指企业制订生产计划决策时的约束条件。相对来说,传统的生产计划制订过程主要考虑本企业的信息,信息源比较单一。而在供应链管理环境下,需求信息和资源信息不仅有本企业的,还有合作伙伴的,如供应商、分销商和用户等。因此,信息多源化是供应链管理环境下的主要特征,是供应链环境下生产计划的特点。在供应链管理环境下,制订生产计划的约束条件更多了,资源的扩展也使生产计划的优化空间扩大了。

2. 决策模式的差距(决策群体性、分布性)

传统的生产计划决策模式是一种集中式决策,而供应链管理环境下生产计划的决策模式是分布式的群体决策过程。基于多代理的供应链系统是立体的网络,各个节点企业具有相同的地位,有本地数据库和领域知识库,在形成供应链时,各节点企业拥有暂时性的监视权和决策权,每个节点企业的生产计划决策都受到其他企业生产计划决策的影响,需要一种协调机制和冲突解决机制。当一个企业的生产计划发生改变时,其他企业的计划也需要作出相应的改变,从而使供应链获得同步化的响应。

3. 信息反馈机制的差距(递阶、链式反馈与并行、网络反馈)

企业计划的贯彻执行,需要有效的监督控制机制作为保证。要进行有效的监督控制必须建立一种信息反馈机制。传统的企业生产计划的信息反馈机制是一种序贯式反馈机制,也就是说,信息反馈是企业内部从一个部门到另一个部门的直线性的传递,因为递阶组织结构的特点,信息的传递一般是从底层向高层信息处理中心(权力中心)反馈,形成与组织结构并行的信息递阶的传递模式。

供应链管理环境下企业信息的传递模式与传统企业的信息传递模式不同。以团队工作为特征的多代理组织模式使供应链具有网络化结构特征,因此供应链管理模式既不是递阶

管理，也不是矩阵管理，而是网络化管理。生产计划信息不仅仅沿着企业内部的递阶结构（权力结构）传递，而且还沿着供应链不同的节点方向（网络结构）传递。为了做到供应链的同步运作，供应链企业之间信息的交互频率也比传统的企业信息传递频率大得多，因此应采用并行化信息传递模式。

4. 计划运行环境的差异（不确定性、动态性）

供应链管理的目的是使企业能够适应剧烈多变的市场环境需要。企业置身于这样一个复杂多变的环境中，增加了影响企业生产计划运行的外界环境的不确定性和动态性。供应链管理环境下的生产计划是在不稳定的运行环境下进行的，因此要求生产计划与控制系统具有更高的柔性和敏捷性，比如提前期的柔性、生产批量的柔性等。传统的 MRPⅡ就缺乏柔性，因为它以固定的环境约束变量应付不确定的市场环境，这显然是不行的。供应链管理环境下的生产计划涉及较多的是订单化生产，这种生产模式动态性更强。因此供应链管理环境下的生产计划与控制模式要更多地考虑不确定性和动态性因素，使生产计划具有更高的柔性和敏捷性，以使企业能对市场变化作出快速反应。

第二节 供应链管理环境下的企业生产计划与控制模式的特点

一、概述

供应链是一个跨越多企业、多厂家、多部门的网络化组织，一个有效的供应链企业计划系统必须保证企业能快速响应市场需求，如图 7-1 所示。有效的供应链计划系统集成企业所有的计划和决策业务，包括需求预测、库存计划、资源配置、设备管理、渠道优化、生产作业计划、物料需求与采购计划等。供应链是由不同的企业组成的企业网络，有紧密型的联合体成员，有协作型的伙伴企业，有动态联盟型的战略伙伴。作为供应链的整体，以核心企业为龙头，把各个参与供应链的企业有效地组织起来，优化整个供应链的资源，以最低的成本和最快的速度生产最好的产品，最快地满足用户需求，以达到快速响应市场和用户需求的目的。这是供应链企业计划的最根本的目的和要求。

供应链企业计划工作需要考虑如下几个方面的问题。

(1) 供应链企业计划的方法与工具。供应链企业计划的方法与工具主要有 MRPⅡ、管理 JIT、DRP(distribution requirement planning)/LRP(logistics requirement planning)。

(2) 供应链企业计划的优化方法。供应链企业计划的优化方法可以采用约束理论（theory of constraint，TOC）、线性规划、非线性规划及混合规划方法，随机库存理论与网络计划模型。

(3) 供应链企业的计划类型。根据供应链企业计划对象和优化状态空间，有全局供应链计划和局部供应链计划。

(4) 供应链企业计划层次性。根据供应链企业计划的决策空间，分为战略供应链计划、战术供应链计划和运作供应链计划三个层次。

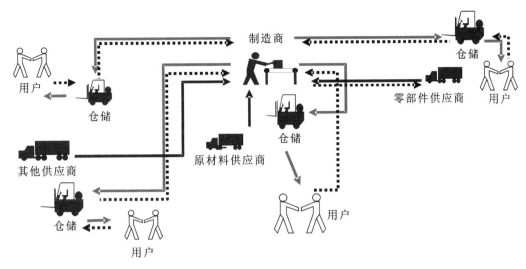

图 7-1 分布式生产计划与控制系统

二、供应链管理环境下制订生产计划的特点

供应链管理下,企业的生产计划编制过程有了较大的变动,在原有的生产计划制订过程的基础上增添了新的特点。

1. 需求信息的获取突破了企业界限

传统的生产计划体系下,企业都只是以下游企业的订单作为自己的需求信息的主要来源,但是,由于需求信息在供应链中的传递过程较长,每经过一级的传递,需求信息就被扭曲一部分,当传递到供应链的上游企业时,市场需求信息早已面目全非了,于是出现了诸如长鞭效应等问题。随着供应链管理思想的不断扩展,人们将需求信息的获取整合起来,供应商、制造商与零售商联合起来共同预测市场需求,这样就可克服逐级传递订单信息而导致的信息扭曲现象,使计划制订的准确性提高了。

2. 具有纵向和横向的信息集成过程

这里的纵向集成是指供应链由下游企业向上游企业的信息集成,而横向集成是指供应链上各个节点企业与其合作者之间的信息共享。

对于第一种信息集成,在生产计划制订过程中,上游企业的生产能力信息通过生产计划的能力分析反映到下游企业的生产计划制订过程中。通过在主生产计划和投入出产计划中分别进行的粗能力和细能力平衡,上游企业承接订单的能力和意愿都反映到了下游企业的生产计划中。同时,上游企业的生产进度信息也与下游企业的生产进度信息一道作为滚动编制计划的依据,其目的在于保持上下游企业间生产活动的同步。

外包决策和外包生产进度分析是集中体现供应链横向集成的环节。在外包中所涉及的企业都能够生产相同或类似的产品,或者说这些企业在供应链网络上属于同一产品级别。企业在编制主生产计划时所面临的订单,在两种情况下可能转向外包:一是企业本身或其上游企业的生产能力无法承受需求波动所带来的负荷;二是所承接的订单通过外包所获得的利润大于企业自己生产的利润。无论在何种情况下,都需要承接外包的企业的基本数据来支持企业的获利分析,以确定是否外包。同时,由于企业对该订单的客户有着直接的责任,因此也需要承接外包的企业的生产进度信息来确保对客户的供应。

3. 丰富了能力平衡在计划中的作用

在通常的概念中,能力平衡只是一种分析生产任务与生产能力之间差距的手段,需再根据能力平衡的结果对计划进行修正。在供应链管理下的生产计划制订过程中,能力平衡发挥了以下作用:

(1) 为修正主生产计划和投入出产计划提供依据,这也是能力平衡的传统作用;

(2) 能力平衡是进行外包决策和零部件(原材料)急件外购的决策依据;

(3) 在主生产计划和投入出产计划中所使用的上游企业能力数据,反映了其在合作中所愿意承担的生产负荷,可以为供应链管理的高效运作提供保证;

(4) 在信息技术的支持下,对本企业和上游企业的能力状态进行实时更新,使生产计划具有较高的可行性。

4. 计划的循环过程突破了企业的限制

在企业独立运行生产计划系统时,一般有三个信息流的闭环,而且都在企业内部:

(1) 主生产计划—粗能力平衡—主生产计划;

(2) 投入出产计划—能力需求分析(细能力平衡)—投入出产计划;

(3) 投入出产计划—车间作业计划—生产进度状态—投入出产计划。

在供应链管理环境下,生产计划的信息流跨越了企业,从而增添了新的内容:

(1) 主生产计划—供应链企业粗能力平衡—主生产计划;

(2) 主生产计划—外包工程计划—外包工程进度—主生产计划;

(3) 外包工程计划—主生产计划—供应链企业生产能力平衡—外包工程计划;

(4) 投入出产计划—供应链企业能力需求分析(细能力平衡)—投入出产计划;

(5) 投入出产计划—上游企业生产进度分析—投入出产计划;

(6) 投入出产计划—车间作业计划—生产进度状态—投入出产计划。

需要说明的是,以上各循环中的信息流都只是各自循环所必需的信息流的一部分,但可对计划的某个方面起决定性的作用。

三、供应链管理环境下生产控制的特点

供应链管理环境下的企业生产控制与传统的企业生产控制模式不同。供应链管理环境下需要更多的协调机制(企业内部和企业之间的协调),体现了供应链的战略伙伴关系原则。供应链管理环境下的生产协调控制包括如下几个方面的特点。

1. 生产进度控制

生产进度控制的目的在于依据生产作业计划,检查零部件的投入和出产数量、出产时间和配套性,保证产品能准时装配出厂。供应链管理环境下的进度控制与传统生产模式的进度控制不同,因为许多产品是协作生产和转包的,与传统的企业内部的进度控制相比,其控制的难度更大,必须建立一种有效的跟踪机制进行生产进度信息的跟踪和反馈。生产进度

控制在供应链管理中有重要作用,因此必须建立供应链企业之间的信息跟踪机制和快速反应机制。

2. 供应链的生产节奏控制

供应链的同步化计划需要解决供应链企业之间的生产同步化问题,只有供应链各企业之间以及企业内部各部门之间保持步调一致,供应链的同步化才能实现。供应链形成的准时化生产系统,要求上游企业准时为下游企业提供必需的零部件。如果供应链中任何一个企业不能准时交货,都会导致供应链不稳定或中断(breakdown),使供应链对用户的响应性下降,因此严格控制供应链的生产节奏对供应链的敏捷性是十分重要的。

3. 提前期管理

基于时间的竞争是20世纪90年代的一种新的竞争策略,具体到企业的运作层,主要体现为提前期的管理,这是实现QR、ECR策略的重要内容。在供应链管理环境下的生产控制中,提前期管理是实现快速响应用户需求的有效途径。缩短提前期、提高交货期的准时性是保证供应链获得柔性和敏捷性的关键。缺乏对供应商不确定性的有效控制是供应链提前期管理中的一大难点,因此,建立有效的供应提前期的管理模式和交货期的设置系统是供应链提前期管理中值得研究的问题。

4. 库存控制和在制品管理

库存在应付需求不确定性方面有其积极的作用,但是库存又是一种资源浪费。在供应链管理模式下,通过实施多级、多点、多方管理库存的策略,对提高供应链管理环境下的库存管理水平、降低制造成本有着重要意义。这种库存管理模式涉及的部门不仅仅是企业内部。基于JIT的供应与采购、供应商管理库存(VMI)、联合库存(pooling)管理等是供应链库存管理的新方法,对降低库存都有重要作用。因此,建立供应链管理环境下的库存控制体系和运作模式对提高供应链的库存管理水平有重要作用,是供应链企业生产控制的重要手段。

四、供应链企业协同计划的提出

在当今顾客化驱动的环境下,制造商必须具有面对不确定性事件不断修改计划的能力,要做到这一点,企业的制造过程、数据模型、信息系统和通信基础设施必须无缝地连接且实时地运作,因此提出了供应链计划的协同性问题(也可以称为供应链同步计划),这也是供应链管理环境下生产计划制订中的新的特点和要求。

供应链企业计划的协同性水平的提高,能使整个供应链企业的生产计划的修改或变动在整个供应链上获得共享与支持,物料和其他资源的管理可以同步进行,从而大大提高供应链对市场需求变化的敏捷性。

供应链企业同步计划可以通过改进MRPⅡ或在ERP中加入新的技术来实现,充分利用开放系统的概念,通过信息集成工具,协同整个供应链的管理。要实现这一要求,必须使供应链中的信息达到同步共享。建立在EDI/Internet之下的供应链信息集成平台,为供应链企业之间的信息交流提供了共享窗口和交流渠道,同时保证了供应链企业同步化计划的实现。因此,新的供应链企业生产计划与控制系统和组织模型要充分考虑这一特点。

供应链企业的同步化计划是为挑战供应链运行中的各类约束而提出的。供应链运行的约束有来自于采购的约束，有来自于生产的约束，也有来自于销售的约束，这些约束的不良后果会导致"组合约束爆炸"。因此要实现供应链企业的同步化计划，一方面要建立不同的供应链系统之间的有效通信标准，如基于因特网的网络通信协议（TCP/IP 协议）等形成信息交流和协作的规范化、标准化等；另一方面要建立协调机制和冲突管理服务。供应链系统各个代理系统之间既有同步的协作功能，也有独立的自主功能，当供应链的整体利益与各个代理系统的自身利益相冲突时，必须快速协商解决这些冲突，供应链的同步化才能得以实现。因此建立分布的协调机制对供应链同步化计划的实现是非常重要的。

要实现供应链的同步化计划，必须建立代理系统之间透明的合作机制。供应链企业之间的合作方式主要有同时同地、同时异地、异时同地和异时异地等四种情形。因此供应链企业的合作模式表现为四种模式：同步模式、异步模式、分布式同步模式、分布式异步模式。基于多代理的供应链组织管理模式，实现了由传统的递阶控制组织模式向扁平化网络组织模式过渡，实现了网络化管理。

第三节 供应链管理环境下的生产计划与控制系统总体模型

一、供应链管理环境下的集成生产计划与控制系统的总体构想

（一）供应链管理环境下的生产计划与控制系统中几个概念的新拓展

1. 供应链管理对资源（resource）概念内涵的拓展

传统的制造资源计划 MRP Ⅱ 对企业资源这一概念的界定是局限于企业内部的，并统称为物料（materials），因此 MRP Ⅱ 的核心是物料需求计划。在供应链管理环境下，资源分为内部资源（in-source）和外部资源（out-source），因此在供应链管理环境下，资源优化的空间由企业内部扩展到企业外部，即从供应链整体系统的角度进行资源的优化。

2. 供应链管理对能力（capacity）概念内涵的拓展

生产能力是企业资源的一种，在 MRP Ⅱ 系统中，常把资源问题归结为能力需求问题，或能力平衡问题。但正如资源概念一样，MRP Ⅱ 对能力的利用也是局限于企业内部的。供应链管理把资源的范围扩展到供应链系统，其能力的利用范围也因此扩展到了整个供应链系统。

3. 供应链管理对提前期（lead time）概念内涵的扩展

提前期是生产计划中一个重要的变量，在 MRP Ⅱ 系统中这是一个重要的设置参数。但 MRP Ⅱ 系统中一般把它作为一个静态的固定值来对待（为了反映不确定性，后来人们又提出了动态提前期的概念）。在供应链管理环境下，并不强调提前期的固定与否，重要的是交货期（delivery time），要求准时交货，即供应链管理强调准时，包括准时采购、准时生产、准时配送。

（二）供应链管理环境下的生产管理组织模式

供应链管理环境下的生产管理组织模式与传统生产管理组织模式一个显著的不同就

是，供应链管理环境下生产管理是开放性的、以团队工作为组织单元的多代理制的，图7-2显示了这种多代理制的供应链生产管理组织模式。在供应链联盟中，企业之间以合作的方式进行生产，企业生产决策信息通过EDI/Internet实时地在供应链联盟中由企业代理通过协商决定，企业建立一个合作公告栏（在互联网上），实时地与合作企业进行信息交流。在供应链中要实现委托代理机制，应对企业建立一些行为规则：①自勉规则；②鼓励规则；③激励规则；④信托规则；⑤最佳伙伴规则。

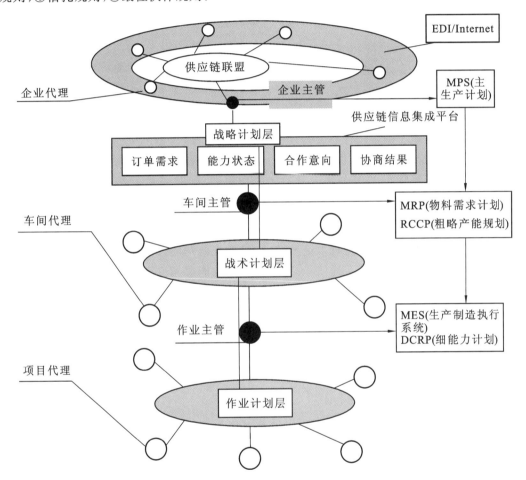

图7-2 供应链环境下的生产管理组织模式

企业内部也是基于多代理制的团队工作模式，团队有一个主管负责团队与团队之间的协调。协调是供应链管理的核心内容之一，供应链管理的协调主要有三种形式，即供应—生产协调、生产—分销协调、库存—销售协调。

（三）供应链管理环境下的生产计划信息组织与决策特征

供应链管理环境下的生产计划信息组织与决策过程具有如下几个方面的特征。

1. 开放性

经济全球化使企业进入全球开放市场，不管是基于虚拟企业的供应链还是基于供应链的虚拟企业,开放性是当今企业组织发展的趋势。供应链是一种网络化组织,供应链管理环境下的企业生产计划信息已跨越了组织的界线,形成开放性的信息系统,决策的信息资源来自企业的内部与外部,并与其他组织共享。

2. 动态性

供应链管理环境下的生产计划信息具有动态性,是市场经济发展的必然。为了适应不断变化的顾客需求,使企业具有敏捷性和柔性,生产计划的信息应随市场需求的更新而变化;模糊的提前期和模糊的需求量,要求生产计划具有更多的柔性和敏捷性。

3. 集成性

供应链是集成的企业,是扩展的企业模型,因此供应链管理环境下的企业生产计划信息是不同信息源的信息的集成,集成了供应商、分销商的信息,甚至消费者和竞争对手的信息。

4. 群体性

供应链管理环境下的生产计划决策过程具有群体特征,因为供应链是分布式的网络化组织,具有网络化管理的特征。供应链企业的生产计划决策过程是一种群体协商过程,企业在制订生产计划时不但要考虑企业本身的能力和利益,同时还要考虑合作企业的需求与利益。

5. 分布性

供应链企业的信息来源在地理上是分散的,信息资源跨越部门和企业,甚至遍布全球。通过互联网/物联网、EDI 等信息通信和交流工具,企业能够把分布在不同区域和不同组织上的信息进行有机的集成与协调,使供应链活动同步进行。

二、生产计划与控制总体模型及其特点

根据前面的分析,我们提出供应链管理环境下的生产计划与控制总体模型,如图 7-3 所示。

(一)生产计划模式特点

(1) 本模型首次在 MRP Ⅱ 系统中提出了基于业务外包和资源外用的生产决策策略和算法模型,使生产计划与控制系统更适应以顾客需求为导向的多变的市场环境的需要。生产计划控制系统更加灵活,具有更大的柔性,更能适应订货型企业的需要。

(2) 传统的 MRP Ⅱ 系统中虽然有成本核算模块,但它仅仅是事后结算和分析,并没有真正起到成本计划与控制的作用。本模型把成本分析纳入生产作业计划决策过程中,真正体现了以成本为核心的生产经营思想,这是对 MRP Ⅱ 系统的一个改进。

(3) 基于该模型的生产计划与控制系统充分体现了关于供应链管理的思想,即基于价值增值与用户满意的供应链管理模式。

(二)生产控制模式的特点

在生产控制模式方面,供应链管理环境下的生产计划与控制总体模型也有一定的特色。

1. 订货决策与订单分解控制

在对用户订货与订单分解控制决策方面,该模型设立了订单控制系统,用户订单进入该

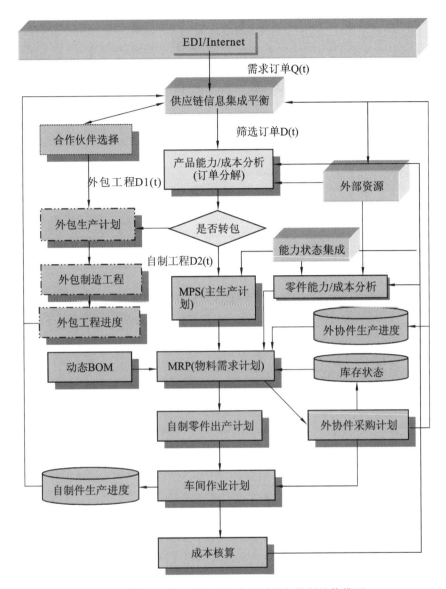

图 7-3 供应链管理环境下的生产计划与控制总体模型

系统后,要进行三个决策过程:①价格、成本比较分析;②交货期比较分析;③能力比较分析。最后进行订单的分解决策,分解产生出两种订单(在管理软件中用不同的工程号表示):外包订单和自制订单。图 7-4 所示为订货决策与订单分解控制示意图。

2. 面向对象、分布式、协调生产作业控制模式

从宏观上讲,企业是这样的对象体:它既是信息流、物流、资金流的始点,也是三者的终点。对生产型企业对象进行分析,企业由产品、设备、材料、人员、订单、发票、合同等等各种对象组成,企业之间最重要的联系纽带是"订单",企业内部及企业间的一切经营活动都是围绕着订单而运作,通过订单驱动企业其他方面的活动,如采购部门围绕采购订单而动,制造部门围绕制造订单而运作,装配部门围绕装配订单而运作,这就是供应链的订单驱动原理。

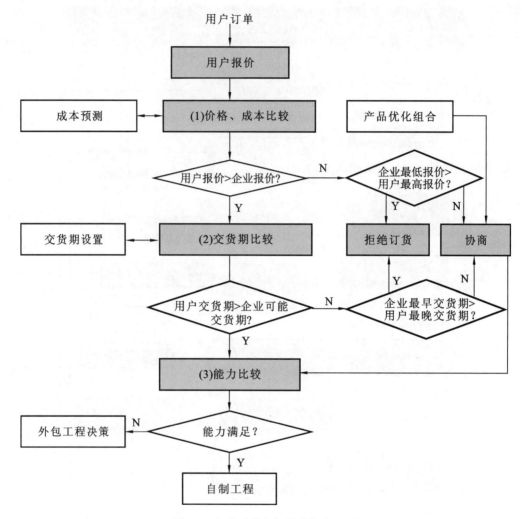

图 7-4 订货决策与订单分解流程图

面向对象的生产作业控制模式从订单概念的形成开始,就考虑了物流系统各目标之间的关系,形成面向订单对象的控制系统。订单在控制过程中,主要完成如下几个方面的任务:

(1) 对整个供应链过程(产供销)进行面向订单的监督和协调检查;
(2) 制定一个订单工程的计划完成日期和完成工作量度指标;
(3) 对订单工程对象的运行状态进行跟踪监控;
(4) 分析订单工程完成情况,与计划进行比较分析;
(5) 根据顾客需求变化和订单工程完成情况提出切实可行的改进措施。

订单控制过程可以用订单运行流程图简要说明(如图 7-5 所示)。

面向对象、分布式、协调生产作业控制模式有如下的特点:

(1) 体现了供应链的集成观点,从用户订单输入到订单完成,供应链各部门的工作紧紧围绕订单来运作;

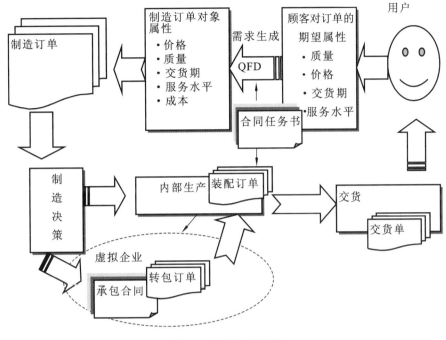

图 7-5 订单运行流程

(2) 业务流程和信息流保持一致,有利于供应链信息跟踪与维护;

(3) 资源的配置原则更为明确统一,有利于资源的合理利用和管理;

(4) 顾客需求订单转化为生产计划订单时采用模糊预测理论与 QFD 相结合的方式,使生产计划执行更靠近顾客需求;

(5) 体现了"X"模式的纵横一体化企业集成思想,在供应链的横向以订单驱动的方式,而在纵向则采用 MRP 基于资源约束的生产控制方法。

供应链管理环境下这种面向对象、分布式、协调生产作业控制模式,最主要的特点是信息的相互沟通与共享。建立供应链信息集成平台(协调信息的发布与接受),应及时反馈生产进度有关数据,修正生产计划,以保持供应链各企业都能同步执行。

第四节　合作计划、预测与补货计划体系

一、合作计划、预测与补货的概念

合作计划、预测与补货(collaborative planning,forecasting and replenishment,CPFR)是近来出现的供应链管理的一个新模式,用于供应链管理环境下的生产计划与控制方面,它能够克服单个企业独自制订计划带来的种种问题。

合作计划、预测与补货是一种供应链计划与运作管理的新的哲理,它应用一系列的处理和技术模型,覆盖整个供应链的合作过程,通过共同管理业务过程和共享信息来改善零售商

和供应商的伙伴关系,提高预测的准确度,最终达到提高供应链效率、减少库存和提高消费者满意程度的目的。CPFR有3个指导性原则:

(1) 供应链业务伙伴框架结构和运作过程以消费者为中心,并且面向价值链运作;

(2) 供应链业务伙伴共同负责开发单一、共享的消费者需求预测系统,这个系统驱动整个价值链计划;

(3) 供应链业务伙伴均承诺共享利益并在消除供应过程约束上共担风险。

二、CPFR的产生和发展

1995年,国际著名的商业零售连锁店沃尔玛及其供应商Warner Lambert、世界最大的企业管理软件商SAP、国际著名的供应链软件商Manugistics、美国著名的咨询公司Benchmarking Partners等5家公司联合成立了零售供应和需求链工作组(retail supply and demand chain working group),进行CPFR研究和探索,其目的是开发一组业务过程,使供应链中的成员能够利用它实现从零售商到制造企业之间的功能合作,显著改善预测准确度,降低成本、库存总量和现货百分比,发挥出供应链的全部效率。在实施CPFR后,Warner Lambert公司零售商品满足率从87%增加到98%,新增销售收入800万美元。在CPFR取得初步成功后,组成了由30多个单位参加的CPFR理事会,与自愿行业间商业标准(Voluntary Inter-industry Commerce Standards)理事会一起致力于CPFR的研究、标准制定、软件开发和推广应用工作。美国商业部资料表明,1997年美国零售商品供应链中的库存约为1万亿美元,CPFR理事会估计,通过全面成功实施CPFR可以减少这些库存中的15%~25%,即1500亿~2500亿美元。由于CPFR巨大的潜在效益和市场前景,一些著名的企业软件商,如SAP、Maugistics、Logility、PeoplSoft、I2 Technologies和Synara Software等公司都在开发CPFR软件系统和从事相关的服务。

三、CPFR与其他合作模式的关系

在CPFR提出之前,关于供应链伙伴的合作模式主要有合作预测与补给(aggregate forecasting and replenishment,AFR)和联合管理库存(jointly managed inventory,JMI)、供应商管理库存(vendor managed inventory,VMI)等。AFR是商业贸易伙伴交互作用中应用最广泛的方法,用于预测的核心数据来自于辛迪加数据和销售历史数据,采用制造者推动供应链的方法,AFR缺乏集成的供应链计划,可能会导致高库存或低订单满足率。VMI可以避免AFR的一些问题,VMI的一个关键技术是应用供应链的能力管理库存,这样需求和供应就能结合在一起,使制造商能够得到零售分销中心仓库返回数据和POS(point of sale)数据,并利用这些信息规划整个供应链的库存配置。VMI方法虽然有诸多优点,但缺乏系统集成。JMI预测与补给方法相对较新,它以消费者为中心,着眼于计划和执行更详细的业务,供应链经常应用工作组(team work)方法处理关键问题,使其在了解对方的运作和增强相互作用等方面得到改善,有助于发展贸易伙伴的信任关系。JMI在每个公司内增加了计划执行的集成,并在消费者服务水平、库存和成本管理方面取得了显著的效果,但JMI的建立和维护成本高。

四、CPFR 的业务模型

CPFR 的业务模型的业务活动可划分为计划、预测和补给三个阶段,包括 9 个主要流程活动。第一个阶段为计划,包括第 1、2 步;第二个阶段为预测,包括第 3~8 步;第三个阶段为补给,包括第 9 步。

第 1 步:供应链伙伴达成协议。

这一步是供应链合作伙伴包括零售商、分销商和制造商等为合作关系建立指南和规则,共同达成一个通用业务协议,包括合作的全面认识、合作目标、机密协议、资源授权、合作伙伴的任务和成绩的检测。

第 2 步:创建联合业务计划。

供应链合作伙伴相互交换战略和业务计划信息,以发展联合业务计划。合作伙伴首先建立合作伙伴关系战略,然后定义分类任务、目标和策略,并建立合作项目的管理简况(如订单最小批量、交货期、订单间隔等)。

第 3 步:建立销售预测。

利用零售商 POS 数据、因果关系信息、已计划事件信息产生一个支持共同业务计划的销售预测。

第 4 步:识别销售预测的例外情况。

识别分布在销售预测约束之外的项目,每个项目的例外准则需在第 1 步中得到认同。

第 5 步:销售预测例外项目的解决/合作。

通过查询共享数据、E-mail、电话、交谈、会议等解决销售预测例外情况,并将产生的变化提交给销售预测(第 3 步)。

第 6 步:建立订单预测。

合并 POS 数据、因果关系信息和库存策略,产生一个支持共享销售预测和共同业务计划的订单预测,提出分时间段的实际需求数量,并通过产品及接收地点反映库存目标。订单预测周期内的短期部分用于产生订单,长期部分用于计划。

第 7 步:识别订单预测的例外情况。

识别分布在订单预测约束之外的项目,例外准则在第 1 步已建立。

第 8 步:订单预测例外项目的解决/合作。

通过查询共享数据、E-mail、电话、交谈、会议等调查研究订单预测例外情况,并将产生的变化提交给订单预测(第 6 步)。

第 9 步:订单产生。

将订单预测转换为已承诺的订单,订单产生可由制造厂或分销商根据能力、系统和资源来完成。

上面建立了一个贸易伙伴框架结构,可用于创建一个消费者需求的单一预测,协同制造厂和零售商的订单周期,最终建立一个企业间的价值链环境,在获得最大赢利和消费者满意度的同时减少浪费和成本。

这里有一个成功的案例——汉高应用 CPFR 的成效。

汉高集团(Henkel)——西班牙大型清洁产品供应商,在 20 世纪 90 年代后期,集团深受订货预测和供应链管理实施乏力所困,存货水平高得无法接受,产品输出缓慢,运输效率低下。

通过分析,发现主要原因是集团没有连贯的系统,无法整合连续补充的预测计划,无法预测目标市场需求的确切数量,导致生产组织的盲目性。

1999年,汉高集团与西班牙最大的零售连锁集团Eroski一起,共同实施了CPFR。

Eroski以Consum品牌经营着47个大卖场、800个超级市场和2000多个特许经营超市。两家公司当时已有很多业务往来。但是,由于传统上的单打独斗的运作方式,汉高集团的销售预测中有50%的误差,缺货现象十分严重,而且为Eroski庞大的500家商店提供服务的中转仓库出货经常出错。实际上对两个企业都带来不利的影响。

针对这种情况,两个企业决定实施CPFR。为此,双方成立了一个小型的工作小组来开展工作。开始时,每周交换一次订货信息,每15天交换一次销售预测,每4个月交换一次促销计划表。为了提高合作效率,双方还开发了基于互联网的工作平台。

随着CPFR合作实验的进行,在1999—2000年间,平均误差从50%下降到5%。同时,控制在20%范围内的合理误差率的预测比率上升到75%。其他方面也取得了满意的效果:98%的客户满意度、5天的供货期、2%的缺货率、大于85%的预测可靠性、98%的卡车满载率,等等。

汉高集团与Eroski的CPFR的实践也并非一帆风顺。一开始面对的困难就是如何建立CPFR的复杂工作模式,如何打破双方保守的思维方式。其次是如何改变旧有的习惯,鼓励数据的自由流动。通过采取措施,两个企业逐步解决了这些问题,使CPFR的实践取得了预期的效果。

五、CPFR实施中的关键因素

在CPFR实施过程中,获得成功的关键因素有以下几个。

1. 以"双赢"的态度看待合作伙伴和供应链相互作用

企业必须了解整个供应链过程,以发现自己的信息和能力在何处有助于供应链,进而有益于最终消费者和供应链合作伙伴。换句话说,基于CPFR的供应链成功的一个关键是从"赢利/损失"的传统企业关系到"赢利/赢利"合作关系的转变。

2. 为供应链成功运作提供持续保证并共同承担责任

这是基于CPFR的供应链成功运作所必需的企业价值观。每个合作伙伴对供应链的保证、权限和能力不同,合作伙伴应能够调整其业务活动以适应这些不同。无论在哪个职责层,合作伙伴坚持其保证和责任将是供应链成功运作的关键。

3. 抵御转向机会

由于产品转向会较大地抑制合作伙伴协调需求和供应的能力,因此它不能与CPFR共存。抵御转向机会的一个关键是了解其短期效益与建立一个良好计划、低库存供应链的长期效益的差别。这也是对CPFR必要的信心和承诺的检验。

4. 建立跨企业、面向团队的供应链

团队不是一个新概念,建立跨企业的团队会造成一个新问题:团队成员可能参与其他团队,并与其合作伙伴的竞争对手合作。这些竞争对手互相有"赢利/损失"关系,团队联合的深度和交换信息的类型可能造成多个 CPFR 团队中人员的冲突。在这种情况下,必须有效地构建支持完整团队和个体关系的企业价值系统。

5. 制定和维护行业标准

企业价值系统的另一个重要组成部分是对行业标准的支持。每个企业有一个单独开发的过程,这会影响企业与合作伙伴的联合。行业标准必须既便于实行一致性,又允许企业间的不同,这样才能被有效应用。开发和评价这些标准,有利于合作伙伴的信息共享和合作。

第五节 供应链下多工厂生产计划优化

一、问题的提出

企业完成一份订单不能脱离上游供应商和下游分销商的支持,因此,在编制生产计划时要尽可能考虑供应链上的合作伙伴。另外,有的制造商可能在不同地域有多个工厂,每个工厂又有不同的生产能力,因此,在制订生产计划时,既要考虑不同企业的合作,又要考虑同一企业不同地域的生产工厂的能力及贴近市场的情况。这就是人们所说的多工厂条件下生产计划的制订问题。

任何企业在制订生产计划时都会考虑生产能力和资源的约束。过去,在传统生产管理思想的影响下,各个企业一般只能考虑本企业的生产能力及资源约束,没有将上下游企业的情况综合起来,因此,在完成一个最终市场所需要的订单时,整个供应链的总成本并不能达到最优。供应链管理理论出现之后,这种情况有所改善。现在,已有一些供应链上的核心企业在制订生产计划时,将供应链作为一个整体进行计划的优化,将供应链上的企业的生产能力与满足市场需求进行匹配。这样,就使得整个供应链在完成订单过程中总成本达到最低,合作伙伴共同分享节省下来的成本,大家共同受益。

二、供应链条件下多工厂生产计划模型

假设有一供应链系统如图 7-6 所示。该供应链上的核心制造商拥有两个生产厂,可由三家供应商提供零部件,生产出的产品可由三个仓储中心向两个市场分拨。现在的问题是,假定某一时刻获得了 C_1 和 C_2 两个市场的需求订单,制造商的管理人员应该如何制订一份生产计划,使得在满足两个市场需求量的情况下整个供应链的成本最低?

1. 符号约定

S_i——供应商 i 的生产能力,$i=1,2,\cdots,n$;

P_j——本企业工厂 j 的生产能力,$j=1,2,\cdots,m$;

W_k——仓储中心 k 的处理能力,$k=1,2,\cdots,v$;

C_p——市场 p 的需求量,$p=1,2,\cdots,x$;

FP_t——设置工厂 t 的固定成本,$t=1,2,\cdots,d$;

FW_u——设置仓储中心 u 的固定成本,$u=1,2,\cdots,e$;
S_{ij}——供应商 i 向工厂 j 交货的数量;
P_{jk}——工厂 j 向仓储中心 k 进货的数量;
W_{kp}——仓储中心 k 向市场 p 出货的数量。

图 7-6 中两个节点之间连线上的数字表示单位产品的运输成本(元/单位)。

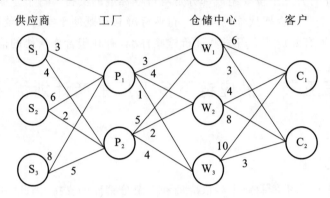

图 7-6　供应链管理环境下的多工厂生产系统

2. 供应链下生产计划优化算例

仍以如图 7-6 所示的供应链系统为例,假设已知如下数据:

$S_1=2000$ 单位,$S_2=3000$ 单位,$S_3=4000$ 单位;
$P_1=5000$ 单位,$P_2=6000$ 单位;
$W_1=4000$ 单位,$W_2=7000$ 单位,$W_3=2000$ 单位;
$C_1=4000$ 单位,$C_2=3000$ 单位;
$FP_1=500000$ 元,$PC_2=750000$ 元;
$FW_1=80000$ 元,$FW_2=60000$ 元,$FW_3=45000$ 元。

根据上述决策目标,给出以下目标函数及相关约束条件。

决策目标是使总成本最低,所以其目标函数为:

$$\min TC = 3S_{11}+4S_{12}+6S_{21}+2S_{22}+8S_{31}+5S_{32}+3P_{11}+4P_{12}+P_{13}+5P_{21}+2P_{22}+4P_{23}$$
$$+6W_{11}+3W_{12}+4W_{21}+8W_{22}+10W_{31}+3W_{32}+500000a+750000b+80000c$$
$$+60000d+45000e$$

约束条件分为供应约束、需求约束、仓储中心平衡约束、工厂生产能力平衡约束及其他相关约束条件,先分列如下。

供应约束:

对供应商　　$S_{11}+S_{12} \leqslant 2000$

　　　　　　$S_{21}+S_{22} \leqslant 3000$

　　　　　　$S_{31}+S_{32} \leqslant 4000$

对工厂　　　$P_{11}+P_{12}+P_{13} \leqslant 5000a$

　　　　　　$P_{21}+P_{22}+P_{23} \leqslant 6000b$

仓储中心　　　$W_{11}+W_{12} \leqslant 4000c$
　　　　　　　$W_{21}+W_{22} \leqslant 7000d$
　　　　　　　$W_{31}+W_{32} \leqslant 2000e$

需求约束：
　　　　　　　$W_{11}+W_{21}+W_{31} \geqslant 4000$
　　　　　　　$W_{12}+W_{22}+W_{32} \geqslant 3000$

仓储中心平衡约束：
　　　　　　　$P_{11}+P_{21}=W_{11}+W_{12}$
　　　　　　　$P_{12}+P_{22}=W_{21}+W_{22}$
　　　　　　　$P_{13}+P_{23}=W_{31}+W_{32}$

工厂生产平衡约束：
　　　　　　　$S_{11}+S_{21}+S_{31}=P_{11}+P_{12}+P_{13}$
　　　　　　　$S_{12}+S_{22}+S_{32}=P_{21}+P_{22}+P_{23}$

其他约束：
　　　　　　　a,b,c,d,e 为 0～1 变量，取 0 或 1

非负条件：
　　　　　　　$S_{ij} \geqslant 0$，　$P_{jk} \geqslant 0$，　$W_{kp} \geqslant 0$

以上模型建立起来之后，可以选择任何支持线性规划算法的软件进行求解。本例选用 LINGO8.0 版本，求出的结果为：

TC＝3×1000＋4×1000＋2×3000＋5×2000＋4×1000＋2×6000＋4×4000
　　＋8×3000＋500000＋750000＋60000＝1389000（元）

最优计划方案为：供应商 1 向工厂 1 提供 1000 单位的零部件、向工厂 2 提供 1000 单位的零部件，供应商 2 向工厂 2 提供 3000 单位的零部件，供应商 3 向工厂 2 提供 2000 单位的零部件。然后，工厂 1 向仓储中心 2 提供 1000 单位的产品，工厂 2 向仓储中心 2 提供 6000 单位的产品。最后，仓储中心 2 向市场 1 配送 4000 单位的产品、向市场 2 配送 3000 单位的产品。这样运作下来，总的成本（除原材料、直接生产成本）是 1389000 元，具体物流过程如图 7-7 所示。

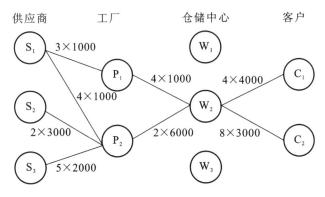

图 7-7　供应链管理环境下的多工厂生产计划优化结果

第六节　供应链环境下生产系统的协调机制

一、供应链的协调控制机制

要实现供应链的同步化运作,需要建立一种供应链的协调机制。协调供应链的目的在于使信息能无缝(seamless)地、顺畅地在供应链中传递,减少因信息失真而导致过量生产、过量库存现象的发生,使整个供应链能根据顾客的需求而步调一致,也就是使供应链获得同步化以响应市场需求变化。

供应链的协调机制有两种划分方法。根据协调的职能可划分为两类:一是不同职能活动之间的协调与集成,如生产-供应协调、生产-销售协调、库存-销售协调等协调关系;另一类是对同一职能不同层次活动的协调,如多个工厂之间的生产协调。根据协调的内容划分,供应链的协调可划分为信息协调和非信息协调。

二、供应链的协调控制模式

供应链的协调控制模式分为中心化协调、分散化协调和混合式协调三种。中心化协调控制模式把供应链作为一个整体纳入一个系统,采用集中方式决策,因而忽视了代理的自主性,也容易导致"组合约束爆炸",对不确定性的反应比较迟缓,很难适应市场需求的变化。分散化协调控制过分强调代理模块的独立性,对资源的共享程度低,缺乏沟通与交流,很难做到供应链的同步化。比较好的控制模式是分散与集中相结合的混合模式。各个代理一方面保持各自的独立性,另一方面参与整个供应链的同步化运作体系,保持了独立性与协调性的统一。

三、供应链的信息跟踪机制

供应链各个代理之间的关系是服务与被服务的关系,服务信号的跟踪和反馈机制可使企业生产与供应关系同步进行,消除不确定性对供应链的影响。因此应该在供应链系统中建立服务跟踪机制以降低不确定性对供应链同步化的影响。

供应链的服务跟踪机制为供应链提供两方面的协调辅助:信息协调和非信息协调。非信息协调主要指完善供应链运作所需的实物供需条件,多采用JIT生产与采购、运输调度等;信息协调主要通过企业之间的生产进度的跟踪与反馈来协调各个企业的生产进度,保证按时完成用户的订单,及时交货。

供应链企业在生产系统中使用跟踪机制的根本目的是保证对下游企业的服务质量。只有在企业集成化管理的条件下,跟踪机制才能够发挥其最大的作用。跟踪机制在企业内部表现为客户(上游企业)的相关信息在企业生产系统中的渗透。其中,客户的需求信息(订单)成为贯穿企业生产系统的一条线索,成为生产计划、生产控制、物资供应相互衔接、协调的手段。

(一) 跟踪机制的外部运行环境

跟踪机制的提出与对供应链管理的深入研究密不可分。供应链管理下企业间的信息集成从以下几个部门展开。

1. 采购部门与销售部门

采购部门与销售部门是企业间传递需求信息的接口。需求信息总是沿着供应链从下游传至上游，从一个企业的采购部门传向另一个企业的销售部门。由于我们讨论的是供应链管理下的销售与采购环节，稳定而长期的供应关系是必备的前提，所以可将注意力集中在需求信息的传递上。

从常规来看，企业的销售部门应该对产品交货的全过程负责，即从订单下达到企业开始直到交货完毕的全过程。然而，在供应链管理下的战略伙伴关系建立以后，销售部门的职能简化了。销售部门在供应链上下游企业间的作用仅仅是一个信息的接口。它负责接收和管理有关下游企业需求的一切信息。除了单纯意义上的订单外，还有下游企业对产品的个性化要求，如质量、规格、交货渠道、交货方式等等。这些信息是企业其他部门开展工作所必需的。

同销售部门一样，采购部门的职责也得以简化。采购部门原有的工作是保证生产所需的物资供应。它不仅要下达采购订单，还要确保采购物资保质保量按时入库。在供应链管理环境下，采购部门的主要工作是将生产计划中的采购计划转换为需求信息，以电子订单的形式传达给上游企业。同时，它还要从销售部门获取与所采购的零部件和原材料相关的客户个性化要求，并传达给上游企业。

2. 制造部门

制造部门的任务不仅仅是生产，还包括对采购物资的接收以及按计划供应配套件给下游企业。在这里，制造部门实际上兼具运输服务和仓储管理两项辅助功能。制造部门能够完成如此复杂的工作，原因在于生产计划部门对上下游企业的信息进行了有效的集成，同时也依赖于战略伙伴关系中的质量保证体系。

此外，制造部门还担负着在制造过程中实时收集订单的生产进度信息，经过分析后提供给生产计划部门的任务。

3. 生产计划部门

在集成化管理中，企业的生产计划部门肩负着大量的工作。企业生产计划部门集成了来自上下游生产计划部门、企业自身的销售部门和制造部门的信息。其主要功能如下。

1) 滚动编制生产计划的功能

来自销售部门的新增订单信息、来自企业制造部门的订单生产进度信息、来自上游企业的外购物资的生产计划信息，以及来自上游企业的需求变动信息，这四部分信息共同构成了企业滚动编制生产计划的信息支柱。

2) 保证对下游企业的产品供应的功能

下游企业的订单并非一成不变的，从订单到达时起，供方和需方的内外环境就一直不断变化着，最终的供应时间实际上是双方不断协调的结果，其协调的工具就是双方不断滚动更新的生产计划。生产计划部门按照最终的协议指示制造部门供应下游企业。这种供应是与下游企业生产计划相匹配的准时供应。由于生产出来的产品不断发往下游企业，制造部门不会有过多的在制品和成品库存压力。

3) 保证上游企业对本企业的供应

这一功能是与上一功能相对应的。生产计划部门在制造部门提供的实时生产进度分析的基础上，结合上游企业传来的生产计划（生产进度分析）信息，与上游企业协商确定各批订单的准确供货时间。上游企业按照约定的时间将物资发送到本企业。采购零部件和原材料的准时供应降低了制造部门的库存压力。

图 7-8 所示为跟踪机制运行环境示意图。

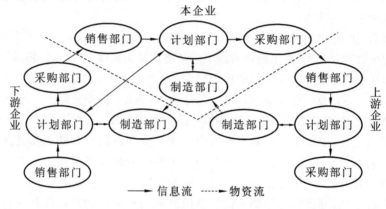

图 7-8　跟踪机制运行环境

（二）生产计划中的跟踪机制

1. 建立订单档案

在接到下游企业的订单后，建立针对上游企业的订单档案，其中包含了用户对产品的个性化要求，如规格、质量、交货期、交货方式等具体内容。

2. 外包订单跟踪分析

对于外包给合作企业的计划，要实时进行分析，根据计划执行情况采取相关措施。

3. 车间作业计划跟踪分析

车间作业计划用于指导具体的生产活动，具有高度的复杂性，一般难以严格按订单的划分来调度生产，但可要求在加工路线单上注明本批生产任务的相关订单信息和相关度信息。在整个生产过程中实时地收集和反馈订单的生产数据，为跟踪机制的运行提供来自基层的数据。

4. 采购计划跟踪分析

采购部门接收的是按订单下达的采购信息，他们可以使用不同的采购策略来完成采购计划。订单的作用主要体现在以下几个方面。

（1）将采购部门与销售部门联系起来。下游企业的个性化要求可能涉及原材料和零部件的采购，采购部门可以利用订单查询这一信息，并提供给各上游企业。

（2）建立需求与生产间的联系。采购部门的重要任务之一就是建立上游企业的生产过程与本企业订单的对应关系。在这一条件下，企业可以了解到订单生产所需要的物资在上游企业中的生产情况,还可以给上游企业提供准确的供货时间。

(三)生产进度控制中的跟踪机制

生产控制是生产管理的重要职能,是实现生产计划和生产作业管理的重要手段。虽然生产计划和生产作业计划对生产活动已做了比较周密而具体的安排,但随着时间的推移,市场需求往往会发生变化。此外,由于各种生产准备工作不周全或生产现场偶然因素的影响,也会使计划产量和实际产量之间产生差异。因此,必须及时对生产过程进行监督和检查,发现偏差,进行调节和校正,以保证计划目标的实现。

本部分主要讨论内嵌于生产控制中的跟踪机制及其作用。生产控制有许多具体的内容,我们仅以具有普遍意义的生产进度控制作为讨论的对象。

生产进度控制的主要任务是依照预先制订的作业计划,检查各种零部件的投入和产出时间、数量以及配套性,保证产品能准时产出,按照订单上承诺的交货期将产品准时送到用户手中。

由于建立了生产计划中的跟踪机制,生产进度控制中的相应工作就是在加工路线单中保留了订单信息。此外,在生产进度控制中运用了多种分析方法,如在生产预计分析中的差额推算法,生产均衡性控制中的均衡系数法,生产成套性控制中的甘特图等等。这些方法同样可以运用到跟踪机制中,只不过分析的目标不再仅是计划的执行状况,还包括了对各子订单的分析。

在没有跟踪机制的生产系统中,由于生产计划隐去了子订单信息,生产控制系统无法识别生产过程与子订单的关系,也无法将不同的子订单区别开来,因此仅能控制产品按计划投入和产出。使用跟踪机制的作用在于对子订单的生产实施控制,保证对客户的服务质量。

(1) 按优先级保证对客户的产品供应。子订单是订单的细化,保证子订单的准时完工才能保证订单的准时完工,这也就意味着对客户服务质量的保证。在一个企业中不同的子订单总是有着大量的相同或类似的零部件同时进行加工。在车间生产的复杂情况下,由于生产实际与生产计划的偏差,在制品未能按时到位的情况经常发生。在产品结构树中低层零部件的缺件破坏了生产的成套性,必将导致高层零部件的生产计划无法执行,这是一个逐层向上的恶性循环。

较好的办法是将这种可能产生的混乱限制在优先级较低的子订单内,保证优先级较高的子订单的生产成套性。在发生意外情况时,总是使意外发生在优先级较低的子订单内,从而使优先级较高的子订单能够获得物资上的保证。在订单的优先级不断上升的情况下,总是优先保证优先级较高的订单,必然能够保证对客户的服务质量。相反,在不能区分子订单的条件下无法使用这种方法。"拆东墙补西墙"式的生产调度,会导致在同一时间加工却在不同时间使用的零部件互相挤占,为后续生产造成隐患。

(2) 保证在企业间集成化管理的条件下下游企业所需要的实时计划信息。对于本企业而言,这一要求就意味着使用精确实时的生产进度数据修正预订单项对应的每一个子订单的相关计划记录,保持生产计划的有效性。在没有相应的跟踪机制的情况下,同一个生产计划、同一批半成品都可能对应着多份订单,实际上无法度量具体订单的生产进度。可见,生产控制系统必须建立跟踪机制才能实现面向订单的数据搜集,生产计划系统才能够获得必要的信息以实现面向用户的实时计划修正。

【本章关键术语】

生产计划与控制　供应链协同计划　集成生产计划与控制系统　多工厂计划模式　协调控制机制　协调控制模式　信息跟踪机制　合作计划、预测与补货(CPFR)

【本章思考与练习题】

1. 经典生产组织的特点包括哪些？供应链管理环境下生产计划与控制又具有哪些特点？相互之间有什么区别？
2. 供应链管理环境下的同步生产组织的特点是什么？组织同步生产应该遵循什么原则？
3. 应从哪几个方面入手建立供应链管理环境下同步生产组织的协调机制？
4. 供应链管理环境下企业间的信息集成主要从哪几个部门之间展开？举例说明。
5. 合作计划、预测与补货核心思想是什么？实施CPFR的难点是什么？如何才能有效应用CPFR？
6. 多工厂生产计划优化的意义何在？落实多工厂生产计划的困难有哪些？

【经典案例】

海尔供应链整体生产能力的战略部署

一、引言

2005年8月12日，海尔物流中心负责人王其林走出了公司副总裁的办公室，他依然沉浸在刚才向副总裁汇报工作的兴奋中，对于海尔实行物流再造以来所取得的效益，上级给了高度的评价，对于接下来的挑战他充满了信心。

海尔集团自1999年开始成功地进行了以"市场链"为纽带的业务流程再造，从而取得了非常可观的效益，但海尔物流与未来企业发展要求相比仍存在差距，从这个意义上说，海尔物流依然任重道远。要想更好地解决成本、速度、收益等众多问题，还必须在物流运作上做文章。作为一个海尔人，王其林又一次陷入了深深的思考之中。

二、海尔公司背景

海尔集团是在1984年引进德国利勃海尔电冰箱生产技术成立的青岛电冰箱总厂基础上发展起来的国有特大型企业。经过短短十多年的时间，海尔集团从一个亏空147万元的集体小厂迅速成长为拥有白色家电、黑色家电、米色家电在内的 96 大门类 15100 多个规格的产品群,并出口到世界 100 多个国家和地区的企业。2004 年,海尔全球营业额突破 1016 亿元,蝉联中国最有价值品牌第一名,品牌价值高达 616 亿元。由世界品牌实验室(World Brand Lab)独家编制的 2005 年度"世界品牌 500 强"排行榜于 2005 年 4 月 18 日揭晓,海尔再次入围世界品牌百强,荣居第 89 位。2005 年 8 月 30 日,英国金融时报公布"中国十大世界级品牌"调查结果,海尔荣居榜首。

为应对网络经济和加入 WTO 的挑战,海尔从 1998 年开始实施以市场链为纽带的业务流程再造。第一个五年中,海尔主要实现组织结构的再造,改变传统企业金字塔式的直线职能结构为扁平化、信息化和网络化的市场链流程,以订单信息流为中心带动物流、资金流的运动,加快了与用户零距离、产品零库存和零营运资本"三个零"目标的实现。目前海尔是这样布置物流的:海尔的 7 个工业园主要分为三个部分:①以青岛地区的工业企业及周边的工厂为出口基地,利用廉价的劳动力,利用成本低廉的海运进行出口;②以合肥为主的工业园包括在广东、贵州的工厂,形成本地化的生产基地,节省物流成本;③以美国工厂为代表的包括其他海外 10 个工厂,形成本土物流,基地、生产、采购、销售全部本土化,使物流成本大幅度降低。

海尔物流明显类似美国物流中央化的模式,在实施的初期,收到比较好的效果,物流本部成立前,海尔的库存时间为 30 天,经过一年的努力,2001 年,库存时间减至 13 天,2002 年,海尔的目标是将库存占用资金从 15 个亿降为 3 个亿。从库存占用资金和采购资金的减少反映出物流成本的降低。海尔物流本部将分散在各个产品事业部的采购业务合并,实施统一采购,以达到在最低成本下实施 JIT 采购。大到几百元的设备,小到办公用品如螺丝钉、圆珠笔等进行统一采购操作,实施统一采购后使部分零部件降价达 5%~8%。

在取得收益的同时,海尔努力想使物流运作在自己控制掌握下,但是由于中国国情、物流基础、实际运作等方面与海尔的设想出现了偏差,使海尔在运行 2 年后出现了成本、速度、收益等众多问题。

为了保证海尔订单牵引模式向纵深发展,在今后的市场竞争中如何保证其生产发展所需要的生产能力就成为其战略问题之一。

三、海尔的产业链运作模式

1. 海尔 JIT 采购

海尔物流整合了集团内分散在 28 个产品事业部的采购、原材料仓储配送,通过整合内部资源来获取更优的外部资源,建立起强大的供应链资源网络。供应商的结构得到根本的优化,能够参与到前端设计与开发的国际化供应商比例从整合前的不到 20% 提高到目前的 82%,GE、爱默生、巴斯夫、DOW 等 59 家世界五百强企业都已成为海尔的合作伙伴。

海尔实行并行工程,一批跨国公司以其高科技和新技术参与到海尔产品的前端设计中,不但保证了海尔产品技术的领先性,增加了产品的技术含量,同时大大加快了开发速度。

海尔采购订单滚动下达供应商,一般的订单交付周期为10天,加急订单为7天。战略性物资如钢材,每个月采购一次,但每三个月与供应商谈判协商价格。另有一些供应商通过寄售等方式为海尔供应物资,即将物资存放在海尔物流中心,在海尔使用后才结算,供应商可通过B2B网站查询寄售物资的使用情况,海尔不收取寄售订单的仓储费用。

JIT采购要考虑销售的淡季和旺季问题,在旺季之前要提前预算,目前,海尔一个月的预测精度可达到80%,三个月的预测精度为50%。另外,海尔的JIT采购一般不能退货,无逆向物流,不能取消订单。

2. 海尔供应商管理

海尔从1998年开始进行供应商网络的优化,打散原来的供应商体系,重新选择供应商,以形成强强联合、合作共赢。海尔的供应商从2200多家优化到721家,其中世界500强企业有59家,从侧重质量转向侧重全过程的激励与控制。对供应商的主要激励措施是通过配额分配,配额比例由原来的根据人工统计数字决定到现在的由系统根据质量考评、供货考评和价格排名三个综合因素决定;而价格排名根据BBP(电子商务采购)平台网上招标的结果来确定。

海尔对供应商资源整合带来的效益显而易见,不仅可以采购到高质量的零部件,还给海尔带来了巨大的经济效益,仅1999年当年降低的采购成本就达5亿元,2001年在1999年的基础上又降了10亿元。

海尔对供应商的评价主要侧重质量、成本、交货期、能否参与到早期设计过程等方面,具体考核指标包括设计控制、文件和资料控制、采购和仓库、顾客提供物资、产品标识和可追溯性、工序控制、检验与试验、内部质量审核、培训等九个方面。而对供应商的评价包含在对供应商的质量体系的考核评价里面。海尔对三个月绩效不合格的供应商进行严格淘汰,对存在一定问题的供应商,要求其进行整改保障供货的准时性。

3. 海尔电子采购平台

海尔物流与供应商还搭建起了公平、互动、双赢的采购协作平台。在企业外部,CRM(客户关系管理)与BBP平台搭建起企业与用户、企业与供应商沟通的桥梁。通过海尔的BBP平台,所有的供应商均在网上接收订单,并通过网上查询计划与库存状态,及时补货,实现JIT供货;供应商在网上还可接收图纸与技术资料,使技术资料的传递时间缩短了一倍;另外,海尔与招商银行联合,与供应商实现网上货款支付(实现网络结算的供应商占70%~80%),一方面付款及时率与准确率均达到100%,另一方面每年可为供应商节约上千万元费用。通过BBP平台,海尔不但加快了整条供应链的反应速度,而且与供应商真正实现了双赢。

日前,海尔又搭建起了全球网上招标平台(www.ihaier.com),使全球供应商可以在网上注册登记,查看合作招标项目,在线模拟招标,在线招投标,网上反向拍卖(海尔大部分零部件价格通过网上招标和反拍卖实现)、网上查询招标公示……全球网上招标平台建成后,不仅使海尔供应商网络能力迅速提高,而且实现了公平、公开、公正的招标原则,提高了招标过程的透明化程度,使海尔能广纳全球网络资源,提升企业的核心竞争力。

通过海尔的电子采购平台,物流本部缩短了订单周期,提高了及时性、准确性。以前,从收到计划到把采购订单下到供应商手中需要5~7天,现在,供应商第2天就可以到BBP网站上查看从ERP系统自动传到BBP系统中的采购订单并打印送货单,准确率比以前大大提高。

4. 海尔产业链供应模式

随着海尔经营规模的扩大和流程再造,海尔物流从2001年开始,除不断优化内部的供应链外,在产业链的上游,海尔打破了与分供方之间传统的买卖关系,在青岛、合肥、大连、武汉、贵州等制造基地建设以海尔为中心的产业链,引进爱默生、三洋等数十家国际顶尖供应商在当地投资建厂,建立配套工业园,而供应商可以直接参与海尔的产品设计,一个具有世界竞争力的家电优势产业集群初步形成,全球供应链资源网的整合使海尔获得了快速满足用户需求的能力。

截止到2004年底,海尔在青岛城区与开发区等周边地区累计引进供应商74家,其中国外企业33家(位于胶州的海尔国际工业园已经聚集了三洋压缩机、爱默生电机等20多家国际化分供商),国内行业龙头企业24家;其中从珠三角地区吸引企业14家,从长三角地区吸引企业5家;组件、部件配套企业12家,零部件配套企业55家,原材料配套企业7家。累计引进资金42.5亿元,解决劳动力就业近4万人。

海尔的产业链建设通过工业园的布局模式可以体现产业链供应模式的规模效应和集群效应。未来的海尔工业园布局模式如图7-9所示,供应商位于海尔工业园内,与海尔的生产线之间仅一个大棚之隔,供应商零部件生产完成后,可以利用专用的工装容器,直接通过工厂之间的运输通道准时运送到海尔的生产线,提高供应的准时性,体现海尔"以时间消灭空间"的理念。

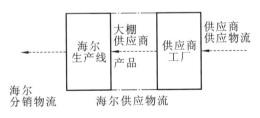

图7-9 海尔工业园产业链布局模式示意图

2004年以前,海尔主要吸引供应商在周边建厂,2004年开始,海尔自己购买土地建厂房租给供应商,提高工业园的吸引力。而海尔品牌和供应商的集群可以进一步提升双方的速度竞争优势、成本竞争优势和市场竞争优势;对于海尔而言,可以依靠其强大的研发和制造优势,保证海尔产品技术的领先性,增加产品的技术含量,保持自己的发展优势。

对于海尔内部来讲,产业链的建设使海尔供应链的响应速度更快、成本更低,在竞争中不断超越竞争对手。供应商在周边地区建厂后,由于距离的缩短,实现了 JIT 供货,园区内的供应商完成生产之后,直接向海尔的生产线按订单补货,实现线到线(line to line)的供货,以最快的速度响应全球用户的订单;同时供应商参与到海尔产品的前端设计与开发中,使海尔能够根据用户的需求与供应商零距离沟通,保障了海尔整机技术的领先性,如爱默生参与到海尔洗衣机电机的开发中,形成技术领先的变频洗衣机;三洋参与到海尔冰箱的设计开发中,变频冰箱技术领先创造了市场;另外一些电源线、电脑钣厂参与到海尔标准化的整合工作中,使海尔零部件的数量大大减少,通用化大大提高,增强了海尔成本的竞争力;由于零距离的响应,在物流成本与物流质量方面实现了零库存与零缺陷,做到了与供应商的双赢,整条供应链的竞争力增强。

对于海尔的供应商来讲,通过与海尔合作可享受到青岛市提供的优惠产业政策并实现了与海尔的零距离,一方面可以提高质量、成本、交货期的竞争力,不但获得更多、更稳定的海尔内部的大订单,而且还可获得全球其他企业的订单,保证了较高的赢利水平;另一方面,其新材料与新技术可以优先应用到海尔的各种产品上,实现了技术优先转化为生产力,大大提高了其本身的竞争力。

海尔通过近 7 年家电产业链的建设,在青岛周边地区的家电产业链形成了以下的特点。

(1) 中国北方最大的家电用压缩机配套基地,年产压缩机 1200 万台。

(2) 全国最大的家电用塑料加工配套基地,塑料配套的加工能力达到 15 万吨。

(3) 全国最大的家电用钣金加工配套基地,钣金配套的加工能力达到 35 万吨。

(4) 全国家电最完整的产业链,能够垂直整合 5 层上下游的供应商。

(5) 产业链到产业平台逐步升级,初步融入大青岛的跨国采购中心的框架中。海尔产业链各环节的供应商出口份额逐年增加,海尔物流全球采购额不断扩大,这些均与大青岛的跨国采购迅速接轨,形成产业链带动跨国采购与出口的半岛产业平台。

对于青岛市政府来讲,通过创造一流的投资环境,使青岛逐步形成家电产业链制造基地,不但发展了当地经济,而且增加了当地的就业。2004 年,海尔在青岛地区的采购额达 244 亿元,仅当地化配套就占 51%,使青岛、山东成为全国家电零部件制造聚集的强市与强省;另一方面,随着海尔配套厂的逐步扩大,一些研发中心也纷纷转移到青岛,如爱默生已经将全球电机的研发中心逐步转移到青岛,使青岛制造基地的技术水平不断提升。

问题讨论:

从海尔的供应链整体能力战略布局的做法来看,你认为真正发挥这种产业链的作用能够给供应链管理绩效水平带来哪些作用?有没有风险?怎样消除潜在的风险?

第八章 供应链管理环境下的物流管理

本章重点理论与问题

> 在整个供应链系统中,物流是必不可少的部分。从某种角度来讲,物流是基础,没有物流就无法顺利进行采购和销售,也无法顺利进行生产和财务管理。供应链物流管理指的是利用供应链管理思想,实施对供应链物流活动的组织、计划、协调与控制。作为一种共生型物流管理模式,供应链物流管理强调供应链成员组织不再孤立地优化自身的物流活动,而是通过协作、协调与协同,提高供应链物流的整体效率,最终达到供应链成员整体获益的目的。通过本章的学习,读者能掌握物流的概念、分类、功能,了解物流概念的发展历史,掌握物流网络在供应链管理中的重要性,从企业物流和物流企业(第三方物流企业)两个角度掌握物流管理的具体运作,掌握供应链物流的组织与管理。

第一节 物流管理的基本概念

一、引言

供应链管理是对供应链中的信息流、物流、商流、资金流、工作流以及合作伙伴关系等活动进行设计、组织和控制的过程。近年来,供应链管理与物流网络的问题越来越受到重视。十几年前,物流管理还不像企业的核心职能(如设计、制造、销售等)那样受重视,但现在人们已经认识到,未来企业竞争的成功不仅在于产品不断更新换代以满足客户需求,而且还要看其物流管理的水平,供应链管理的重点之一就在于对物流活动的管理。

消费者购买产品不仅会考虑产品本身的使用质量,而且会考虑服务质量。因此,供应链管理就要提供一个从供应商到用户的物流业务过程,以保证在正确的时间、为正确的用户提供满足要求的合适的产品。供应链管理的目的就在于控制供应链每一层次之间的物料流和信息流,使供应链的效率最大化,最终达到满足用户需求的目的。现代物流管理强调用户与供应商的接口之间协调运行,强调把供应商和用户更多地融入企业策略和管理决策中,以强化联系和整合供应链。供应链与物流网络的有效集成整合是未来的发展趋势。

过去,物流与供应链管理一直是独自在各自的产业界讨论与应用。直到最近几年,随着世界经济、信息技术和物流实践的迅速发展,业界人士才开始从整体上认识物流,将内外部物流结合,将物流的若干要素有机地联系在一起,追求物流网络的总体效果。供应链管理强调的就是物流网络中内外物流元素的结合。

二、物流管理的定义

物流的英文为"logistics management",本意指的是后勤管理。1993年版《韦氏词典》对物流的解释是:军事科学的分支,包括物资、人员和设备的获得、维护和运输。美国军方文件《JCS Pub 1-02 excerpt》的解释是:对运输和后勤保障资源的计划与执行的科学,包括军用物资调度的设计与开发,军用物资的采购、储存、运送、维护,人员和物资装备储运中心的建设、维修等。显而易见,logistics management指的就是军事后勤的管理。由于企业在市场上的竞争除了生产与销售以外,也需要有一个强有力的支持和保障系统,因此,人们借鉴了军事后勤管理的理论与方法,将其移植到企业管理领域来了。同时,为了便于理解和接受,企业界人士根据后勤管理的对象主要是原材料、零部件、产成品的流动过程及伴随的服务,因此形象地称其为物流,而且重新给出了定义。

作为社会经济活动和企业管理中的概念,目前在国际上比较流行的是美国供应链管理专业协会(Council of Supply Chain Management Professional,CSCMP)对logistics management 的定义。美国供应链管理专业协会的前身是美国物流管理协会(Council of Logistics Management,CLM)。1985年,美国物流管理协会对物流的定义为:物流是以满足客户需求为目的,以高效和经济的手段来组织原料、在制品、制成品以及相关信息从供应到消费的运动和存储的计划、执行和控制的过程。1991年,美国物流管理协会将1985年定义中的"原料、在制品、制成品"修改为"产品、服务"。1998年,美国物流管理协会又在1991年定义的开头加上"物流是供应链过程的一部分"。现在,美国供应链管理专业协会对物流的定义是:物流是供应链过程的一部分,是以满足客户需求为目的,以高效和经济的手段来组织产品、服务以及相关信息从供应到消费的运动和存储的计划、执行和控制的过程。

欧洲物流协会对物流的定义为:物流是在一个系统内对人员或商品的运输、安排及与此相关的支持活动的计划、执行与控制,以达到特定的目的。

日本对物流的定义为:物流是物质资料从供给者向需求者的物理性移动,是创造时间性、场所性价值的经济活动。从物流涉及的范畴来看,包括包装、装卸、保管、库存管理、流通加工、运输、配送等各种活动。如果不经过此过程,物就不能移动。

英国著名物流专家马丁·克里斯托弗教授在他的物流定义中更多地强调了物流对企业经营的重要性:物流是战略性地管理原材料、零部件及产成品的采购、移动及储存(包括相关信息流)的过程,它贯穿整个企业及其营销渠道,以合理的成本满足客户需求,使企业目前和将来的盈利能力最大化。

我国关于物流的定义在《物流术语》(GB/T 18354—2006)中给出的是:物品从供应地向接收地的实体流动过程。根据实际需要,将运输、储存、装卸、搬运、包装、流通加工、配送、回收、信息处理等基本功能实施有机结合。

本书对物流管理的定义是:物流是供应链管理的一个组成部分,是对供应链上各种物料(包括原材料、零部件、产成品)、服务及信息从起始点到终点流动过程的计划、组织和控制活动的总称,它充分运用信息技术,将运输、仓储、装卸、加工、整理、配送等有机结合,以合理的价格为用户提供一体化的综合服务。

各国对物流管理的定义虽然表述不同,却都包含了以下基本内容。

(1) 物流产生的目的是为了满足消费者的需求,或为了全面实现某一个战略、目标或任务。

(2) 物流是一个空间上的物理性移动过程,存在一个起点和一个终点,并且从起点到终点的物理性移动过程包括几个基本的环节:装卸、运输、供应、仓储、采购。

(3) 物流过程中移动的主体是货物及与之相关的信息。这里,货物包括原材料、中间过程的库存、最终产品;相关信息包括在流通过程中发生的必需的各种单证、消费者需要的各种信息和物流活动管理者需要的各种信息。

(4) 物流是一种管理活动,必须进行恰当的计划、实施与控制,确保物流过程中各个环节功能最优化,保证物流过程的有效性。

(5) 物流管理的分析方法是把一个企业乃至一个供应链作为一个有机的整体来研究。企业的各个部门间、供应链上的各企业间存在着相互影响、相互制约的关系,物流分析的方法就是充分考虑到这种互动关系,从系统的角度来分析问题。如一个企业的储运部门运作出现问题,其根本原因可能不在该部门内部,而有可能是生产部门或销售部门的问题所造成的,这就为解决问题提供了新的思路和方法。

(6) 加强物流管理是对企业或供应链进行整体优化。由于在企业或供应链中存在上述互动关系,在进行物流管理优化时就强调要注意避免造成局部最优而总体次优的情况。典型的例子就是运输与仓储成本的相互关系,过分地强调节约运输成本可能造成库存及仓储成本的增加,特别是目前在企业经营遍及全球、产品生命周期不断缩短的情况下,其结果可能是总成本的增加。

通常,可以这样理解物流,物流是指经济主体为满足顾客的需求或其他目标,所发生的从供应起点到需求终点的物质、服务以及信息的流动过程,以及为使该过程有效、低成本地进行而从事的计划、实施和控制行为。

三、物流管理的发展

物流管理的概念是在发展过程中不断变化和完善的。追溯物流管理概念和理论的发展历史,目前学术界有两种主要观点,认为物流管理发展有两条主线。

1. 源自"physical distribution"的发展

最早出现的"physical distribution"(可以译为配送,也有人将其译为物流,但指的是流通领域里的分销过程的活动,简称PD)概念,是1921年由美国学者阿奇·萧在《市场流通中的若干问题》(《Some Problem in Market Distribution》)一书中提出的。同一时期,英国的利费哈姆勋爵成立了即时送货股份有限公司,其宗旨是在全国范围内把商品及时送到批发商、零售商以及用户的手中,这一举动被一些物流学者誉为有关"物流活动的早期文献记录"。

1935年,美国销售协会最早对PD进行了定义:physical distribution是包含于销售之中的物质资料和服务,是从生产地到消费地点流动过程中所伴随的种种活动。

20世纪50—70年代,物流研究的对象主要是与商品销售有关的实体运动。因此,通常仍然采用PD一词。

1956年,日本通产省派人员到美国考察,发现日本称为"流通技术"的内容相当于美国

physical distribution 的内容,从此便把流通技术按照美国的简称叫做 PD,使 PD 这个术语得到了广泛的使用。1964 年,日本池田内阁将 PD 改称为"物的流通",简称"物流",并在日本政府文件中正式采用。

2. 源自"logistics"的发展

第二次世界大战期间,美国在对军用物资进行的战时供应中,首先采用了后勤管理这一概念,对军用物资的运输、补给、屯集等进行全面管理。从此,后勤管理逐渐形成了单独的学科。其特点是应用运筹学和管理学的理论和方法,对军事上的后勤活动进行计划和优化管理。第二次世界大战结束后,后勤管理方法被引入企业管理领域,称为"business logistics management",其定义是"包括原材料的流通、产品分配、运输、购买与库存控制、储存、用户服务等业务活动",其领域统括原材料采购、生产管理和产品销售。如果把市场竞争看作战场上的战斗的话,那么原材料的采购、产品分配、运输、库存控制、储存、用户服务等业务活动就是支持这种战斗的庞大的"后勤"系统。一个企业的产品是否有竞争力,不仅要看它的产品性能、市场营销等方面的优势,还要看它能否支持整个竞争活动的"后勤"系统,即现在人们所说的物流系统。

与 physical distribution 相比,logistics 的概念较宽广、连贯,更具整体性,作为一种管理理念和方法更加适应经济发展的需要。而 physical distribution 的概念则较狭窄,一般限于销售领域,随着经济活动实践越来越深入,其局限性也逐渐凸显。多年的研究和实践都证明,企业要取得经济效益,仅关注销售领域是不够的,必须有更大的系统和更强的综合战略,即在销售领域之外的生产和生产之前的供应领域内也存在着改善管理的潜力,需要在更宽泛的领域内建立新的概念。logistics 正是这样一个新概念。

1986 年,美国全国配送管理协会(National Council of Physical Distribution Management,NCPDM)正式改名为美国物流管理协会,即 physical distribution 概念发展为 logistics 概念。此后,包括日本在内的其他国家对 PD 概念的理解就基本演进到 logistics 的概念上。2005 年,美国物流管理协会又一次更名为供应链管理专业协会。

四、物流的分类

按照不同的标准,物流可作不同的分类。通常物流可以按以下几种方式分类。

1. 按物流涉及的范畴,可分为社会物流和企业物流

社会物流属于宏观范畴,包括物流设备制造、运输、仓储、包装和装卸、配送、信息服务等,公共物流和第三方物流贯穿其中;企业物流属于微观物流的范畴,包括生产物流、供应物流、销售物流、回收物流和废弃物物流等。如图 8-1 所示。

2. 根据作用领域的不同,可分为生产领域的物流和流通领域的物流

生产领域的物流贯穿生产的整个过程。生产的全过程从原材料的采购开始,便要求有相应的供应物流活动,即采购生产所需的材料;在生产的各工艺流程之间,需要有原材料、半成品的物流过程,即所谓的生产物流;部分余料、可重复利用的物资的回收,就是所谓的回收物流;废弃物的处理则需要废弃物物流。

流通领域的物流主要是指销售物流。在当今买方市场条件下,销售物流活动带有极强

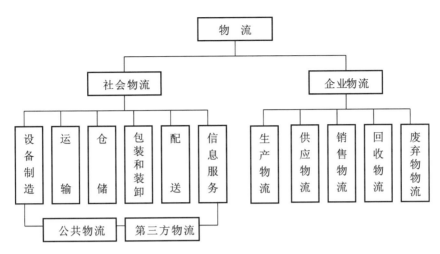

图 8-1 物流的分类

的服务性,以满足买方的需求,最终实现销售。在这种市场前提下,销售往往以送达用户并经过售后服务才算终止,因此,企业销售物流的特点便是通过包装、送货、配送等一系列物流实现销售。

3. 根据发展的历史进程,可分为传统物流、综合物流和现代物流

传统物流的主要精力集中在仓储和库存的管理与派送上,而有时又把主要精力放在仓储和运输方面,以弥补在时间和空间上的差异。

综合物流不仅提供运输服务,还包括许多协调工作,是对整个供应链的管理,如对陆运、仓储部门等一些分销商的管理,还包括订单处理、采购等内容。综合物流中,很多精力放在供应链管理上,责任更大,管理也更复杂,这是它与传统物流的区别。

现代物流是为了满足消费者需要而进行的从起点到终点的原材料、中间过程库存、最终产品和相关信息有效流动及储存计划、实现和控制管理的过程。它强调了从起点到终点的过程,提高了物流的标准和要求,是各国物流发展的方向。国际上大型物流企业认为现代物流有两个重要功能:能够管理不同货物的流通质量;开发信息和通讯系统,通过网络建立商务联系,直接从客户处获得订单。

4. 根据提供服务的主体不同,可分为代理物流和企业内部物流

代理物流也叫第三方物流(third party logistics,3PL),是指由物流服务的供方、需方之外的第三方去完成物流服务的运作模式。第三方就是提供物流交易双方的部分或全部物流功能的外部服务提供者。

企业内部物流是指从原材料进厂后,经过多道工序加工成零件,然后零件组装成部件,到最后组装成成品出厂,这一过程中的企业内部物资的流动。

5. 按物流的流向不同,可分为流入物流和流出物流

流入物流是企业从生产资料供应商进货所引发的产品流动,即企业从市场采购的过程;流出物流是从企业到消费者之间的产品流动,即企业将产品送达市场并完成与消费者交换的过程。

根据流入物流和流出物流对企业竞争力影响的重要性不同,又可分为单向物流和双向物流(或平衡物流),如表 8-1 所示。在单向物流的例子中,最典型的是汽车制造企业。流入物流管理水平的高低对这类企业竞争力的影响很大。例如,一辆轿车由上万种零件构成,从物流管理涉及的种类来说,上万种零件物流管理的难度显然要远大于一种型号的汽车。因此,世界上著名的汽车制造商都十分注重供应链流入端的物流管理。

表 8-1 流入物流与流出物流

企业类型	流 入	流 出
流入为主的物流系统		
汽车装配厂	零部件、组件等	汽车
运输企业	燃料、食品(航空)、零件、设备	(客货)运输服务
财务公司	管理和办公设备	财务服务
独立的零售店	零售设施	无(商店不能流动)
流出为主的物流系统		
采掘业	生产设施	大量的煤、矿石等
林产品企业	生产设施	大量的木材
双向平衡的物流系统		
日用品制造商	零部件、材料	面向最终用户的大量商品
食品加工	生鲜食品、罐头、瓶子	面向最终用户的包装食品
批发商	商品	商品

五、物流的功能

物流通常具有以下几项功能。

1. 运输功能

空间距离是经济发展的阻力,运输则是克服这种经济阻力、使商品产生价值增量的过程,是物流活动的核心。运输包含从生产地到消费地的干线运输,也包含消费地向消费者配送时的短距离运输(如最后一公里配送),主要指借助交通工具,在一定时间内实现物资的空间位移,包括供应及销售物流中的车、船、飞机等方式的运输,生产物流中的管道、传送带等方式的运输。运输是物流一个必不可少的基本功能。运输过程是生产过程的前导与后续,是沟通产销部门的重要桥梁。

物流中的合理运输,就是遵循商品流通规律、交通运输条件、货物的合理流向及市场供需情况,以最快的速度、最少的环节、最短的距离、最低的费用完成货物的运输任务。其中运输距离、运输环节、运输工具、运输时间、运输费用等都是影响运输的重要因素。值得注意的是,这些因素有时是互相联系、互相影响的,这就要求在实际中根据具体情况综合分析、全面比较,寻求最佳运输方案。

经济性和安全性是运输十分重要的质量指标。一般来说,在市场经济条件下,运输市场是一个买方市场,价格成为运输供给者竞争的核心,这也是货主追求低成本的期望所决定的。但是,经济性并不影响安全性的重要地位,尽管不同的货物对于安全性的要求不同,但安全性仍然是影响运输质量的最重要的因素。集装箱运输的出现本身就是经济性与安全性的综合体现,集装箱运输在管理上的简化和技术上的进步,更使两者进一步统一起来。

2. 储存功能

储存是为了克服生产与消费在时间上的差异,以衔接产需,缓冲供求。储存是物流的主要功能之一,是物资流转不可缺少的重要环节,是社会化大生产的必要条件。储存包括堆存、保管、保养、维护等活动。科学、合理的储存管理能保证生产顺利进行,加速物资周转,但不适当的、特别是过多的储存将积压流动资金,造成浪费,而储存量过少又会出现停工待料,不能保证生产、销售连续进行。

在宏观上应做到合理储存,即储存量合理,储存结构合理,储存时间合理,储存分布合理。而对储存的具体要求是:库存多(充分利用仓容),保管好,进出快,损耗少,费用省,保安全。对于不同的物资,储存的要求具有不同的侧重点。比如,对粮食这一特殊的物资,既要保证储存数量,又要保证储存质量,不能造成浪费。

3. 配送功能

配送是指根据用户的要求,在物流配送中心分配货物,并将所配的货物交付收货人。配送是宏观物流产生社会经济效益的根本,通过配送中心统筹安排,计划配送,能够有效避免或减少迂回运输、重复运输、空载运输等不合理运输现象,同时还能减少不必要的中间环节,加速物资周转。配送中心储存量大,提高了物资供应的可靠性,改善了生产企业的外部环境,使企业具有安全感,不再为原料、元件的供应问题而发愁,可全身心地投入生产,从而保证了产品的质量和数量。

4. 装卸搬运功能

装卸搬运功能包括对输送、保管、包装、流通加工等物流活动进行的衔接活动,以及在保管等活动中为进行检验、维护、保养所进行的装卸活动。装卸搬运是物流过程中的"节",是连接运输、储存、配送、包装、流通加工等活动的中间环节。若没有装卸搬运,物流过程就会中断,无论是宏观物流还是微观物流都将不复存在。装卸搬运在物流过程中频频发生,占有相当大的比重,而且的确是一项十分艰苦而又繁重的工作。为了提高装卸作业效率,降低劳动强度,发展装卸搬运机械化、自动化、连续化势在必行。

装卸搬运在整个宏观物流中虽然只是"节点",然而从局部、微观的角度来研究,它本身却又是一个不可忽视的系统。科学、合理地组织装卸搬运系统,可以减少作业环节,扩大装机容量,优化工艺线路,达到与先进的技术装备配套。通过装卸搬运机械化的实施,既可降低装卸搬运成本,节约费用,又可降低工人作业强度,保证装卸搬运质量。

5. 包装功能

包装功能包括产品的出厂包装,生产过程中在制品、半成品的包装,以及物流过程中的换装、分装、再包装等活动,同时还包括为达到上述目的而进行的操作活动。我国的《包装术语》(GB/T 4122.1—2008)中给包装下了明确的定义:"为在流通过程中保护产品,方便储运,促进销售,按一定技术方法而采用的容器、材料及辅助物等的总体名称。也指为了达到上述目的而采用容器、材料和辅助物的过程中施加一定方法等的操作活动。"

作为物流过程的一个重要环节,包装分为商业包装和工业包装。工业包装是纯粹的物流过程。有人认为,包装是生产过程的终点和物流过程的起点。包装的方法是由物流的方式决定的,这既取决于货主对物流的要求,也取决于商品本身的物理特性和化学特性。包装不仅要从运输角度满足保护物品、单元化和彼此区别等功能要求,而且要反映物流过程中必须通过包装反映的物流信息,所以包装的设计十分重要,必须根据物流方式的不同要求进行具体的包装设计。

6. 流通加工功能

流通加工又称流通过程的辅助加工活动,是物资从生产领域向消费领域流通的过程中,为了弥补生产不足或为了满足客户的需求、促进销售、增加流通部门效益、提高物流效率而进行的一些辅助性加工活动。这种加工活动不仅存在于社会流通过程,也存在于企业内部的流通过程。

流通加工的经济效益具有广阔的前景。服装业就是流通加工最好的例子,如果将企业生产的布匹直接送到消费者手中,其布料的平均利用率大约为80%;而服装企业批量生产,特别是套裁、拼裁的运用,使布料的利用率达95%以上。又如,将原木或大规格锯材直接供给使用部门,其平均利用率不到50%;而在流通部门中实行集中下料,根据用户的不同要求供应不同规格的成材,可以使原木的利用率提高到97%以上。目前,世界上许多发达国家和地区在物流过程中都伴有流通加工业务。日本的东京、大阪、名古屋等地区90多家物流公司中,有一半以上拥有流通加工业务,其规模相当大,取得了很好的经济效益。

7. 信息处理功能

物流过程是一个多环节的复杂组合,把众多的环节及其功能整合成一个有机的系统并形成一个单一的功能整体,以追求整体功能的最优化,信息是其中的关键。物流信息是指在物流活动过程中,反映物流活动的实际和特征的各种知识、资料、消息、情报、数据、文件、图纸等的总称。在物流、商流的过程中,伴随着大量的信息流,收集、检索和处理信息是十分重要的。信息传递的快慢及准确与否直接影响物流系统效益的发挥。用计算机处理和加工物流信息,得出指导物流活动的可靠情报,对物流的组织具有极为重要的作用。

物流是一个全球化的概念,有"物流无国界"之说。对于一个范围广泛、环节复杂的系统,要满足顾客随时提出的任何物流的需要,必须建立一个庞大而又十分灵活方便的信息管理系统。虽然现代信息技术已经提供了相当完整的技术支持,但对于所有的物流服务提供者来说,这仍是一个艰巨的课题和努力的方向。

上述各种功能要素中,运输及储存分别解决了供给者及需要者之间场所和时间的分离问题,是物流创造场所效用及时间效用的主要功能要素,因而在物流系统中处于主要功能要素的地位。

六、现代物流与传统储运及其区别

现代物流与传统储运有着很大的区别。传统储运指的是在实行计划经济体制、商品资

源短缺的情况下,对各种商品特别是生产资料,实行指令性计划分配和供应的储运方式。传统储运的特点如下:

(1) 商物(商流、物流)合流,物流紧跟商流,物流活动的功能主要是创造空间效用和时间效用;

(2) 保证国家指令性计划分配指标的落实成为物流活动的首要目标,物流的经济效益目标被放到了次要位置;

(3) 物流环节相互割裂,系统性差;

(4) 物流活动的技术手段落后,仓库机械作业的覆盖率仅在50%左右。

现代物流是涉及社会经济生活各个方面的错综复杂的社会大系统。具体地看,现代物流涉及原材料供应商、生产制造商、批发商、零售商以及最终消费者,也即供应链系统的全过程。由于现代物流的宗旨是以最优的经济效益、最快捷的优质服务来满足消费者的需求,而消费者的需求又是千变万化的,商品的流动要达到准确、快速地满足消费者需求的目的,就离不开信息流动,信息系统构成了现代物流的中枢神经,因此,现代物流必须完成两个使命:一是商品的流动(从生产者流向消费者);二是信息的流动(从消费者流向生产者)。

现代物流是相对于传统储运而言的。具体说来,现代物流与传统储运有以下本质上的区别。

(1) 理念不同。现代物流的理念是:走向市场,参与竞争,以市场为导向,以客户为本,一切为客户。而传统储运主要是封闭的自我服务理念和纵向一体化的陈旧做法。

(2) 原动力不同。现代物流的原动力来自消费者需求的拉动,即由消费者需求开始,通过物流大系统各个环节的信息传递,最终决定商品生产企业应如何进行生产,因而现代物流也称为反应式物流。而传统储运的原动力是生产,是生产的需要导致的储运活动。

(3) 主要功能不同。现代物流的功能是一体化服务,主要包括包装功能、装卸功能、运输功能、保管功能、流通加工功能、配送功能、物流信息处理功能等,它根据客户的需求完成一揽子服务。而传统储运服务则比较单一,主要包括商品的收货入库、储存保管、搬运装卸和发货等,除此之外其他活动基本上不会涉及。

(4) 连续性不同。现代物流是与社会进行有机联系的,是支持供应链运营必不可少的社会化服务过程,而传统储运是孤立、封闭在一个企业内部的活动。

第二节　物流网络与供应链管理

一、物流网络在供应链管理中的地位

一般认为,供应链是物流、信息流、资金流三个流的统一,因此,物流网络很自然地成为供应链管理体系的重要组成部分。供应链管理与物流有什么区别? 一般来说,供应链管理涉及制造和物流两个方面,物流则涉及企业的非制造领域。两者的主要区别在于:

(1) 物流涉及原材料、零部件在企业之间的流动,而不涉及生产制造过程的活动;

(2) 供应链管理包括物流活动和制造活动;

(3) 供应链管理涉及从原材料到产品交付给最终用户的整个物流增值过程,物流涉及企业之间的价值流过程,是企业之间的衔接管理活动。

但是,物流管理在供应链管理中有着重要的作用。这一点可以通过价值分布来考察。表 8-2 为供应链的价值分布。不同的行业和产品类型,供应链价值分布不同,但是我们可以看出,物流价值(采购和分销之和)在各种类型的产品和行业中都占到了整个供应链价值的一半或一半以上,制造价值则不到一半或刚好一半。在易耗消费品和耐用消费品中,物流价值的比例更大,达 80% 以上,充分说明了物流的价值意义。供应链是一个价值增值过程,有效地管理好物流过程,对于提高供应链的价值增值水平,有着举足轻重的作用。

表 8-2 供应链上的价值分布

产　　品	采　　购	制　　造	分　　销
易耗消费品(如肥皂、香精)	30%～50%	5%～10%	30%～50%
耐用消费品(如轿车、洗衣机)	50%～60%	10%～15%	20%～30%
重工业品(如工业设备、飞机)	30%～50%	30%～50%	5%～10%

从传统的观点看,物流对制造企业的生产起到了一种协助作用,被视为辅助的功能部门。但是,随着现代企业生产方式的转变,即从大批量生产转向精细的准时化生产,这时的物流,包括采购与供应,都需要转变运作方式,实行准时化供应和准时化采购等。另一方面,顾客需求的瞬时化要求企业能以最快的速度把产品送到用户手中,以提高企业快速响应市场的能力。所有这一切都要求企业的物流系统具有与制造系统协调运作的能力,以提高供应链的敏捷性和适应性,因此,物流管理的作用不再是传统的保证生产过程连续性,而是要在供应链管理中发挥重要作用:

(1) 创造用户价值,降低用户成本;

(2) 协调制造活动,提高企业的敏捷性;

(3) 提供用户服务,塑造企业形象;

(4) 提供信息反馈,协调供需矛盾。

要实现以上几个目标,物流网络应做到准时交货、提高交货的可靠性、提高响应性、降低库存费用等。现代市场环境的变化要求企业加速资金周转,快速传递与反馈市场信息,不断沟通生产与消费的联系,提供低成本的优质产品,生产出满足顾客需求的顾客化的产品,提高用户满意度,因此,只有建立敏捷而高效的供应链物流系统,才能达到提高企业竞争力的要求。供应链管理将成为 21 世纪企业的核心竞争力,而物流管理又将成为供应链管理的核心能力的主要构成部分。

二、 供应链管理环境下物流网络的特征

1. 供应链管理环境下的物流网络环境

企业竞争环境的变化导致企业管理模式的转变,供应链管理思想就是在新的竞争环境下出现的。新的竞争环境体现了企业竞争优势要素的改变。20 世纪 70 年代以前,成本是企业主要的竞争优势;而 80 年代企业则以质量作为竞争优势;90 年代是交货时间,即所谓

基于时间的竞争;到 21 世纪初,这种竞争优势就转移到所谓的敏捷性上来。在这种环境下,企业的竞争就表现在如何以最快的速度响应市场要求,满足不断变化的多样化需求上。企业必须能在实时的需求信息下,快速组织生产资源,把产品送到用户手中,并提高产品的用户满意度。在激烈的市场竞争中,企业都感到一种资源饥渴的无奈,传统的单一企业竞争模式已经很难使企业在市场竞争中保持绝对的竞争优势。信息时代的到来进一步加深了企业竞争的压力,信息资源的开放性打破了企业的界限,建立了一种超越企业界限的新的合作关系,为创造新的竞争优势提供了有利的条件。因此,供应链管理的出现就迎合了这种趋势,顺应了新的竞争环境的需要,使企业得以从资源的约束中解放出来,创造新的竞争优势。

供应链实质上是一个扩展了的企业概念。扩展企业的基本原理和思想体现在以下几个方面:①横向思维(战略联盟);②核心能力;③资源扩展/共享;④群件与工作流(团队管理);⑤竞争性合作;⑥同步化运作;⑦用户驱动。这几个方面的特点不可避免地影响到物流环境。

归纳起来,供应链管理环境下的物流管理的特点如表 8-3 所示。

表 8-3 供应链管理环境下的物流管理特点

竞争的需求	竞争特性	物流管理要素
对顾客化产品的开发、制造和交货速度	敏捷性	通过畅通的运输通道快速交货
资源动态重组能力	合作性	通过即插即用的信息网络获得信息共享与知识支持
物流系统对变化的实时响应能力	柔性	多种形式的运输网络和多信息获取途径
用户服务能力的要求	满意度	多样化产品、亲和服务、可靠质量

2. 供应链管理环境下物流管理的新特点

由于供应链管理环境下物流环境的改变,新的物流管理和传统的物流管理相比呈现出许多不同的特点。这些特点反映了供应链管理思想的要求和企业竞争的新策略。

首先我们考察一下传统的物流管理情况。图 8-2 为传统的物流模型。在传统的物流系统中,需求信息和反馈信息(供应信息)都是逐级传递的,上级供应商不能及时掌握市场信息,因而对市场的信息反馈速度比较慢,从而导致需求信息的扭曲。

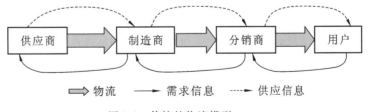

图 8-2 传统的物流模型

另外,传统的物流系统没有从整体角度进行物流规划,常常导致一方面库存不断增加,另一方面当需求出现时又无法满足。这样,企业就会因为物流系统管理不善而丧失市场机会。1994 年,当时的康柏公司就因为流通渠道没有跟上而导致了 1 亿美元的损失,其财务经理说:"我们在制造、市场开拓、广告等方面尽了最大的努力,但是物流管理没有跟上,这是最大的损失。"由于康柏公司在供应链及物流管理上的落后,最后被惠普公司收购了。

简言之,传统物流管理的主要特点是:

(1) 纵向一体化的物流系统;

(2) 不稳定的供需关系,缺乏合作;

(3) 资源的利用率低,没有充分利用企业的有用资源;

(4) 信息的利用率低,没有共享有关的需求资源,需求信息扭曲现象严重。

图 8-3 所示为供应链管理环境下的物流系统模型。和传统的纵向一体化物流模型相比,信息的流量和并行传递的范围大大增加。需求信息和反馈信息传递不是逐级进行的,而是网络式的,企业通过信息传递网络可以很快掌握供应链上不同环节的供求信息和市场信息。因此,供应链管理环境下的物流系统中的三种信息(即需求信息、供应信息、共享信息)始终是在同步运行的。

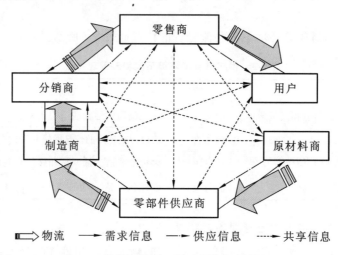

图 8-3　供应链管理环境下的物流系统模型

共享信息的增加对供应链管理是非常重要的。由于可以做到信息共享,供应链上任何节点的企业都能及时掌握市场的需求信息和整个供应链的运行情况,每个环节的物流信息都能透明地与其他环节进行交流与共享,从而避免了需求信息的失真。

对物流网络规划能力的增加也反映了供应链管理环境下的物流特征。充分利用第三方物流系统、代理运输等多种形式的运输和交货手段,降低了库存的压力和安全库存水平。

作业流程的快速重组能力极大地提高了物流系统的敏捷性。通过消除或减少不增加价值的过程和时间,供应链的物流系统进一步降低成本,为实现供应链的敏捷性和精细化运作提供了基础性保障。

对信息跟踪能力的提高使供应链物流过程更加透明,也为实时控制物流过程提供了条件。在传统的物流系统中,许多企业有能力跟踪企业内部的物流过程,但没有能力跟踪企业之外的物流过程,这是因为缺乏共享的信息系统和信息反馈机制。

合作性与协调性是供应链管理的一个重要特点,但如果没有物流系统的无缝连接,运输的货物逾期未到,顾客的需要不能得到及时满足,采购的物资常常在途受阻,都会使供应链的合作性大打折扣,因此,无缝连接的供应链物流系统是使供应链获得协调一致运作的前提条件。

灵活多样的物流服务提高了用户的满意度。通过制造商和运输部门的实时信息交换,及时地把用户关于运输、包装和装卸方面的要求反映给相关部门,提高了供应链管理系统对用户个性化响应的能力。

归纳起来,供应链管理环境下物流管理的特点可以用如下几个术语简要概括:

(1) 信息——共享;
(2) 过程——同步;
(3) 合作——互利;
(4) 交货——准时;
(5) 响应——敏捷;
(6) 服务——满意。

三、供应链管理与物流网络的整合

早期的供应链管理研究是以产品制造为中心,尽量提高生产率,降低成本,提高产量,它是企业实施敏捷制造的重要技术之一。供应链管理思想的推出为企业内部资源与外部资源物流网络的有效整合、优化调配提供了理论依据,为企业能集中精力关注供应链上的所有活动并作出正确决策提供了有效方法。

供应链管理环境下的物流管理与传统企业的物流管理的意义和方法不同。由于企业经营思想的转变,为保证供应链企业之间的同步化、并行化运作,实现快速响应市场的要求,物流系统管理将面临一系列的转变,主要解决以下几个方面的问题:

(1) 实现快速、准时交货的措施问题;
(2) 低成本、准时化的物资采购供应策略问题;
(3) 物流信息的准确传递、反馈与共享问题;
(4) 物流系统的敏捷性和灵活性问题;
(5) 供需协调,实现无缝供应链连接问题。

为有效完成物流网络活动,提高企业竞争优势,必须与供应商及客户合作,结合所有物流活动,形成整合式管理,并重视成员间的紧密联系。供应链管理最基本的出发点就是信息共享与共同规划,改善和提高整个供应链以及物流网络的效率。

内外物流结合的物流供应链管理是将物流活动视为由原料采购、生产、分配、销售和产品到达最终用户所组成的一定流量的环环相扣的链。它通过综合从供应商到消费者供应链的运作,使物流与信息流达到最优。企业追求全面的物流网络的综合效果,而不是单一的、孤立的片面效果。供应链管理是全过程的战略管理,其目的不仅是降低成本,更重要的是提供用户期望以外的增值服务,以产生和保持竞争优势。从某种意义上讲,供应链是物流网络的充分延伸,是产品与信息从原料到最终消费者之间的增值服务。

物流供应链的管理不再把库存当作维持生产和销售的被动措施,而将它作为一种供应链的平衡机制。通过简化供应链和经济控制论等方法解除薄弱链,以此寻求总体平衡。通过物流网络准时化要求供应链上的所有要素同步,减少无效作业,做到采购、运输、库存、生产、销售及供应商、用户的营销系统的一体化,促进物料与产品的有效流动,追求物料通过每个配送渠道的整体流动的最高效率,以杜绝生产与流通过程的各种浪费。通过快速响应预测未来需求而作出快速反应,重组自己的业务活动,以减少前导时间和成本,最终缩短产品在供应链上的时间。通过有效客户响应消除系统中不必要的成本和费用,降低供应链各个环节如生产、库存、运输等方面的成本,为最终给客户带来更大的效益而进行密切合作。此时,物流网络在供应链管理中扮演着举足轻重的角色,它为供应链成员提供中介服务,满足生产和需要的时效性、正确性,解决物流系统共同化等高难度问题。

第三节　企业物流管理

一、企业物流管理概述

从企业的角度看,企业与物流的关系包括两个方面。一方面,物流是企业赖以生存和发展的外部条件。企业的正常运转要保证按生产计划和生产节奏提供、运达各种原材料,同时要将产品不断运离企业,这正是依靠物流及有关活动加以创造和提供保证的。另一方面,物流是企业本身必须从事的重要活动。企业生产过程的连续性和衔接性,靠的正是生产工艺中不间断的物流活动,有时生产过程本身便与物流活动结合在一起,物流的支持保证作用是不可或缺的。

企业物流的内涵及范畴,可理解为企业物流是以企业经营为核心的物流活动,是具体的、微观物流活动的典型领域。

企业系统活动的基本结构是投入—转换—产出,对于生产类型的企业来讲,是原材料、燃料、人力、资本等的投入,经过制造或加工使之转换为产品或服务;对于服务型企业来讲,则是设备、人力、管理和运营转换为对用户的服务。物流活动便是伴随着企业的投入—转换—产出而发生的。与投入相对应的是企业外供应或企业外输入物流,与转换相对应的是企业内生产物流或企业内转换物流,与产出相对应的是企业外销售物流或企业外服务物流。由此可见,在企业经营活动中,物流是渗透到各项经营活动之中的活动。

具体而言,企业物流包括以下运作内容。

1. 企业生产物流

企业生产物流即原料及辅料从企业仓库或企业"门口"进入生产线的开端,随生产加工过程流经各个环节,直到生产加工终结,再流至生产成品仓库。对它的研究注重减少物流活动时间,缩减生产周期,节约劳动力。

2. 企业供应物流

企业供应物流即组织原料、辅料供应的物流活动。对它的研究关注如何降低这一物流过程的成本,解决有效的供应网络、供应方式、零库存等问题。

3. 企业销售物流

企业销售物流即伴随销售活动,将产品所有权转移给用户的物流活动。其特点是:通过包装、送货、配送等一系列物流活动实现销售,这需要研究送货方式、包装水平、运输路线等,并采取各种诸如少批量、多批次、定时、定量配送等特殊的物流方式达到目的。

4. 企业回收物流

企业在生产、供应、销售活动中总会产生各种边角余料和废料,这些东西的回收是需要伴随物流活动的。如果回收物品处理不当,往往会影响整个生产环境,甚至影响产品的质量,占用很大的空间,造成浪费。

5. 企业废弃物物流

企业废弃物物流指对企业排放的无用物进行运输、装卸、处理等的物流活动。它从环保的角度,关注对包装、流通加工等过程产生的废弃物进行回收再利用。

二、物流管理在企业竞争中的作用

显而易见,抓好企业物流管理,对于提高企业在市场上的竞争力具有十分重要的意义。从实际调查报告看,物流成本对企业运作绩效有很大的影响。表 8-4 给出了美国某机构的调查研究结果,从中可以看出,物流成本在不同行业对企业效益的影响程度是不同的,但它们对企业的绩效都有重要的影响。

表 8-4　物流成本在不同企业中的比例　　　　　　　　　　　　　　单位:%

行业	流入与流出物流运输	库存维持	仓储	管理	接收与发运	包装	订单处理	总计
所有制造企业	6.2	3.6	3.6	0.5	0.8	0.7	0.5	15.9
化工与塑料	6.3	1.6	3.3	0.3	0.7	1.4	0.6	14.2
食品加工	8.1	0.3	3.5	0.4	0.9	—	0.2	13.4
医药	1.4	—	1.2	0.7	0.5	0.1	0.5	4.4
电子	3.2	2.5	3.2	1.2	0.9	1.1	0.5	12.6
造纸	5.8	0.1	4.6	0.2	0.3	—	0.2	11.2
机床与工具	4.5	1.0	2.0	0.5	0.5	1.0	0.5	10.0
其他	6.8	1.0	2.9	1.2	1.4	0.2	0.5	14.1
所有商业企业	7.4	10.3	4.2	1.2	0.6	1.2	0.7	25.6
消费品	8.1	8.5	4.0	1.3	0.9	0.9	0.5	24.2
工业品	5.9	13.7	2.9	0.7	0.2	2.0	1.0	26.4

一般来说,衡量供应链竞争力和运作绩效的指标很多,比较常用且较为主要的指标有:供应链对客户订货需求的响应周期、供应链运作的总成本、供应链上的总库存水平、向客户承诺交货期的交付可靠性,以及对客户的服务水平等。物流过程对这几个主要指标的影响都是很大的。

因此,抓好物流过程的管理就成为所有企业关注的事情。除了表 8-4 反映出的事实外,物流在企业取得竞争优势中的关键作用还可以体现在以下几个方面。

1. 物流过程对供应链响应周期的影响

这是对供应链竞争力影响最大的一个方面。供应链响应周期是指整个供应链从接到客户订单到最终交货的时间间隔。调查表明,在供应链上总的生产周期中,真正花在生产过程的时间不到总周期的5%,剩余的95%都消耗在等待、存储过程中了,这不但使响应周期延长,而且增加了成本。另据有关报道,欧洲一家日杂公司的经理说,其产品从渔场码头到工厂加工再到超级市场,要150天的时间,而真正消耗在生产中的时间只有45分钟。在对美国食品杂货业的一次调查中发现,麦片粥生产厂的产品从工厂到超级市场,途经一连串的分销商、批发商、集运人,居然要104天。这些事实告诉人们,物流过程管理水平的高低对供应链响应周期的影响是巨大的。

2. 物流过程对供应链总成本的影响

物流过程管理水平的高低反映在供应链总成本上,可以从物流费用占总费用的比例看出来。在发达国家,如美国和加拿大,物流费用占总费用的9%~10%,而我国企业物流费用占总费用的比例高达20%~40%(不同的统计口径得到的数据可能不一样)。仅此一点就足以说明物流过程对供应链竞争力的影响了。根据美国研究人员对供应链绩效的研究报道,每1美元中就有0.85美元流向仓储和运输过程,这充分说明了物流过程引起的费用之高。另据有的供应链实践经验,如果供应链上的物流费用下降0.1%,就相当于生产效率提高10%,这是多么大的效益!这些数据都说明了物流过程的组织水平对整个供应链竞争力的影响。在我国企业中,物流成本占总成本的比例之所以很高,与物流过程在整个供应链中的组织水平有很大关系。在供应链生产过程中,由于各个环节之间的组织协调性很差,各种零部件、产成品的运输时间、交货时间、到货时间不同步,有的很早就生产出来了,而有的却很晚才交货,从而影响了整个装配进度。那些不能同步产出的零部件就形成了等待库存,既消耗了时间,又占用了资金,增加了资金使用成本。

3. 物流过程对供应链总库存水平的影响

低水平的物流过程对供应链库存的影响,最典型的就是订货量在供应链上被逐级放大(长鞭效应)。这一效应的结果是造成供应链上各级的库存量越来越大,增加了库存成本,使供应链的总体竞争力下降。当然,造成长鞭效应的原因是多种多样的,然而最终都反映在物流过程中。如果能提高物流管理水平,长鞭效应就可以减弱乃至消除,供应链总库存水平就会下降。

另外,提高物流过程的管理水平不仅有助于消除或减弱长鞭效应,而且可以降低各种与此相关的费用。如根据一项研究结果,供应链上的库存周转次数每增加一次,就可以得到如表8-5所示的效果。

表8-5 库存周转次数每增加一次的效益

	节省存储费用	节省库存维持费用	节省运输费用
金额(万美元)	65.5	100.3	33.7

4. 物流过程对供应链按期交付可靠性的影响

按期交付可靠性是对供应链整体信誉的一种衡量,也是供应链吸引客户的一种有利手段。按期交付可靠性高,就容易得到客户的信任,就会有源源不断的订货;反之,则会逐渐失去现有客户。因此,这一点也是影响供应链整体竞争力的关键因素。在影响按期交付可靠性的因素中,物流是显而易见的关键因素。在实际经营中,往往由于物流组织水平落后,造成整个供应链生产不能同步进行,一方面,早生产出来的零部件等待进一步加工(装配);另一方面,又有不能按时完工的零部件的缺货现象,最终影响产品的总装配,进而影响按时交货。因此,加强物流过程在同步制造中的作用,是提高供应链交货可靠性的重要环节。

5. 物流过程对供应链服务水平的影响

供应链管理的核心是要向所有提出需求的客户及时提供精确的产品。因此,客户服务质量是构成供应链竞争力的关键要素之一。决定客户服务水平的一个最重要的业务领域是配送渠道。由于物流过程的作业活动必须在任何时间、任何地点、跨越广阔的地域来进行,对服务质量的要求非常高,因为绝大多数物流作业是在监督者的视野之外进行的。由于不正确的物流作业导致重做客户订货所花的费用,远比第一次就正确地履行所花费的费用多,因此,物流过程既是体现供应链服务水平的主要组成部分,也是供应链总成本的影响因素。毫不夸张地说,它是一个供应链最终成败的业务关键。

由以上分析不难看出,物流过程管理水平的高低和物流能力的强弱,直接影响着供应链的整体竞争力。但是,用传统的物流管理方法管理供应链中的物流过程却难以满足以上要求,因而必须建立现代物流的理念。

第四节　供应链中的物流组织与管理

一、流入物流——企业供应物流

1. 流入物流的概念

企业为保证自身生产的节奏,实现准时化生产或精细化生产的物料的准时补充,需要不断组织原材料、零部件、燃料、辅助材料供应的物流活动,这种物流活动对企业生产的正常、高效进行起着重大作用。以成本驱动的流入物流的组织设计比传统的以运输能力和成本为核心的组织模式更为有效。流入物流组织的设计必须考虑整个流入物流网络(从供应商货仓门到生产线)的能力和成本,它的目标也是降低交货成本。流入物流主要是指企业的供应物流,也就是原材料、零部件的采购与调拨。企业供应物流不仅有一个保证供应的目标,而且要求以最低成本、最少消耗来组织供应物流活动,因此难度很大。企业竞争的关键在于如何降低这一物流过程的成本,这可以说是企业物流的最大难点。为此,企业供应物流就必须解决有效的供应网络问题、供应方式问题、零库存问题等等。

有效的流入物流组织可以实现以下目标:

(1) 降低运输成本;

(2) 降低采购环节库存水平;

(3) 减少人力和物流设备。

为了削减商品制造过程中大量零部件的库存占用费用,提高企业的竞争能力,应极力排除在途库存。它的基本思想是:"在必要的时间,对必要的零部件从事必要量的采购。"在具体方法上,厂商以时间为单位来划分各时间段所需的零部件,相应零部件的订货单位也小型化,以此为基础向零部件生产商订货,并要求在规定的时间内送到装配工厂。

2. 流入物流的重要性与采购改善

据有关方面统计,一般企业的采购支出占其销售收入的 60%～70%,采购中每节约 1 元的成本就会直接转化为 1 元的利润,而靠增加销售来获取 1 元的利润,则需要多卖十几元或几十元的产品。对一个利润率为几个百分点的大型企业来说,如能通过采购节省 1% 的成本,则节省的部分会百分之百地转化为净利润。

3. 供应物流的过程

供应物流过程因不同企业、不同供应环节和不同的供应链而有所区别。这个区别就使企业的供应物流出现了许多不同种类的模式。尽管不同的模式在某些环节具有非常复杂的特点,但是供应物流的基本流程是相同的,其过程主要包括以下几个环节。

1) 取得资源

取得资源是完成后续所有供应活动的前提条件。取得什么样的资源,是由核心生产过程决定的,同时也要按照供应物流可以承受的技术条件和成本条件辅助这一决策。

2) 组织到厂物流

所取得的资源必须经过物流才能到达企业。这个物流过程是企业外部的物流过程。在物流过程中,往往要反复运用装卸、搬运、储存、运输等物流活动,才能使取得的资源到达企业的门口。

3) 组织厂内的物流

如果企业外物流到达企业的"门",便以此"门"作为企业内外划分的界限,例如,以企业的仓库为外部物流终点,便以仓库作为划分企业内外物流的界限。这种从"门"和仓库开始继续到达车间或生产线的物流过程,称作供应物流的企业内物流。

传统的企业供应物流都是以企业仓库作为调节企业内外物流的一个节点。因此,企业的仓库在工业化时代是一个非常重要的设施。

4. 供应物流的组织方式

企业的供应物流有三种组织方式:第一种是委托销售企业代理供应物流方式;第二种是委托第三方物流企业代理供应物流方式;第三种是企业自营物流供应方式。

这三种方式都有一定的适应性。传统上,当销售商处于主导地位时,一般由企业完成供应物流过程;当企业处于主导地位时,销售商会送货上门。从目前国际上的发展趋势来看,委托第三方物流企业完成供应物流的组织过程是主流模式。

由于我国长期实行计划经济,生产、流通各环节相互脱节,各物流有关行业、部门、企业均自成体系,独立运作的思想理念和运作模式根深蒂固,严重影响了物流效率。据有关部门调查,在工业企业中,由企业自身和供应方企业承担的原材料物流分别为 36% 和 46%,而由第三方物流企业承担的仅为 18%。这是值得我们认真思考的。

二、内部物流——企业生产物流组织

1. 内部物流的概念

企业生产物流涉及生产运作管理,指企业在生产工艺中的物流活动,也就是生产企业的车间或工序之间,其原材料、零部件或半成品,按工艺流程的顺序依次流过,使其最终成为产成品,送达成品库暂存的过程。这种物流活动是与整个生产工艺过程伴生的,实际上已构成了生产工艺过程的一部分。

过去,人们在研究生产活动时,注重一个一个的生产加工过程,而忽视了将每一个生产加工过程串在一起,使得一个生产周期内物流活动所用的时间远多于实际加工的时间。所以,对企业生产物流的研究可以大大缩减生产周期,节约劳动力。

2. 内部物流的重要性与库存管理改进

对应于供应物流的采购管理改善,在企业的生产物流组织中,关键就是库存管理的改善。

物料的配套管理是企业最关心的问题之一。从最早的 MRP 到后来的 MRP Ⅱ、ERP,如何有效地降低库存都是这些系统的核心功能。在解决库存管理问题的过程中,物流管理是解决库存结构不合理的重要手段,也是 ERP 系统中最核心的基础数据,可以说,正确的物流管理是解决产品结构不合理问题的基础。只有物流管理准确了,才可以做到按需采购、按需存储、按需发料。但不幸的是,许多企业就是在物流管理尚不准确的时候实施 ERP,连基础都没有了,项目如何会成功?

对物料实物管理水平的提高,需要同时改善硬环境和提高软管理的水平。硬环境主要是指仓库的厂房设施、通风状况等方面的环境;软管理是指借助先进的管理模式和先进的信息系统及时发现和解决管理中的问题,借以提高整体运作水平。

3. 生产物流过程的组织

企业生产物流过程大致为:原材料、零部件、燃料等辅助材料从企业仓库和企业的"门"开始,进入生产线开始端,再随生产加工过程各个环节运动,在运动过程中,这些原材料、零部件、燃料等被加工,同时产生了一些废料、余料(进入逆向物流),直到生产加工终结,再运动至成品仓库,企业生产物流过程便终结了。

传统上,生产物流的组织是由企业自己完成的。随着供应链管理思想的发展,现在出现了委托第三方物流企业直接将物料配送到工位的模式,相关内容将在后续章节中介绍。

三、流出物流——企业销售物流

1. 流出物流的概念

企业销售物流是企业的流出物流,是将生产出的产品向批发商、零售商传递的物流,它是企业为保证自身的经营效益,伴随销售活动,通过购销或代理协议,将产品所有权转给用户(或者说将产成品转移到流通环节)的物流活动。在现代社会中,市场是一个完全的买方市场,因此,销售物流活动便带有极强的服务性,以满足买方的需求最终实现销售。在买方市场前提下,销售往往以送达用户并经过售后服务才算终止,因此,销售物流的空间范围很大,这便是销售物流的难度所在。在这种前提下,企业销售物流的特点便是通过包装、送货、配送等一系列物流实现销售。这就需要研究送货方式、包装水平、运输路线等,并采取各种诸如少批量、多批次、定时、定量配送等特殊的物流方式达到目的,因而,其研究领域是很宽广的。

目前,国内很多厂商正考虑构筑自身的物流系统,向位于流通最后环节的零售店直送产品。构筑厂商到零售商的直接物流体系时,一个最明显的措施是实行厂商物流中心的集约化,将原来分散在各支店或中小型物流中心的库存集中在大型物流中心,通过数字化设备或信息技术实现进货、保管、在库管理、发货管理等物流活动的效率化、省力化和智能化,原来的中小批发商或销售部转为厂商销售公司的形式,专职从事销售、促进订货等商流服务。物流中心的集约化从配送的角度来看造成了成本上升,但是,它削减了与物流相关的人力费、保管费、在库成本等费用,从整体上提高了物流的效率。

2. 流出物流的重要性与销售管理改进

企业流出物流的组织要从销售管理的改善着手。

销售环节是企业最容易出问题的地方。因为销售是将企业的投入最终转变为现金再回笼的过程,对于销售环节中的问题,也可以从管理基础和管理工具两个方面寻求解决的办法。

比如销售中最容易出现的"两张皮"现象(销售部门的数据与财务部门的数据不一致),就可依靠管理工具来解决。通过企业联网,销售部门和财务部门可以共用一套基础数据,避免了信息孤岛。财务部门的数据是通过正式开具的发票统计形成的,销售部门的数据则是在此基础上增加了已开提货单但尚未开发票的数据,从而从根本上解决销售中的"两张皮"问题。

客户的信用管理是销售过程中另一个重要的管理问题,它主要是通过提高基础数据的准确性来完成的。因为客户的信用一方面靠外部调查、收集获得,另外一方面通过在本企业中不断积累的客户历史资料获得,例如其提货数量、回款周期等方面的数据可以不断积累。

分销管理是企业广泛关注的问题,在广域网上的库存管理依靠手工是无法有效完成的,通过建设基于广域网的管理信息系统,可以在逻辑上将全国各地的库存都拿到企业总部进行管理,这样可以充分发挥计算机网络的优势,实现管理的"零距离"。

3. 流出物流过程

销售物流的起点一般情况下是生产企业的产成品仓库,经过分销物流,完成长距离、干线的物流活动,再经过配送完成市内和区域范围的物流活动,到达企业、商业用户或最终消费者。销售物流是一个逐渐发散的物流过程,这和供应物流形成了一定程度的镜像对称,通过这种发散的物流,资源得以广泛配置。

4. 销售物流模式

销售物流有三种主要的模式:由生产者企业自己组织销售物流;委托第三方组织销售物流;由购买方上门取货。其中,委托第三方物流企业完成分销物流是主流模式。

但是,如同供应物流的问题一样,销售物流在我国的社会化程度并不高。据有关部门调查,在工业企业中,产品销售物流中由企业自理、用户自理的比例分别是24.1%和59.8%,而由第三方物流企业承担的仅为16.1%。在商业企业中,由企业自理和供货商承担的物流活动分别为76.5%和17.6%。这种以自我服务为主的物流活动影响着供应链物流的整体绩效,我们必须打破这种自我循环的运作模式,提高物流活动的社会化程度,才能降低供应链总成本。

四、逆向物流——企业废弃物物流

企业废弃物物流是指对企业排放的无用物进行运输、装卸、处理等的物流活动。企业在生产、供应、销售活动中总会产生各种边角余料和废料,这些东西的回收是需要伴随物流活动的,而且在一个企业中,回收物品处理不当,往往会影响整个生产环境,甚至会影响产品质量,还会占用很大的空间,造成浪费。

1. 逆向物流的产生及其概念

近些年,各行业的知名企业,如通用汽车、IBM、3M、西尔斯、强生、雅诗兰黛等,通过实施一系列控制措施,引进信息化系统,开始着手在逆向物流管理领域降低由退货造成的资源损失。对逆向物流的关注,不但为他们带来了直接的积极后果,与此同时,他们还获得了成本下降、客户满意度提高、环保等多方面的间接经济与社会效益。

逆向物流管理与正向物流管理(产品由企业到消费者的物流过程),一向是物流的孪生姊妹,然而在过去几十年里,无论是理论界还是企业界,对逆向物流的关注犹如"蜻蜓点水"。与在聚光灯下的正向物流相比,逆向物流仿佛一直都处于黑暗的后台。

近几年,逆向物流开始受到企业界和理论界的重视。"逆向物流也许是企业在降低成本中的最后一块处女地了。"西尔斯负责物流的执行副总裁曾这样说。国外的一篇商业评论也指出:"退货中所孕育的未知机会,直到现在还少有企业考虑过。"而美国物流管理协会的资深专家、南佛罗里达大学教授詹姆斯·斯托克对逆向物流的描述更为精辟:"公司对退货如何处置,已经成为一项标新立异的竞争战略,并正成为提高效率的全新领域。"1999年,美国逆向物流委员会的专项调查表明,当年美国各企业逆向物流的成本超过了350亿美元。

学者们对逆向物流的定义有多种表述。逆向物流其实是与传统供应链方向相反,为恢复价值或合理处置,而对原材料、中间库存、最终产品及相关信息,从消费地到起始点的实际流动所进行的有效计划、管理和控制过程。从使用过的包装到处理过的电脑设备,从未售商品的退货到机械零件的回收等,都可以归入逆向物流的范畴。

近几年,企业界对逆向物流也产生了浓厚兴趣。因为随着资源枯竭的威胁加剧,对使用过的产品及材料的再生恢复,逐渐成为企业满足消费市场需求的关键力量。同时,世界各国纷纷制定减少浪费的政策,也促使企业以循环使用理念取代一次使用的观念。此外,消费者日益高涨的呼声也要求企业最大限度地降低产品与加工流程对环境的影响。

在这些力量的推动下,过去10年中,产品的恢复再生无论在规模还是在范围上都有了巨大发展。全球主要复印机厂商施乐、佳能等均投入大量财力、物力对使用过的设备进行再生产;柯达公司从10多年前就已开始回收一次性相机。

全新的资源环境观和经济观的演变,导致逆向物流进入了突破性发展阶段。在某种意义上,有着"绿色物流"、"环保物流"美誉的逆向物流,对优秀企业而言,还承载着另外一项重要职责——显示企业竞争力和领先优势的利器。于是,通用汽车、沃尔玛、3M以及许多在线零售商等,都将逆向物流提到高层会议上,因为他们清楚地知道,有效的逆向物流系统和流程能节约成本、增加利润,并提高客户服务质量。

2. 逆向物流的分类及其特点

逆向物流作为企业价值链中特殊的一环,与正向物流相比,有着明显的不同。首先,逆向物流产生的地点、时间和数量是难以预见的。正向物流则不然,按量、准时和指定发货点是其基本要求。其次,发生逆向物流的地点较为分散、无序,不可能集中一次向接受点转移。再次,逆向物流发生的原因通常与产品的质量或数量的异常有关。最后,逆向物流的处理系统与方式复杂多样,不同处理手段对恢复资源价值的贡献差异显著。对逆向物流特点的重视与否,形成了企业逆向物流管理能力以及水平高低的分水岭。

按成因、途径和处置方式的不同,根据不同产业形态,逆向物流被学者们区分为投诉退货、终端退回、商业退回、维修退回、生产报废与副品以及包装等六大类别。表8-6 显示了六类主要逆向物流的特点。

表 8-6 逆向物流的类别与特点

类别	时间	处理依据	处理方法	示例
退货 运输短少、偷盗、质量问题、重复运输等	短期	市场营销、客户满意服务	确认检查,退换货、补货	电子消费品如手机、DVD、录音笔等
终端退回 经使用后需处理的产品	长期	经济 市场营销	再生产、再循环	电子设备的再生产,地毯循环,轮胎修复
		法规条例	再循环	白色和黑色家用电器
		资产恢复	再生产、再循环、处理	电脑元件及打印硒鼓
商业退回 未使用商品退回还款	短期到中期	市场营销	再使用、再生产、再循环、处理	零售商积压库存,时装,化妆品
维修退回 缺陷或损坏产品	中期	市场营销 法规条例	维修处理	有缺陷的家用电器、零部件、手机
生产报废和副品 生产过程的废品和副品	较短期	经济 法规条例	再循环、再生产	药品行业,钢铁业
包装 包装材料和产品载体	短期	经济	再使用	托盘,条板箱,器皿
		法规条例	再循环	包装袋

表8-6 中列出的六类典型的逆向物流类别,普遍存在于企业的经营活动中,其涉及的部门从采购、配送、仓储、生产、营销到财务部门。因此,从事逆向物流管理的部门需要处理大量协调、安排、处置、管理与跟踪的工作。然而在许多企业,逆向物流的管理却往往被忽视或简单化,甚至被认为是多余的。企业想通过建立有效的逆向物流系统来挖掘新的利润源、提高客户满意度绝非易事,它需要强大的信息系统和运营管理系统的支持。当然,有效的逆向物流带给企业的回报也是非常丰厚的。

第五节 物流业务外包

一、物流外包的优势分析

随着社会分工的进一步细化和物流服务业的快速发展,物流业务外包(logistics outsourcing)逐渐被供需双方(物流服务供应商和需求方)所认可。所谓物流外包,即生产或销售等企业为集中精力增强核心竞争能力,而将其物流业务以合同的方式委托给专业的第三方物流企业运作。业务外包是一种长期的、战略的、相互渗透的、互利互惠的业务委托和合约执行方式。据统计,第三方物流占总物流服务份额的比例德国为23.33%,法国为26.9%,英国为34.4%,意大利为12.77%,西班牙为18%,欧盟国家平均为20%左右,目前其需求仍呈增长之势。相比之下,中国第一方和第二方物流的比重比西方发达国家大得多。随着生产、流通领域的竞争加剧,第一方和第二方选择第三方承担物流服务的情况将会更加普遍,这也说明国内物流外包市场有较大的发展空间。

在当今竞争日趋激烈和社会分工日益细化的大背景下,将物流外包给专业的第三方物流供应商,可以有效降低物流成本,提高企业的核心竞争力。具体来说,将物流业务外包能够带来以下优势。

1. 解决资源有限的问题,使企业更专注于核心业务的发展

企业的主要资源,包括资金、技术、人力资本、生产设备、销售网络、配套设施等要素,往往是制约企业发展的主要"瓶颈",特别是在当今时代,技术和需求的变化十分复杂,一个企业的资源配置不可能局限于本组织的范围之内。即使对于一个实力非常强大、有着多年经验积累的跨国企业集团来说,仅仅依靠自身的力量也是不经济的。为此,企业应把自己的主要资源集中于自己擅长的主业,而把物流等辅助功能留给物流企业。利用物流外包策略,企业可以集中资源,建立自己的核心能力,并使其不断得到提升,从而确保企业能够长期获得较高的利润,并引导行业朝着有利于企业自身的方向发展。

例如,美国通用汽车的萨顿工厂通过与赖德专业物流公司合作,取得了良好的效益。萨顿工厂集中精力于汽车制造,而赖德公司管理萨顿的物流事务。赖德公司接洽供应商,将零部件运到位于田纳西州的萨顿工厂,同时将成品汽车运到经销商那里。萨顿工厂使用电子数据交换技术进行订购,并将信息发送给赖德公司。赖德公司从分布在美国、加拿大和墨西哥的300个供应商那里进行所有必要的小批量采购,并使用特殊的决策支持系统软件有效地规划路线,使运输成本最小化。

2. 灵活运用新技术,实现以信息换库存,降低成本

随着科学技术日益进步,将物流业务外包给专业的第三方物流企业,可以充分利用第三方物流企业不断更新的信息技术和设备,而普通的单个制造企业通常一时间难以更新自己的资源或技能。不同的企业可能有不同的、不断变化的配送和信息技术需求,此时,第三方物流企业能以一种快速、更具成本优势的方式满足这些需求,而这些服务通常都是单一一家企业难以做到的。同样,第三方物流供应商还具备满足企业的潜在顾客需求的能力,从而使企业能够接洽到零售商。如美国赖德专业物流公司向一家床垫制造商西蒙斯(Simmons)公司提供一种新技术,使得后者彻底改变了自己的经营方式。在合作前,西蒙斯公司在每一个制造厂储存了2万~5万个床垫来适时满足客户的时尚需求。合作后,赖德公司在西蒙斯公司的制造厂安排了一名现场物流经理。当订单到达时,该物流经理使用特殊的软件来设计一个把床垫发送给客户的优化顺序和路线。随后这一物流计划被发送到工厂,在那里按照确切的数量、款式和顺序制造床垫,并全部及时发送。该项物流合作从根本上降低了西蒙斯公司对库存的需求。

3. 减少固定资产投资,加速资本周转

企业自建物流需要投入大量的资金购买物流设备,建设仓库和信息网络等专业物流设备。这些资源对于缺乏资金的企业特别是中小企业是一个沉重的负担。而如果将物流外包,不仅可以减少设施的投资,还消除了仓库和车队方面的资金占用,加速了资金周转。

4. 企业得到更加专业化的服务,从而可以降低营运成本,提高服务质量

当企业的核心业务迅猛发展时,也需要企业的物流系统跟上核心业务发展的步伐,但这时企业原来的自营物流系统往往因为技术和信息系统的局限而相对滞后。与企业自营物流相比,将物流外包给在组织企业的物流活动方面更有经验、更专业化的专业的第三方物流企业,可以通过集成小批量送货的要求来获得规模经济效应,从而降低企业的营运成本,改进服务,提高企业运作的灵活性。

对于委托企业而言,它不可能获得所需要的各方面人才。通过将物流外包给第三方物流企业,委托企业不但可以引入资金和技术,同时可以根据自己的需要引入"外脑"。物流方面的专家或专门人才不一定属于该委托企业,却可以成为企业所使用的一部分有效的外部资源。特别是对于那些财力、物力有限的小企业而言,通过将物流外包,更容易获得企业所需要的智力资本。

5. 降低风险,同时也可以同合作伙伴分担风险

首先,在迅速变化的市场和技术环境下,通过物流业务外包,委托企业可以与合作企业建立起战略联盟,利用其战略伙伴的优势资源,缩短产品从开发、设计、生产到销售的时间,减少由于技术和市场需求的变化而造成的产品风险。其次,由于战略联盟的各方都发挥了各自的优势,有利于提高新产品和服务的质量,提高新产品开拓市场的成功率。最后,采用物流外包策略的企业在与其战略伙伴共同开发新产品时共担风险,从而降低了由于新产品开发失败给企业造成巨大损失的可能性。

在我国这样一个资金相对短缺、企业实力相对薄弱的经济环境中,物流业务外包的传统理由更加具有现实意义,即企业可以通过将物流外包获得第三方物流企业的创新能力和专业技能,以实现自身难以完成的新产品开发和市场开拓。尤其是在我国已经加入世界贸易组织的背景下,将物流业务外包,减少物流费用支出,提高企业的竞争力已经迫在眉睫。

6. 可以提高企业的运作柔性

企业选择物流外包的重要原因之一是提高运作柔性的需要。企业可以更好地控制其经营活动,并在经营活动和物流活动之间找到一种平衡,保持两者的连续性,提高其柔性,使实行物流外包的委托企业由于业务的精简而具有更大的应变空间。

由于大量的非特长业务都由合作伙伴来完成,委托企业可以精简机构,中层经理传统上的监督和协调功能被计算机网络所取代,金字塔状的总公司、子公司的组织结构让位于更加灵活的、对信息流有高度应变性的扁平式结构,这种组织结构将随着知识经济的发展而越来越具有生命力。

当然,与自营物流相比较,物流外包在为企业提供上述便利的同时,也会给企业带来诸多的不利。主要有:企业不能直接控制物流职能;不能保证供货的准确和及时;不能保证顾客服务的质量和维护与顾客的长期关系;企业将放弃对物流专业技术的开发等。

二、物流外包失败的根源

物流外包作为一个提高物流速度、节省仓储费用和减少在途资金积压的有效手段,确实能够给供需双方带来较多的收益。尽管供需双方均有信心和诚意,但在实践的过程中,物流外包举步维艰,常常出现中断,甚至失败。导致外包失败和黑洞出现的原因有许多,既有体制的制约、人为的失误,也有观念的陈旧和技术的缺陷等。

1. 抵制变化

许多企业,尤其是那些目前财务状况还令人满意的企业,不愿意通过物流外包的方式改变现有的业务模式。此外,寻求物流外包的企业有时还会遇到来自企业内部某些部门的抵制,因为他们目前从事的工作很可能会被第三方物流企业所取代。尤其是一些国有企业,物流外包将意味着解雇大批员工,这对企业的领导人来说意味着非常大的风险。

通常来讲,企业对第三方物流企业能力的认识程度普遍还很低。第三方物流行业相对来说还很年轻,尤其是在中国,一些领先的物流公司只有不到10年的历史。更为重要的是,许多企业还远远没有认识到供应链管理的重要性,明显的例子就是还没有哪家企业的高级管理层里有主管物流的人员,就连"物流"也是最近几年才出现的一个新概念。

2. 害怕失去控制

许多企业都宁愿有一个"小而全"的物流部门,也不愿把对这些功能的控制权交给别人。此外,供应链流程的部分功能需要与客户直接打交道,许多企业担心如果失去内部物流能力,会在客户交往和其他方面过度依赖第三方物流企业。这种担心在那些从来没有进行过物流外包业务的企业中更为普遍。大多数已经进行了物流外包的企业表示,他们通过和第三方物流企业的合作,实际上改善了信息流动,增强了控制力,提高了企业管理其业务的能力。另外,物流外包业务自身也有其复杂性。

3. 缺乏合格、专业的物流管理人才

企业在进行物流业务外包时,如果所选择的第三方物流企业缺乏合格、专业的物流顾问,物流外包也会遭受失败。物流服务供应商的运作与生产工厂类似,工厂生存的灵魂是拥有一批有专业技术才能的员工,核心技术一定要由企业内部掌控,而不是依靠其他合作伙伴来提供支持。美国著名物流专家杰克·罗泽(Jack Roser)认为,在处理外包时,专业物流管理者与技术工人一样,其作用比企业领导更重要,他能够给项目带来许多领导所不了解的东西,需要去管理维护企业项目设计规划的过程,提供物流需求以及项目数据,而这些事情常常与外包的成败相关联。企业领导仅仅扮演监督员的角色,如果缺乏拥有项目设计和作业操作技能的专业人才,那么外包将无从谈起。

4. 工作范围不明确

工作范围即对物流服务的环节、作业方式、作业时间、服务费用等细节的明确的规定,工作范围的确定是物流外包最重要的一个环节。

工作范围不明确已经成为导致物流外包失败及黑洞出现的首要原因。工作范围是委托企业告诉受托的物流企业需要什么服务并愿意付出什么价格,它是合同的一部分。跨国企业在物流外包方面具有丰富的操作经验,如惠普、IBM等公司在实施外包时,就要求供应商与其签署两份文件:一份是一般性条款,即一些非操作性的法律问题,如赔偿、保险、不可抗力、保密、解约等内容;另一份是工作范围,即对服务的细节进行具体描述。如果供应商曾经与他们合作过且履行过一般性条款,则在以后的合作中不必再签署一般性条款,供应商仅仅需要对新项目的工作范围作出明确的回复,由此可见惠普、IBM公司对工作范围的重视程度。

外包失败的出现大多是因为工作范围不明确,如在物流合同中经常出现的"在必要时供应商将采取加班作业以满足客户的需求",合同双方虽然对此描述并无异议,但问题就出现在"必要"上;在实际运作中,双方就如何理解"必要"经常发生分歧,委托企业认为"提出需求时即为必要",物流企业认为"客户提出需求且理由合理时为必要"。类似的例子合作双方经常遇到,起因多为合作双方没有花费相当的时间和精力明确、详细地制定工作范围。

要确保物流外包成功,企业在寻找合作伙伴时,首先,要克服思想和观念的障碍,并积极了解受托的物流企业是否拥有外包项目所需要的实力;其次,应与供应商签订必要的法律文件,讨论全部服务项目细节、拟定工作范围。只有这样,才能保证物流外包的顺利进行。

三、 物流管理模式的选择

企业物流管理模式主要有自营物流和外包物流。企业在进行物流管理模式决策时,应根据自己的需要和资源条件,综合考虑各种因素慎重选择,以提高企业的市场竞争力。

1. 物流对企业成功的影响度和企业对物流的管理能力

物流对企业成功的影响度和企业对物流的管理能力,是影响企业物流采取自营模式还是外包模式的最重要的因素,其决策状态如图8-4所示。

图 8-4 决策状态

如果物流在企业战略中起关键作用,但自身物流管理水平却较低,对这类企业(处于Ⅱ

区间)来说,组建物流联盟将会在物流设施、运输能力、专业管理技巧上收益极大。对于物流在其战略中不占关键地位,但其物流水平很高的企业(处于Ⅳ区间)来说,可以寻找伙伴共享物流资源,通过增大物流量获得规模效应,降低成本。处于Ⅱ、Ⅳ区间的企业可以建立物流联盟。

如果企业有很高的顾客服务需求标准,物流成本占总成本的比重极大,且自身物流管理能力强,即处于Ⅰ区间的企业,这类企业一般不会选择外包物流服务,而是采取自营的方式;对于那些物流在其战略中地位并不很重要,自身物流管理能力也比较欠缺的企业(处于Ⅲ区间)来说,采用第三方物流是最佳选择,因为这样能大幅度降低物流成本,提高服务水平。

2. 企业对物流控制力的要求

越是竞争激烈的产业,企业越要强化对供应和分销渠道的控制,此时企业应该自营物流。一般来说,主机厂或最终产品制造商对渠道或供应链过程的控制力比较强,往往选择自营物流,即作为龙头企业来组织全过程的物流活动和制定物流服务标准。

3. 企业产品自身的物流特点

对于大宗工业品原料的回运或鲜活产品的分销,则应利用相对固定的专业物流服务供应商和短渠道物流;对于全球市场的分销,宜请求地区性的专业物流企业提供支援;对于产品线单一或为主机厂配套生产的企业,则应在龙头企业的统一领导下自营物流;对于技术性较强的物流服务如口岸物流服务,企业应采用委托代理的方式;对于非标准设备的制造商来说,虽然企业自营有利可图,但还是应该交给专业物流服务企业去做。

4. 企业规模和实力

一般说来,大中型企业由于实力较雄厚,有能力建立自己的物流系统,制订合适的物流需求计划,保证物流服务的质量。另外,还可以利用过剩的物流网络资源拓展外部业务,为其他企业提供物流服务。而小企业则受人员、资金和管理的资源的限制,物流管理效率难以提高。此时,企业为把资源用于主要的核心业务,就适宜把物流管理交给第三方专业物流代理公司。如实力雄厚的麦当劳公司每天必须把汉堡等保鲜食品运往中国各地,为保证供货的准确、及时,就组建了自己的货运公司。

5. 物流系统的总成本

在选择是自营还是外包物流时,必须弄清两种模式下物流系统的总成本,其表达公式为:

$$D = T + S + L + F_w + V_w + P + C$$

式中,D 为物流系统总成本;T 为该系统的总运输成本;S 为库存维持费用,包括库存管理费用、包装费用以及返工费;L 为批量成本,包括物料加工费和采购费;F_w 为该系统的总固定仓储费用;V_w 为该系统的总变动仓储费用;P 为订单处理和信息费用,指订单处理和物流活动中的广泛交流等所发生的费用;C 为顾客服务费用,包括缺货损失费用、降价损失费用和丧失潜在顾客的机会成本。

这些成本之间存在着二律背反现象:减少仓库数量时,可以降低保管费用,但会带来运输距离和次数的增加,从而导致运输费用增加。如果运输费用的增加部分超过了保管费用的减少部分,总的物流成本反而增大。所以,在选择和设计物流系统时,要对物流系统的总成本加以论证,最后选择成本最小的物流系统。

6. 第三方物流企业的客户服务能力

在选择物流模式时,考虑成本尽管很重要,但第三方物流企业为本企业及企业顾客提供服务的能力也是至关重要的。也就是说,第三方物流企业在满足企业对原材料及时需求的能力和可靠性、对企业的零售商和最终顾客不断变化的需求的反应能力等方面,应该作为首要的因素来考虑。

7. 自拥资产和非自拥资产第三方物流企业的选择

自拥资产第三方物流企业,是指有自己的运输工具和仓库,从事实实在在的物流操作的专业物流企业。他们有较大的规模、雄厚的客户基础、到位的系统,物流专业化程度较高,但灵活性受到一定限制。非自拥资产第三方物流企业,是指不拥有硬件设施或只租赁运输工具等少量资产,主要从事物流系统设计、库存管理和物流信息管理等职能,而货物运输和仓储保管等具体作业活动由其他物流企业承担,但对系统运营承担责任的物流管理企业。这类企业运作灵活,能制定服务内容,可以自由混合、调配供应商,管理费用较低。企业应根据自己的要求对两种模式加以选择和利用。

企业在进行物流模式选择的具体决策时,应从物流在企业中的战略地位出发,在考虑企业物流能力的基础上,充分比较各方面的约束因素,进行成本评价。物流模式决策程序如图 8-5 所示。

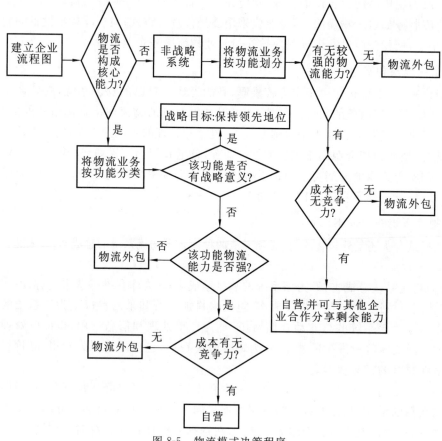

图 8-5　物流模式决策程序

第六节 第三方物流与第四方物流

一、第三方物流企业

1. 第三方物流的产生与发展

第三方物流是一种实现供应链物流集成的有效方法和策略,它通过协调企业之间的物流管理和提供一体化物流服务,把企业的物流业务外包给专门的物流企业。20世纪90年代物流管理领域的杰出成就之一就是第三方物流企业的广泛兴起,从而可以使制造业和零售业的企业将物流业务外包给专业的物流服务商,以使自己能够集中精力抓好供应链管理。自20世纪90年代初期以来,第三方物流在美国获得了很大的发展。例如,1997年,美国第三方物流企业业务增长了40%,1998年又增长15%。

尽管第三方物流当时被视为一个新兴行业,在信息技术的基础上融合运输、仓储和包装等传统功能,为其他行业提供一体化的综合服务,但在欧洲,第三方物流却不是一个新概念。因为外包作为一种商业运作方式在欧洲已有数百年的历史。许多著名的物流公司如Schenker、Kuehne&Danzas 等的历史可追溯到中世纪,那时它们就已提供仓储、运输和报关经纪等综合业务。物流业务外包的真正兴起始于20世纪80年代末90年代初。20世纪80年代末,美国公司新建的欧洲配送中心(EDC)发现需要更多具有柔性和不同类型的服务来满足欧洲国家的需要,他们才开始转向物流外包。到了90年代,由第三方管理的配送中心的数量急剧增长。

目前,第三方物流企业的市场份额占物流费用的比例在世界各地有所不同。在英国,这一比例高达35%;在欧盟,1290亿美元的物流服务市场中有310亿美元分包给第三方物流企业,约占24%。值得注意的是,目前我国第三方物流企业的市场份额虽然还比较低,大多数企业还是倾向于自营物流作业,但是第三方物流企业的发展速度却是全球最快的,由此带动了我国供应链竞争力的提高,企业对市场的响应能力也随之提高。

2. 第三方物流企业的作用

第三方物流是一种实现供应链集成的有效方法和策略,它通过整合企业之间的物流业务、协调不同企业之间的物流服务,把工商企业的物流业务外包给专门的物流企业来承担,特别是一些特殊的物流运输业务。通过外包给第三方物流承包商,企业能够把有限的时间和精力放在自己的核心业务上,提高供应链管理和运作的效率。

第三方物流企业提供一种集成运输模式,它可使供应链企业的小批量库存补给变得更为经济。因为在某些情况下,小批量的货物运输(非满载运输)显然是不经济的,但是多品种、小批量生产是供应链适应新的竞争环境必须采用的策略,小批量采购、小批量运输势必增大货物的供应频率和运输频率,而这种变化带来的结果就是增加运输费用,如果每个企业都自己承担这类业务的话显然不经济。由于第三方物流企业可以同时为多个企业提供运输服务,可以形成较好的规模效应,帮助企业降低成本。

第三方物流企业不但提供运输服务，还可以提供其他各种客户需要的服务，如仓库管理（联合仓库）、集货、配送和流通加工等。图 8-6(a)中的物流分销中心靠近用户所在地，图 8-6(b)所表示的是通过第三方物流企业提供的服务把产品从物流中心快速运输到用户所在地。

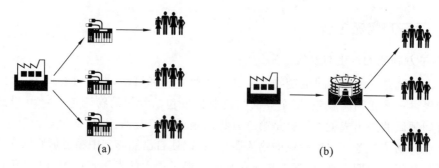

图 8-6　第三方物流服务的应用

第三方物流企业还可以提供其他形式的物流服务功能，如顾客订单处理、报关通关等。

3. 第三方物流的主要服务领域

一项最新的有关制造业利用第三方物流的情况调查表明，第三方物流企业向《财富》500 强企业提供的服务中，有 2/3 是基本的运输服务，接近半数的是仓储服务，不足 20％的合同包括了供应链的一些深层次活动，例如，库存补充和产品装配。在 1997 年的另一项调查中，174 家公司中有 58％的公司外包运输服务，46％的公司外包仓储，31％的公司外包物料搬运。

以美国为例，1998 年运输合同金额达 62 亿美元，较上年增长了 20％，这与众多的公司外包自己的运输业务有很大关系。在第三方物流行业中，业务量最大的是增值的仓储与配送，1998 年收入达 144 亿美元，其中许多公司加入了国际仓储物流协会(IWLA)，该协会的成员仓储面积每年增加 15％～20％，而年收入每年增加 20％～25％。这是因为更多的收入来自增值服务而不仅仅是储存费用。该协会中 90％的成员提供诸如货物合并、库存管理、条码标识、分类检签、提取和装箱、订货实现之类的服务。有的成员还扩展到其他的增值服务领域，如保证期内退回产品的管理、维修与更换，退回产品的销毁，网上订货满足和计算机组装。20 世纪 90 年代中期，美国约有 11％的仓储业务由第三方物流企业完成，现在这一比例已提高到 18％。目前，第三方物流企业的顾客源中不仅有大型企业，如 70％的《财富》500 强企业使用第三方物流，也有中小企业，阿姆斯特朗（Armstrong）公司的调查表明，在 1000 家第三方物流企业中，其顾客 87％是中型公司；另外，第三方物流企业正不断扩展其国外业务，其海外经营额已占 25％左右。

4. 物流业务外包给第三方的主要目的

纽约外包研究所的研究表明，35％的第三方物流企业的 CEO 认为其顾客外包主要是为了减少作业成本；30％的 CEO 认为是为了避免在非核心业务和活动上投资购置资产；只有 17％的 CEO 认为是为了改善服务。在供应链管理中，通过第三方物流可以实现以下利益：

1) 降低作业成本

一般来说，第三方物流企业至少可为货主降低10%的费用。这是当前许多企业选择外包的主要原因。特别是在欧洲，由于企业需要支付更多的税费、更高的劳动力成本，受到更多的规章及作业限制，物流成本要比美国高出一倍，这也是许多欧洲企业选择外包的重要原因。

2) 致力于核心业务

现代竞争理论认为，企业要取得竞争优势，必须巩固和扩展自身的核心业务。这就要求企业致力于核心业务的发展。因而越来越多的企业将其非核心业务外包给专业化的第三方物流企业。

3) 利用第三方物流企业的先进技术减少投资

第三方物流企业物流作业的高效率有赖于其先进的设施和软件，利用第三方物流企业就可以为企业减少在此领域的巨额投资。一项调查表明，第三方物流企业需投入大量资金用于购买物流技术设备，包括软件、通信和自动识别系统。74%的第三方物流企业购买物流技术、条码系统的平均支出达108万美元，另外，在软件上平均花费61万美元，在通信和追踪设备上花费40万美元。

4) 重新整合供应链

第三方物流的优势带来的一个新的日益增长的趋势，就是越来越多的企业向第三方物流企业外包整个过程而不只是物流业务。如某著名电脑制造商与其供应商使用卖方管理库存的管理系统，雇用 Customized Transpotation 公司（CTI）为其提供检测、质量保证、库存管理等物流服务。转向过程管理促使更多的企业按单件价格付酬，第三方物流企业需要考虑如何通过优化过程管理来降低成本。

5) 拓展国际业务

随着全球经济一体化的加快，不少缺乏国际营销渠道的企业希望进入国外市场，而全球性的第三方物流企业恰恰可以帮助这些企业实现其拓展国际业务的目的。如 Santa 包装公司利用一家第三方物流企业的贸易服务，成功拓展了国际业务。

6) 公司虚拟化的需要

虚拟公司和电子商务被视为21世纪最具前途的商业模式，但虚拟公司要取得成功，必须依赖第三方物流企业。如贺卡巨人贺曼公司于1994年成立了一家名为 Ensemble 的子公司，生产卡片、礼品包、明信片、书签、文具等礼品。Ensemble 的员工致力于产品创新，发现市场需要，进而开发产品，在投入生产之前，将创意提供给零售商。总之，作为一家虚拟公司，Ensemble 的业务就是为市场需求提出量身定制的解决方案。它使用世界各地的数百家供应商进行生产，但在分销环节，却只有一个合作伙伴——USCD 分销服务公司。根据协议，USCD 全权处理 Ensemble 的所有订货、接收货物、仓储及美国境内的运输。平均每天有100单货物需运至贺曼公司所属的独立的卡片店、杂货店及其他零售点。Ensemble 接受来自美国境内的4000多个客户的订单。这些订单以电话、传真、EDI 传入 Ensemble，Ensemble 再通过计算机将其传输给 USCD，以实现订货交付。

采用第三方物流，企业还可以获得其他一些好处：

(1) 改进服务质量;

(2) 获得信息咨询;

(3) 获得物流经验;

(4) 降低风险,等等。

二、第四方物流系统

1. 第四方物流的基本概念

何谓第四方物流(forth party logistics,4PL/FPL)？第四方物流服务商是一个供应链的整合者,它集合及管理众多的物流资源、设施及技术,为供应链合作者们(如供应商、制造商、零售商和第三方物流企业等)提供一个完整中立的供应链解决方案。

第四方物流是埃森哲公司最早提出的一个供应链管理概念,它是一种解决包括物流规划在内的供应链运行方案,是由独立于现有物流系统各个环节的、与原物流系统无直接利益关系的"第四方"提供,将其自身的资源、能力和技术同来自补充服务提供者的资源、能力和技术集合,并对之进行管理,从而提供一体化的物流解决方案。

第四方物流创造了一种协同的环境,从而使协同后的整体效果优于各个部分的简单相加,这种商业实践鼓励个体组织为了达到整体的优化而共享信息和资源。

2. 第四方物流的工作方式

第四方物流由第四方物流服务的提供者运用自身的特长,为客户提供物流系统的规划决策(如图 8-7 所示)。与第三方物流最显著的不同是,企业可以将整个供应链和物流的规划外包给第四方物流,而进一步将能力集中于其核心业务。

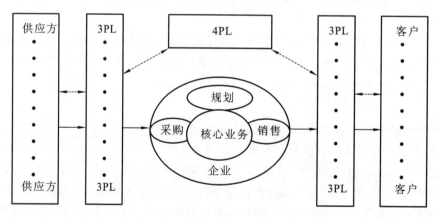

图 8-7 第四方物流的物流规划决策

在解决方案整合工作方式中,第四方物流为客户运作和管理提供综合供应链解决方案。解决方案整合将整合第四方物流的资源、能力、技术及补充服务提供者,从而提供一个综合的一体化规划。该方案实现了在客户组织的供应链各组成部分之间价值的传递。在此工作方式中,第四方物流需要对多个服务提供者的能力进行整合。

3. 第四方物流的价值

第四方物流为同一行业中的多个客户发展和执行一个同步化和合作的供应链解决方案。行业解决方案的形成将带来巨大的收益。然而,这种工作方式十分复杂,对任何一个组织来说都是一个挑战。第四方物流的价值就在于它可以通过在物流系统中综合运用各种战略、战术和运筹方法,提供针对不同行业的最佳供应链运营方案。因此,第四方物流在整个物流服务领域中是附加值最高的一个模式,如图 8-8 所示。

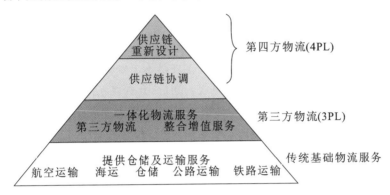

图 8-8　第四方物流的价值高地

【本章关键术语】

物流管理　物流分类　物流网络　企业物流管理　第三方物流企业　第四方物流企业　流入物流　流出物流　逆向物流　物流外包

【本章思考与练习题】

1. 举例说明如何理解物流的定义,讨论物流的发展史。
2. 举例阐述物流在供应链中的地位,以及供应链管理环境下物流网络的特点。
3. 如何实现供应链管理与物流网络的整合?
4. 从广义和狭义两个角度阐述物流管理的基本概念。举例说明物流管理的具体内容。
5. 企业物流包括哪几个方面?相互之间关系如何?
6. 分别举例描述流入物流和流出物流的特征和过程。
7. 详细讨论逆向物流的概念、特征、内容。
8. 采用第三方物流可以获得哪些方面的优势?如何理解第三方物流与第四方物流之间的区别?

【经典案例】

华夏彩电公司湖北地区物流系统重构

一、引言

2004年12月20日,华夏彩电公司武汉分公司经理刘斌从深圳返回武汉,他刚刚参加了华夏彩电公司召开的年终总结大会。会上,公司总裁对武汉分公司一年的业绩作出了肯定和表扬,同时也给刘经理提出了新的战略目标:降低湖北地区的物流成本,提高销售利润。在满怀喜悦的同时,刘经理也感到压力重重。

在经过激烈的价格战之后,华夏彩电的经销渠道面临着库存成本大、积压多、周转慢等问题。而且由于移库、转运不及时,经常导致公司与客户订单失之交臂。对此,刘经理一边回顾着公司物流运作的现状,一边陷入了沉思:如何优化湖北地区的物流运作?

二、彩电行业竞争的背景

1994年,我国电视机产量首次超过美国,一举成为世界头号电视机生产大国。1997—1999年,我国彩色电视机的产量分别达到2711万台、3497万台、4262万台,2000年1—10月份,我国彩电产量达2771万台。我国当时有彩电企业87家,生产能力达到年产5000万台以上,实际年产销量为3500万台,已经成为全球最大的彩电生产销售国。由于过度的市场竞争,经过了短短的十几年时间,我国彩电工业已经进入生产能力过剩的阶段,2000年,彩电产品首次出现负增长。2000年彩电产量为4207万台,较1999年同期下降了1.3%。

1989年8月是中国彩电工业自起步以来最为困难的时刻,四川长虹冲破政府价格管制的约束,毅然将产品出厂价平均降低350元,拉开了中国彩电工业价格竞争的序幕。从1996年起,大规模的彩电价格大战就有6次。包括华夏彩电在内的五大巨头都策划和参与了价格大战,但没有一家对价格战说"好"。

沉浮之间,很多业内人士陷入了深刻的反思。华夏公司刘斌经理认为,价格战带来了双重危机:一是财务危机,巨大的库存、越来越多的应收账款正在侵蚀着企业;另一个是创新危机,没有持续的资金力量投入研发,当然也就没有机会分享高新技术带来的利润。对于价格战对彩电企业的影响,刘经理在接受记者采访时说,经过几年的价格战,华夏亏了,大家都亏了。如果再打下去,只有死路一条。同时,有专家提醒:靠降低技术含量来降低价格,靠降低价格来占领市场,终究不是长久之计,更何况价格战虽然打出了销量,却没有打出销售额。

在家电行业决战终端的市场环境中,如何减少中间环节,缩短家电的旅行时间,关系到生产制造企业的身家性命。同时,在竞争过度的家电行业,利润率已经越来越低,如何避免重复的运输,减少家电旅行的成本,同样也是至关重要的。另外,目前城市市场饱和,增长前景在广阔的农村腹地,如何让家电能覆盖尽可能多的目标市场,也是让家电企业非常头痛的问题。而要做到这三点,迫切需要一个反应迅速、经济实用、触角遍布各地的物流网络。在这个物流、配送显得日益重要的商业环境中,家电行业的一些拥有全国性网络和渠道的巨头也为其所动,在物流上打主意。在几轮疯狂的价格战之后,甚至一些名声显赫的家电巨头也感受到了生存的压力。进一步在流通、采购环节压缩成本,已成为不少家电巨头不约而同的想法,家电物流网络的优化成为行业关注的焦点。

三、华夏彩电公司的背景

华夏彩电公司隶属华夏集团。公司产品涉及视听、通讯、IT等领域,已形成了彩电、手机、计算机、显示器、传真机为主导,电视导航器、社区网络服务、车载视听系统、系统集成、微波通信设备、电子商务等齐头并进的产业格局。整个集团员工总数5000多名。2002年,该集团名列"中国电子信息百强"前20位。2000年华夏曾一度拥有五大产业,但后来只剩下数字电视这一块了。华夏集团在进行产业结构调整规划时,就已明确将数字电视作为整个发展战略的核心。

华夏彩电公司的注册商标已于2000年被认定为"中国驰名商标"。2001年5月,其外销品牌荣登"国家重点支持和发展的名牌出口商品榜"。2001年9月,被授予首批"中国名牌产品"荣誉称号。在21寸以上的数字电视市场上,华夏彩电优势明显。在消费者心目中形成了华夏彩电就等同于大屏幕彩电的印象。这些成果确定了华夏彩电在纯平彩电和大屏幕彩电等高端产品领域的优势,该公司的大屏幕纯平彩电一度占据了国内同类产品市场60%的份额,把竞争对手远远地甩在了后面。面对彩电市场国内外更为激烈的竞争局面,华夏彩电公司在2004年第一季度财务报表中提出,要集中优势资源,迅速扩大高端彩电规模,用三年时间使HDTV(高清电视)、PDP(等离子显示屏)、LCD(液晶显示器)总产量处于国内市场的首位,处于国际领先地位。

据悉,华夏彩电走高端产品的战略路线已调整到位,并占领了国产高端彩电市场的半壁江山。2004年下半年以来,高端彩电市场开始迅猛增长,华夏彩电公司在2004年国庆期间的高端彩电销售同比增长了200%左右。华夏彩电公司决定乘势而上,在2005年实现跨越式增长。然而根据华夏相关负责人的介绍,虽然华夏彩电公司总销售额不断增加,但与2002年相比,2004年的毛利却下降了2.3%,成本有不断增加的趋势,且居高不下。

四、华夏彩电公司湖北地区的物流运作

2002年1月到2003年3月,华夏彩电公司在湖北地区彩电的销售额为5640万元,平均每台彩电的售价为1200元。华夏彩电公司对彩电的配送运输

采用的是商流、物流一体化的配送模式(以下简称"自营配送模式")。该模式把彩电配送活动作为华夏的一种商业促销手段而与彩电交易活动紧密联系在一起,使彩电销售部门不仅要进行商品交易,还要从事相应的配送活动,这些配送活动是华夏的产品销售活动的一个环节,彩电配送实际上是作为华夏的一种营销手段而存在的。其物流与商流没有分离,导致物流环节过多,手续复杂,无法快速响应市场需求。

华夏彩电公司在湖北地区共有7个二级仓库,这些仓库分布在湖北省内各地,由各地办事处进行管理。各种产品从生产基地下线后,根据总部物资部的运输指令,被移库到这7个仓库中,仓库中的产品用于满足各地的客户需求。各二级(地市)、三级(县)市场的需求不太旺盛,因此,各地仓库的规模也都不大。有关各仓库信息如表8-7所示。

表8-7 华夏彩电公司湖北各地仓库

仓　　库	面积 (平方米)	租金 (元/月/平方米)	管理费用 (元/月)	辐射半径* (千米)
武汉仓库 W_1	1000	3.7	800	≤1000
十堰仓库 W_2	200	2.3	250	≤260
孝感仓库 W_3	250	2.2	350	≤60
宜昌仓库 W_4	300	3.1	300	≤230
荆州仓库 W_5	200	2.1	250	≤130
荆门仓库 W_6	200	2.0	250	≤200
襄樊仓库 W_7	500	2.6	360	≤300

* 指仓库 W_i 的产品所能辐射的区域半径。

华夏彩电公司在湖北地区的自营配送网络如图8-9所示。由图中可以看出,这种分布较散、规模较小的仓库布局在库存管理方面有很多弊端。产品从总部到各二级仓库的移库数量是通过市场预测估计的,这种估计一般对各二级仓库分配的数量是比较平均的。而家电产品的需求在不同的地区具有不同的特点,也就是说,需求具有一定的地区性,同样型号的产品在一个地方是畅销产品,在另一个地方却有可能是滞销的产品。一旦出现这种情况,办事处往往希望进行调库,将滞销地区多余的产品调配到畅销地区,以满足各地不同的客户需求。但是,进行实物调库必然会产生二次移库费用。当二次移库费用超过了商品利润,或将利润降低到不足以刺激办事处进行商品交易时,则调库不会发生。当时,国内家电行业竞争激烈、商家利润菲薄,这种情况经常发生。其结果是,畅销地区不得不再次从总部要货、移库,产品到货后再进行销售,从而延长了客户需求的响应周期,贻误了商机,增加了各地仓库的库存量。

同时,为了防止缺货,在尽可能短的时间里向客户送货,以免丧失有利的商

图 8-9　自营配送模式下湖北省内仓库网络分布

业机会,各区域仓管人员不管产品是畅销还是滞销,在各自的仓库里对各种规格型号的产品都存储了大量的安全库存。较高的库存使总公司不能准确地预测市场需求,当市场需求发生变化,原来畅销的品种逐渐变成滞销甚至是过时品种时,总公司却不能了解这种需求的变化,仍然继续大量生产该品种,导致应该生产的畅销品种没有投入生产,而属于过时品种的机型却源源不断地送往各地仓库,以致形成恶性循环,公司的库存不断增加。

从生产基地向各地区性仓库转移的运输计划是由总部制订的。仓库负责人对仓库的送货数据、内部流动库存量以及能表现出送货量的提单进行分析,然后向配送经理汇报,以在必要的环节进行修改。每一个地区性仓库的库存量需要是由通常的使用量(或存货量)决定的,每过一段时间就要进行检查,在必要的时候作一些改动。在改动的同时要考虑到移库转运费用,其中,从深圳到各地区性仓库,平均每台彩电的零担(less-than-truckload,LTL)运输费率为 0.47 元/千克(平均每台彩电重 25 千克),而在进行彩电的二级、三级配送时,平均每台彩电的零担运输费率为 0.13 元/千克。

虽然当时湖北地区彩电的需求量不断增加,但是华夏彩电的销售却呈下降趋势,而且物流成本也越来越高,对此,刘经理感觉到自己身上的担子越来越重,于是他找到了武汉分公司的销售主管,要求销售主管统计 2002 年 1 月至 2003 年 3 月的物流成本。从销售主管的汇报中他得知:在此期间,华夏彩电在湖北地区的库存达到 25.4%,由此而产生的库存管理费高达 2.856 万元。仅库存费用就令人惊讶,如果再加上运输费用和仓储费用,那么华夏彩电在湖北地区的物流费用可想而知。因此,刘经理再次找到了销售主管,与他商讨如何降低物流成本,吩咐销售主管对同行作出相关调查研究并尽快拿出调查报告。通过市场调查,销售主管发现,公司自主配送的运输费用比市场的运输报价要高,而且由于当时公司的信息管理技术较落后,导致诸如订单处理等所耗费的库存管理费用与同行相比要高出2~3倍。表8-8所示是销售主管根据调查情况所提出的调查报告的备忘录纲要。

表8-8　华夏彩电武汉销售部备忘录纲要

时间:2003年4月30日
　　致:华夏彩电武汉分公司经理刘斌
　　来自:华夏彩电武汉分公司销售主管于×
　　主题:物流成本记录

　　在计算物流成本时,要考虑以下三类基本成本种类:①运输成本;②库存成本;③仓储成本。其中,运输成本包括干线运输成本和区域配送成本;库存成本包括库存资金成本和库存管理费用(主要指订单处费用);仓储成本包括仓库租金和仓库管理费用。

　　向库存投入的资本是附属于存货的真实成本。货物的存放成本占用了原本可以进行其他投资的资金。这一推理既适用于内部筹集的资金,也适用于从外部资源所获得的资金。因此,必须计算公司资本的机会成本,以正确反映所涉及的真实成本。目前,各彩电公司的平均库存量为年销售量的16.1%左右。

　　根据交通运输路线的不同,可以将从华夏公司总部仓库到湖北地区的移库作业分为干线运输和区域配送运输,从生产基地到武汉的运输划为干线运输,湖北省内的运输配送划为区域配送运输。当前各运输公司所给出的干线运输费率和区域配送运输费率分别为0.38元/千克、0.27元/千克。

　　在进行配送时,必须及时处理顾客的订单,否则就会导致订单丢失。而华夏目前的配送方式不仅容易丢失订单,而且订单的处理费用很高。如果能采用先进的信息管理技术,对订单进行实时处理,估计平均每台彩电的库存管理费用只需0.248元。

物流成本信息

成本项目	备注
运输成本	
干线运输成本	零担费率为0.38元/千克
区域配送成本	零担费率为0.27元/千克
库存成本	
库存资金成本	当前银行的月利率为0.465%
库存管理成本	0.248元/台
仓储成本	平均每台彩电每天的仓储费率为0.04元
仓库租金	
仓库管理费	

说明:出于商业保密的考虑,案例中对有关数据已作过处理。

华夏彩电公司早已认识到分公司自营配送的诸多不足：商流、物流不分离，运作效率低，库存成本高，资金占用严重。而且，公司经常收到顾客关于缺货率高和响应周期长的抱怨。虽然华夏彩电公司在湖北地区设有7个仓库，但这种小规模的仓库布局也难免出现服务区域辐射重叠的情况：设置在武汉的仓库完全可以满足孝感、荆州、荆门等周边地区的需求，而且荆门、宜昌、十堰也在襄樊的辐射区域内。这就使得处于重叠辐射区域的订单难以处理，无形之中就增加了从生产基地到各仓库的运输费用。

在信息技术日新月异的今天，信息在生产力体系中的地位越来越突出。然而，华夏对客户订单的处理还没有完全信息化，这样不仅增加了订单的处理费用，而且延长了客户订单的响应周期。在华夏彩电公司，从深圳到湖北的运输以及在湖北省内的配送运输的子周期分别为5天和1天左右，而彩电的平均库存子周期约为一个半月。实际上，如果能实时处理客户订单，与之相对应的3个子周期将分别为3天、5.5天、2天。

问题讨论：

刘经理对华夏彩电公司采用的物流模式是否合理，以及该如何为公司进行物流运作的优化等问题感到十分困惑。如果你是刘经理，你会如何优化公司的物流运作呢？

第九章 供应链管理环境下的库存管理策略

本章重点理论与问题

> 库存就是在企业生产和物流渠道中各点暂时存放起来的原材料、供给品、零部件、半成品和成品。库存频繁出现在仓库、堆场、商店库房、运输设备和零售商的货架上。持有这些库存每年耗费的成本占其库存货物价值的20%～40%。因此，对库存水平进行控制很有经济意义。为了使读者能够更好地掌握供应链管理环境下库存控制的战略意义，本章重点研究库存管理新的理念，而不在于具体的方法，因为有关库存控制的方法和技术可以在生产和运作管理方面的书籍中学习到。通过这一章的学习，读者应在了解一些库存管理基本原理和方法的基础上，重点学习分析供应链管理模式下库存管理出现的新问题，了解和掌握随着供应链管理的集成度演变发展过程而提出的几种库存管理的方法和策略，如VMI管理系统、联合库存管理和多级库存优化等，能够将供应链库存管理的新理念应用于供应链管理的战略措施中。

第一节 供应链管理环境下的库存问题

"库存"，表示用于将来目的的、暂时处于闲置状态的资源。一般情况下，人们设置库存的目的是防止短缺，就像在水库储存水一样，以便保证能向外界源源不断地提供产品。另外，它还具有保持生产过程的连续性、分摊订货费用、快速满足用户订货需求的作用。在企业生产中，尽管库存是出于种种经济考虑而存在的，但库存却也是一种无奈的选择，因为库存的存在是由于人们无法预测未来的需求变化而不得已为之的。采用库存应付外界的变化，也是因为人们无法使所有的工作都做得尽善尽美，才产生了一些人们并不想要的冗余与囤积——不和谐的工作沉淀。

库存以原材料、在制品、半成品、成品的形式存在于供应链的各个环节。由于库存费用占库存物品价值的20%～40%，因此，供应链中的库存控制是十分重要的。库存决策的内容集中于运行方面，包括生产部署策略，如采用推式生产管理还是拉式生产管理；库存控制策略，如各库存点的最佳订货量、最佳再订货点、安全库存水平的确定等。

绝大多数制造业供应链是由制造和分销网络组成的，通过原材料的输入转化为中间和最终产品，并把它分销给用户。最简单的供应链网络只有一个节点（单一企业），同时担负制造和分销功能。在复杂的供应链网络中，不同的管理者担负不同的管理任务。不同的供应链节点企业的库存,包括输入的原材料和最终的产品,都有复杂的关系。供应链的库存管理不是简单的需求预测与补给,而是要通过库存管理使用户服务与利润得到优化。其主要内容包括:采用先进的商业模式来评价库存策略、提前期和运输变化的效果;决定经济订货量时考虑供应链企业各方面的影响;在充分了解库存状态的前提下确定适当的服务水平。

一、供应链管理环境下的库存问题

供应链管理环境下的库存问题与传统的企业库存问题有许多不同之处,这些不同点体现了供应链管理思想对库存的影响。传统的企业库存管理侧重于优化单一的库存成本,从存储成本和订货成本出发确定经济订货量和订货点。从单一的库存角度看,这种库存管理方法有一定的适用性,但是从供应链整体的角度看,单一企业库存管理的方法显然是不够的。

目前供应链管理环境下的库存控制中主要存在三大类问题:信息类问题、供应链的运作问题、供应链的战略与规划问题。这些问题可综合成以下几个方面的内容。

1. 缺乏供应链的整体观念

虽然供应链的整体绩效取决于各个供应链节点的绩效,但是各个部门都是各自独立的单元,都有各自独立的目标与使命。有些目标和供应链的整体目标是不一致的,更有可能是冲突的。因此,这种各行其是的山头主义行为必然导致供应链整体效率的低下。

比如,美国北加利福尼亚的计算机制造商的电路板组装作业以每笔订货费作为其压倒一切的绩效评价指标,该企业集中精力于减少订货成本。这种做法本身并没有不妥,但是它没有考虑这样做对整体供应链的其他制造商和分销商的影响,结果该企业不得不维持过高的库存以保证大批量订货生产。又比如,印第安纳的一家汽车制造配件厂却在大量压缩库存,因为它的绩效评价是由库存决定的,结果使它到组装厂与零配件分销中心的响应时间变得更长,更加波动不定。组装厂与分销中心为了满足顾客的服务要求,不得不维持较高的库存。这两个例子说明,传统的供应链库存决策是各自为政的,没有考虑整体的效能。

一般的供应链系统都没有针对全局供应链的绩效评价指标,这是普遍存在的问题。有些企业采用库存周转率作为供应链库存管理的绩效评价指标,但是没有考虑对用户的反应时间与服务水平,用户满意度应该成为供应链库存管理的一项重要指标。

2. 对用户服务的理解与定义不恰当

供应链管理的绩效好坏应该由用户来评价,或者以对用户的反应能力来评价。但是,对用户服务的理解与定义各不相同,导致对用户服务水平的差异。许多企业采用订货满足率来评估用户服务水平,这是一个比较好的用户服务考核指标。但是用户满足率本身并不能保证运作有无问题,比如一家计算机工作站的制造商要满足一份包含多产品的订单要求,产品来自各供应商,用户要求一次性交货,于是,制造商就要等各个供应商的产品都到齐后才一次性装运给用户。这时,用总的用户满足率来评价制造商的用户服务水平是恰当的,但是,这种评价指标并不能帮助制造商发现是哪家供应商交货迟了或早了。

传统的订货满足率评价指标也不能评价订货的延迟水平。两家同样具有90%的订货满足率的供应链,在如何迅速补给余下的10%的订货要求方面差别是很大的。其他的服务指标也常常被忽视,如总订货周转时间、平均回头订货、平均延迟时间、提前或延迟交货时间等。

3. 不准确的交货状态数据

当顾客下订单时，他们总想知道什么时候能交货。在等待交货的过程中，他们也可能会对订单交货状态进行修改，特别是当交货被延迟时。我们并不否认一次性交货的重要性，但必须看到，许多企业并没有及时而准确地把推迟的订单交货的修改数据提供给用户，其结果当然是用户的不满和良好愿望的落空。如一家计算机公司花了一周的时间通知用户交货日期；还有一家公司30%的订单是在承诺交货日期之后交货的，40%的实际交货日期与承诺交货日期偏差了10天之久，而且交货日期修改过几次。交货状态数据不及时、不准确的主要原因是信息传递系统的问题，这就是下面要谈的另外一个问题。

4. 低效率的信息传递系统

在供应链中，各个供应链节点企业之间的需求预测、库存状态、生产计划等都是供应链管理的重要数据，这些数据分布在不同的供应链组织之间。要做到有效地快速响应用户需求，必须实时地传递数据，为此需要对供应链的信息系统模型进行相应的改变，通过系统集成的办法，使供应链中的库存数据能够实时、快速地传递。但是目前许多企业的信息系统并没有很好地集成起来，当供应商需要了解用户的需求信息时，得到的常常是延迟的和不准确的信息。由于延迟引起了误差，影响了库存量的精确度，短期生产计划的实施也会遇到困难。例如，企业为了制订一个生产计划，需要获得关于需求预测、当前库存状态、订货的运输能力、生产能力等信息，这些信息需要从供应链的不同节点企业的数据库获得，数据调用的工作量很大。数据整理完后制订主生产计划，然后运用相关管理软件制订物料需求计划，这样一个过程一般需要很长时间。时间越长，预测误差越大，制造商对最新订货信息的有效反应能力也就越差，生产出过时的产品和造成过高的库存也就不足为奇了。

5. 库存控制策略简单化

无论是生产性企业还是物流企业，控制库存都是为了保证供应链运行的连续性和应付不确定需求。了解和跟踪引起不确定性状态的因素是第一步，第二步是要利用跟踪到的信息去制定相应的库存控制策略。这是一个动态的过程，因为不确定性也在不断地变化。有些供应商在交货与质量方面可靠性好，而有些则相对差一些；一些物品的需求可预测性大，而另外一些物品的可预测性则小一些。库存控制策略应能反映这些情况。

许多企业对所有的物品采用统一的库存控制策略，物品的分类没有反映供应与需求中的不确定性。在传统的库存控制策略中，多数是面向单一企业的，采用的信息基本上来自企业内部，其库存控制没有体现供应链管理的思想。因此，如何建立有效的库存控制方法，并能体现供应链管理的思想，是供应链库存管理的重要内容。

6. 缺乏合作与协调性

供应链是一个整体，需要协调各方活动，才能取得最佳的运作效果。协调的目的是使满足一定服务质量要求的信息可以无缝地、流畅地在供应链中传递，从而使整个供应链能够根据用户的要求步调一致，形成更为合理的供需关系，适应复杂多变的市场环境。例如，当用户的订货由多种产品组成，而各产品又是由不同的供应商提供，且用户要求所有的商品都一次性交货时，这时企业必须对来自不同供应商的交货期进行协调。如果组织间缺乏协调与合作，会导致交货期延迟和服务水平下降，同时库存也会由此而增加。

供应链的各个节点企业为了应付不确定性,都设有一定的安全库存,正如前面提到的,设置安全库存是企业采取的一种应急措施。问题在于,多厂商特别是全球化的供应链中,组织的协调涉及更多的利益群体,相互之间的信息透明度不高。在这样的情况下,企业不得不维持一个较高的安全库存,为此需要付出较高的代价。

企业之间存在的障碍有可能使库存控制变得更为困难,因为各自有不同的目标和绩效评价尺度,拥有不同的仓库,也不愿意与其他部门共享资源。在分布式的组织体系中,企业之间的障碍对库存集中控制的阻力更大。

要进行有效的合作与协调,企业之间需要一种有效的激励机制。企业内部一般有各种各样的激励机制来加强部门之间的合作与协调,但是当涉及企业之间的激励时,困难就大得多。问题还不止于此,信任风险的存在进一步加深了问题的严重性,相互之间缺乏有效的监督机制和激励机制是供应链企业之间合作不稳固的原因。

7. 产品的生产过程设计没有考虑供应链上库存的影响

现代产品设计与先进制造技术的出现,使产品的生产效率大幅度提高,而且具有较高的成本效益,但是供应链库存的复杂性常常被忽视,结果所有节省下来的成本都被供应链上的分销与库存成本给稀释了。同样,在引进新产品时,如果不进行供应链的规划,也会由于诸如运输时间过长、库存成本高等原因而无法获得成功。如若干年前美国的一家计算机外围设备制造商,为世界各国分销商生产打印机,打印机有一些具有销售所在国特色的配件,如电源、说明书等。美国工厂按需求预测生产,但是随着时间的推移,当打印机到达各地区分销中心时,需求已经发生了改变。因为打印机是为特定国家生产的,分销商无法应付需求的变化,也就是说,这样的供应链缺乏柔性,其结果是造成产品积压,产生了高库存。后来,该制造商重新设计了供应链结构,主要对打印机的装配过程进行了改动,工厂只生产打印机的通用组件,让分销中心再根据所在国家的需求特点加入相应的特色组件,这样大量的库存就降下来了,同时供应链也具有了柔性。这就是产品"为供应链管理而设计"的思想。在这里,分销中心参与了产品装配设计这样的设计活动,这涉及组织之间的协调与合作问题,因此合作关系很重要。

在供应链的结构设计中,同样需要考虑库存的影响。要在一条供应链中增加或关闭一个工厂或分销中心,一般是先考虑固定成本与相关的物流成本,至于网络变化对运作的影响因素,如库存投资、订单的响应时间等常常是放在第二位的。但是这些因素对供应链的影响不可低估。如美国一家IC芯片制造商的供应链结构是这样的:在美国加工晶片后运到新加坡检验,再运回美国生产地做最后的测试,包装后运到用户手中。供应链之所以这样设计,是因为考虑了新加坡的检验技术先进、劳动力素质高和税收低等因素。但是这样做对库存和周转时间的考虑显然是有欠缺的,因为从美国到新加坡一个来回至少要两周,而且还有办理海关手续的时间,这就延长了制造周期,增加了库存成本。

二、供应链中的不确定性与库存

(一) 供应链中的不确定性

供应链的库存水平与供应链的不确定性有很密切的关系。从供应链整体的角度看,供应链中的库存无非有两种,一种是生产制造过程中的库存,一种是物流过程中的库存。库存存在的客观原因是为了应付各种各样的不确定性,保持供应链系统的正常性和稳定性,但是库存也同时产生和掩盖了管理中的问题。

供应链中不确定性的表现形式有两种:

(1) 衔接不确定性(uncertainty of interface)。企业之间(或部门之间)的不确定性,可以说是供应链的衔接不确定性,这种衔接不确定性主要表现在合作性上。为了消除衔接不确定性,需要增加企业之间或部门之间的合作性。

(2) 运作不确定性(uncertainty of operations)。系统运行不稳定是组织内部缺乏有效的控制机制所致,控制失效是组织管理不稳定和不确定性的根源。为了消除运行中的不确定性,需要增加组织的控制,提高系统的可靠性。

供应链中的不确定性的来源主要有三个方面:供应商不确定性、生产者不确定性、顾客不确定性。不同的原因造成的不确定性表现形式各不相同。

供应商不确定性主要表现为提前期的不确定性、订货量的不确定性等。供应商不确定性产生的原因是多方面的,如供应商的生产系统发生故障导致生产延迟,供应商的供应商的延迟,意外的交通事故导致运输延迟,等等。

生产者不确定性产生的主要原因是制造商本身的生产系统不可靠,如机器故障、计划执行出现偏差等。造成生产者生产过程中在制品库存的原因也在于其对需求的处理方式上。生产计划是一种根据当前生产系统的状态和未来情况作出的对生产过程的模拟,用计划的形式表达模拟的结果,并且用计划来驱动生产的管理方法。但是生产过程的复杂性使生产计划并不能精确地反映企业的实际生产条件和预测生产环境的改变,这就不可避免地造成了计划与实际执行的偏差。有效的生产控制措施能够对生产的偏差给予一定的修补,但是生产控制必须建立在对生产信息的实时采集与处理上,使信息及时、准确、快速地转化为生产控制的有效信息。

顾客不确定性产生的原因主要有需求预测的偏差、购买力的波动、从众心理和个性特征等。通常,需求预测的方法都有一定的模式或假设条件,假设需求按照一定的规律运行或表现一定的规律特征,但是任何需求预测方法都存在这样或那样的缺陷,而无法确切地预测需求的波动和顾客的心理性反应。在供应链中,不同节点企业相互之间的需求预测的偏差进一步加剧了供应链需求的放大效应,加剧了供应链的信息扭曲。

不管供应链上的不确定性来源于哪一方面,从根本上讲都是三个方面的原因造成的:

(1) 需求预测水平。预测水平与预测时间的长度有关,预测时间越长,预测精度就越差。另外,预测的方法也会对预测产生影响。

(2) 决策信息的可获得性、透明性、可靠性。信息的准确性对预测同样会造成影响,下游企业与顾客接触的机会越多,可获得的有用信息也越多。如果远离顾客需求,信息的可获得性和准确性就差,因而预测的可靠性也较差。

(3) 决策过程的影响,特别是决策人心理的影响。需求计划的取舍与修订、对信息的要求与共享,无不反映了个人的心理偏好。

(二) 供应链的不确定性与库存的关系

下面来分析供应链运行中的两种不确定性对供应链库存的影响:衔接不确定性与运作

不确定性。

1. 衔接不确定性对库存的影响

传统供应链的衔接不确定性普遍存在,集中表现为企业之间的独立信息体系(信息孤岛)现象。在竞争中,企业总是为了各自的利益而进行资源(包括物质资源和信息资源)的自我封闭,企业之间的合作仅仅是贸易上的短时性合作,人为地增加了企业之间的信息壁垒和沟通障碍,企业不得不为应付不测而建立库存,库存的存在实际上就是信息堵塞与封闭的结果。虽然企业各个部门和企业之间都有信息的交流与沟通,但还远远不够。企业的信息交流更多是在企业内部而非企业之间进行。信息共享程度低是传统的供应链不确定性增加的一个主要原因。

传统的供应链中信息是逐级传递的,即上游供应链企业依据下游供应链企业的需求信息来进行生产或供应决策。在集成的供应链系统中,每个供应链企业都能共享顾客的需求信息,信息不再是线性的传递过程,而是网络的传递过程和多信息源的反馈过程。通过建立战略伙伴关系的新型的企业合作模式,并且通过建立跨组织的信息系统为供应链的各个合作企业提供共同的需求信息,有利于推动企业之间的信息交流与沟通。企业有了确定的需求信息,在制订生产计划时,就可以减少为了应对需求波动而设立的库存,使生产计划更加精确可行。对于下游企业而言,战略伙伴关系的供应链可为企业提供综合、稳定的供应信息,无论上游企业能否按期交货,下游企业都能预先得到相关信息而采取相应的措施,这样需求企业就无须过多设立库存。

2. 运作不确定性对库存的影响

供应链企业之间的衔接不确定性通过建立战略伙伴关系的供应链联盟或供应链协作体而得以减少,同样,这种合作关系可以消除运作不确定性对库存的影响。当企业之间的合作关系改善时,企业的内部生产管理运作也会大大改善。因为企业之间的衔接不确定性因素减少,企业的生产控制系统就能摆脱这种不确定性因素的影响,使生产系统的控制实时、准确。也只有在供应链的条件下,企业才能获得对生产系统有效控制的有利条件,消除生产过程中不必要的库存现象。

在传统的企业生产决策过程中,供应商或分销商的信息是生产决策的外生变量,因为无法预见外在需求或供应的变化信息,至多只能获得延迟的信息;同时,库存管理的策略也是考虑设立独立的库存点而不是采用共享的信息,因而库存成了维系生产正常运行的必要条件。当生产系统形成网络时,不确定性就像瘟疫一样在生产网络中传播,几乎所有的生产者都希望拥有库存来应付生产系统内外的不可预测变化。因为无法预测不确定性的大小和影响程度,人们只好按照保守的方法设立库存来对付不确定性。

在不确定性较大的情形下,为了维持一定的用户服务水平,企业也常常维持一定的库存,以提高服务水平。在不确定性存在的情况下,高服务水平必然带来高库存水平。

三、协调库存管理

前面我们分析了不确定性对库存的影响,得出的结论是:为了降低企业的库存水平,需要增加企业之间的信息交流与共享,减少不确定性因素对库存的影响,增加库存决策信息的透明性、可靠性、实时性。所有这些都需要企业之间的协调。

供应链管理模式下库存管理的最高理想是，实现供应链企业的无缝连接，消除供应链企业之间的高库存现象。

第二节　供应商管理库存

前面分析了供应链管理环境下的库存管理和传统库存管理模式的区别以及所面临的新问题。为了适应供应链管理的要求，供应链管理环境下的库存管理方法必须进行相应的改变。本节将结合国内外企业的实践经验及理论研究成果，介绍一种先进的供应链库存管理技术与方法——供应商管理库存(VMI)系统。

一、供应商管理库存的基本思想

长期以来，流通中的库存是各自为政的。流通环节中的每一个部门都是各自管理自己的库存，零售商有自己的库存，批发商有自己的库存，供应商有自己的库存，各个供应链环节都有自己的库存控制策略。由于各自的库存控制策略不同，因此不可避免地产生了需求的扭曲现象，即所谓的"长鞭效应"，使供应商无法快速地响应用户的需求。在供应链管理环境下，供应链的各个环节的活动都应该是同步进行的，而传统的库存控制方法无法满足这一要求。近年来，国外出现了一种新的供应链库存管理方法——供应商管理库存，这种库存管理策略打破了传统的各自为政的库存管理模式，体现了供应链的集成化管理思想，适应了市场变化的要求，是一种新的有代表性的库存管理思想。

一般来讲，库存是由库存拥有者管理的。因为无法确切知道用户需求与供应的匹配状态，所以需要库存，库存设置与管理是由同一组织完成的。这种库存管理模式并不总是最优的。例如，一个供应商用库存来应付不可预测的或某一用户不稳定的（这里的用户不是指最终用户，而是指分销商或批发商）需求，用户也设立库存来应付不稳定的内部需求或供应链的不确定性。虽然供应链中每一个组织都独立地寻求保护其各自在供应链的利益不受意外干扰的做法是有效的，但并不可取，因为这样做的结果影响了供应链的优化运行。供应链的各个不同组织根据各自的需要独立运作，导致重复建立库存，因而不能产生供应链全局的最低成本，整个供应链系统的库存会随着供应链长度的增加而发生需求扭曲。供应商管理库存系统就能够突破传统的条块分割的库存管理模式，以系统的、集成的管理思想进行库存管理，使供应链系统能够获得同步化的运作。

VMI 是一种很好的供应链库存管理策略。关于 VMI 的定义可以表述为："VMI 是一种在制造商(用户)和供应商之间的合作性策略，以对双方来说都是最低的成本优化产品的可获得性，在一个相互同意的目标框架下由供应商管理库存。"VMI 的目标是试图降低供应链的总库存而不是哪一个环节的库存，从而真正降低供应链上的总库存成本。

关于 VMI 也有其他的不同定义，但归纳起来，该策略的关键措施主要体现在如下几个原则中。

(1) 合作精神(合作性原则)。在实施该策略时，相互信任与信息透明是很重要的，供应商和用户(零售商)都要有合作精神,才能够较好地合作。

(2) 使双方成本最小(互惠原则)。VMI 解决的不是关于成本如何分配或谁来支付的问题,而是关于降低成本的问题。通过该策略使双方的成本都得以降低。

(3) 框架协议(目标一致性原则)。双方都明白各自的责任,观念上达成一致的目标。如库存放在哪里、什么时候支付、是否要管理费、要花费多少等问题都要回答,并且体现在框架协议中。

(4) 总体优化原则。使供需双方能共享利益和消除浪费。

VMI 的主要思想是:供应商在用户的允许下设立库存,确定库存水平和补给策略,并拥有库存控制权。

精心设计与开发的 VMI 系统,不仅可以降低供应链的库存水平,降低成本,而且还可使用户获得高水平的服务,改进资金流,与供应商共享需求变化的透明性和获得更好的用户信任。

二、实施 VMI 的意义

供应链管理的成功通常来源于理解和管理好存货成本和消费者服务水平之间的关系。VMI 就是一种能使供应链合作伙伴共同降低成本和改进服务的先进理念。

1. 降低供应链的总库存成本

需求的易变性是大部分供应链面临的主要问题,它既损害了为顾客提供的服务,也减少了产品收入。在过去的零售情况下,管理政策常常使销售的波动状况更糟。由于需求的不确定性、有冲突的执行标准、用户行为的互相孤立、产品短缺造成的订货膨胀等原因,订购的方式可能会更糟。

许多供应商被 VMI 吸引是因为它减少了需求的不确定性。来自消费组织的少有的大订单迫使生产商维持剩余的能力或超额的成品存货量,以确保响应顾客服务的能力,这是一种成本很高的方法。VMI 可以削弱产量的峰值和谷值,允许小规模的生产能力和低存货水平。

用户被 VMI 吸引是因为它解决了有冲突的执行标准带来的两难困境。比如,月末的存货水平对于作为零售商的用户是很重要的,但维持顾客服务水平也是必要的,而这些标准经常相互冲突。零售商在月初储备货物以保证高水平的顾客服务,然后使存货水平在月末下降以达到它们的库存目标(而不管它对服务水平的影响)。在季末涉及财务报告时,这种不利的影响将更加明显。

在 VMI 中,补货频率通常由每月提高到每周(甚至每天),这会使双方都受益。供应商在工厂可以看到更流畅的需求信号。由于能更好地利用生产及运输资源,就降低了成本,也减少对大容量的作为缓冲的存货的需求。供应商可以作出与需要相协调的补货决定,并且提高"需求倾向趋势"的意识。消费组织从合理的低水平库存流转中受益。即使用户将所有权(物主身份)让渡给供应商,改善了的运输和仓储效率也会产生许多好处。此外,月末或季末的服务水平也会得到提高。

在零售供应链中,不同用户间的订货很少能相互协调,订单经常同时到来,这就使及时实现所有的递送请求变得不可能。在 VMI 中,更大的协调能力将满足供应商对平稳生产的需求,而不必牺牲购买者的服务和存储目标。

最后，VMI将使运输成本减少。如果处理得好，这种方法将会提高低成本的满载运输的比例，而降低高成本的未满载货的比例。这可以通过供应商协调补给过程来实现，而不是等收到订单时再自动回应。另一个值得注意的方案是进行更有效的路线规划，例如，一辆专用的货车可以在途中停车多次，为某几位邻近的顾客补货。

2. 提高服务水平

在零售商看来，服务水平常常由产品的可得性来衡量。这来自一个很简单的想法，即当顾客走进商店时，想买的产品却没有，这桩买卖就泡汤了。结果就相当严重，因为失去一桩生意的"成本"可能是失去信誉。所以，在计划时，零售商希望供应商是可信任的、可靠的。在商品销售计划中，零售商更希望供应商拥有极具吸引力的货架空间。因此，以可靠著称的供应商可以获得更高的收入。在其他条件相同的情况下，人人都可以从改善了的服务中受益。

在VMI中，对多用户补货订单和递送的协调大大改善了服务水平。一项不重要的递送可以推迟一两天，而先完成主要的递送业务。类似的，相对于小的业务，可以先完成大的补货业务。由于有能力平衡所有合作伙伴的需求，供应商可以改善系统的工作状况而不必使任何个体顾客冒险。他们向顾客保证：顾客最主要的需要将会受到最密切的关注。如果没有VMI，供应商很难有效地安排顾客需求的先后顺序。

如果扩大有效解决现有问题的范围，服务就可以进一步改善。比如说，在缺货的时候，在一个用户的配送中心之间（或多个用户的配送中心之间）平衡存货是十分必要的。有些情况下，在顾客间实行存货的重新平衡可能是最经济的方法。没有VMI，通常无法这样做，因为供应商和顾客都看不到整体存货的配置（分布）。在VMI下，当用户将货物返还给供应商时，供应商可以将其供给另一位用户，这时就实现了存货平衡。这种方法最坏的结果也就是多了一些运输成本而已。

另外一个好处就是，VMI可以使产品更新更加方便。由于在系统中流通旧货将会减少，所以顾客可以避免抢购。此外，新产品的上架速度将更快。由于信息共享，货物更新时不必为推销担心，而且零售商可以保持"时尚"的形象。

VMI中运用的运输过程进一步改善了顾客服务。没有VMI，集中的用户和分散的配送中心之间的沟通障碍有时会使货物的运送被拒绝。VMI的供应商会预先规划如何补货和递送，以保证实现递送计划。

三、实施VMI的方法

实施VMI策略，要改变订单的处理方式，建立基于标准的托付订单处理模式。首先，供应商和批发商一起确定供应商订单业务处理过程所需要的信息和库存控制参数，然后建立一种订单的标准处理模式，如EDI标准报文，最后把订货、交货和票据处理各项业务功能集成在供应商一边。

库存状态的透明性（对供应商）是实施VMI的关键。供应商能够随时跟踪和检查销售商的库存状态，从而快速响应市场的需求变化，对企业的生产（供应）状态进行相应的调整。为此需要建立一种能够使供应商和用户（分销商、批发商）的库存信息系统透明连接的方法。

VMI策略的实施可以分为如下几个步骤。

第一，建立顾客情报信息系统。要有效地管理销售库存，供应商必须能够获得顾客的有关信息。通过建立顾客的信息库,供应商能够掌握需求变化的有关情况,把由批发商(分销商)进行的需求预测与分析功能集成到供应商的系统中来。

第二,建立销售网络管理系统。供应商要想很好地管理库存,必须建立起完善的销售网络管理系统,保证自己产品的需求信息和物流畅通。为此,必须:①保证自己产品条码的可读性和唯一性;②解决产品分类、编码的标准化问题;③解决商品存储运输过程中的识别问题。

第三,建立供应商与分销商(批发商)的合作框架协议。供应商和销售商(批发商)一起通过协商,确定订单处理的业务流程以及库存控制有关的参数,如再订货点、最低库存水平等;确定库存信息的传递方式,如 EDI 或 Internet 等。

第四,组织机构的变革。这一点也很重要,因为 VMI 策略改变了供应商的组织模式。传统上由会计经理处理与用户有关的事情;引入 VMI 策略后,在订货部门产生了一个负责控制用户的库存、库存补给和服务水平的新的职能。

一般来说,在以下情况下适合实施 VMI 策略:零售商或批发商没有 IT 系统或基础设施来有效管理他们的库存;制造商实力雄厚并且比零售商的市场信息量大;有较高的直接存储交货水平,因而制造商能够有效规划运输。

VMI 的方式主要有四种:

(1) 供应商提供包括所有产品的软件进行存货决策,用户使用软件执行存货决策,用户拥有存货所有权、管理存货;

(2) 供应商在用户的所在地,代表用户执行存货决策、管理存货,但是存货的所有权归用户;

(3) 供应商在用户的所在地,代表用户执行存货决策、管理存货,拥有存货所有权;

(4) 供应商不在用户的所在地,但是定期派人代表用户执行存货决策、管理存货,供应商拥有存货的所有权。

通过 VMI,供应商可以客观评价放在供应商处的存货,供应商可以决定产品的标准,决定订货点、补充存货的时机以及交货的流程,建立多种库存优化模型并进行人员培训。

四、实施 VMI 的几种模式

1. "制造商-零售商" VMI 模式

这种模式通常发生在制造商作为供应链的上游企业对他的客户(如零售商)实施 VMI,如图 9-1 所示。图 9-1 中的制造商是 VMI 的主导者,由他负责对零售商的供货系统进行检查和补充。这种情况多出现在制造商是一个比较大的产品制造者,具有相当的规模和实力,完全能够承担起管理 VMI 的责任,如美国的宝洁公司。

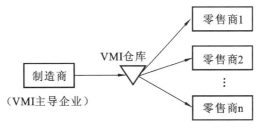

图 9-1 "制造商-零售商"VMI 系统

2. "供应商-制造商"VMI模式

这种模式通常发生在制造商是供应链上实施 VMI 的下游企业,要求他的供应商按照 VMI 的方式向其补充库存,如图 9-2 所示。此时,VMI 的主导者可能还是制造商,但他是 VMI 的接受者,而不是管理者,此时的 VMI 管理者是该制造商的上游的众多供应商。例如在汽车制造业,这种情况比较多见。一般来说,汽车制造商是这一供应链上的核心企业,为了应对激烈的市场竞争,他会要求他的零部件供应商为其实施 VMI 的库存管理方式。由于很多零部件供应商的规模很小,实力很弱,完全由这些中小供应商完成 VMI 可能比较困难。另外,由于制造商要求供应商按照准时化的方式供货,所以,供应商不得不在制造商的周边建立自己的仓库。这样一来,会导致供应链上的库存管理资源重复配置。表面上看,这些库存管理成本是由供应商支付的,但实际上仍然会分摊到供货价格里面去,最终对制造商也是不利的。所以,近年来这种 VMI 模式越来越少了。

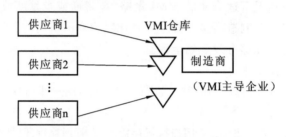

图 9-2 "供应商-制造商"VMI 系统

3. "供应商-第三方物流-制造商"VMI模式

为了克服第二种模式的弊端,人们创造出了新的方式:"供应商-第三方物流-制造商" VMI 模式。这种模式引入了一个第三方物流企业,由第三方物流企业提供一个统一的物流和信息流管理平台,统一执行和管理各个供应商的零部件库存控制指令,负责完成向制造商生产线上配送零部件的工作,而供应商则根据第三方物流企业的出库单与制造商按时结算,如图 9-3 所示。

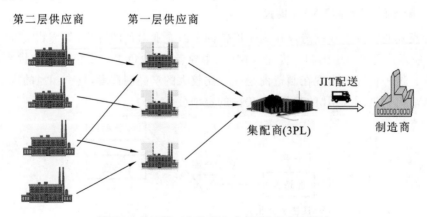

图 9-3 基于第三方物流企业的 VMI 实施模式

由第三方物流企业运作的 VMI 仓库可以合并来自多个供应商交付的货物,采用了物流集中管理的方式,因此形成了规模效应,降低了库存管理的总成本。这一模式的信息流和物流流程如图9-4所示。

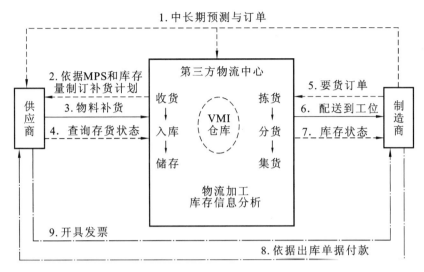

图 9-4 基于第三方物流的企业 VMI 信息流和物流传递示意图

这一模式的优点还有:第三方物流企业推动了合作三方(供应商、制造商、第三方物流企业)之间的信息交换和整合;第三方物流企业提供的信息是中立的,根据预先达成的框架协议,物料的转移标志了物权的转移;第三方物流企业能够提供库存管理、拆包、配料、排序和交付,还可以代表制造商向供应商下达采购订单。

将 VMI 业务外包给第三方物流企业,最大的阻力还是来自制造商企业内部。制造商企业的管理人员对第三方物流企业是否可以保证 VMI 业务的平稳运作存在怀疑和不理解,也有人担心引入第三方物流企业后会失去工作,还有人认为 VMI 业务可以带来利润,因此希望"肥水不流外人田",把这一业务保留在企业可以获得额外的"利润"。因此,为了使 VMI 能够真正为供应链带来竞争力的提升,必须对相关岗位的职责进行重新组织,甚至对企业文化进行变革。

第三节 联合库存管理

一、联合库存管理的基本思想

VMI 是一种供应链集成化运作的决策代理模式,它把用户的库存决策权代理给供应商,由供应商代理分销商或批发商行使库存决策的权力。联合库存管理则是一种风险分担的库存管理模式。

联合库存管理的思想可以从分销中心的联合库存功能谈起。地区分销中心体现了一种简单的联合库存管理的思想。传统的分销模式是分销商根据市场需求直接向工厂订货,比如汽车分销商(或批发商)根据用户对车型、款式、颜色、价格等的不同需求,向汽车制造厂订货。由于需要经过一段较长时间才能到货,但顾客不想等待这么久,因此各个推销商不得不进行库存备货,这样大量的库存使推销商难以承受,以致破产。据估计,在美国,通用汽车公司每销售 500 万辆轿车和卡车,平均价格是 18500 美元,推销商一般维持 60 天的库存,库存费用是汽车价值的 22%,一年总的库存费用达到 3.4 亿美元。而采用建立地区分销中心的方式,就大大减少了库存浪费。图 9-5 所示为传统的销售模式,每个销售商直接向工厂订货,每个销售商都有自己的库存;而图 9-6 所示为建立分销中心的销售模式,各个销售商只需要少量的库存,大量的库存由地区分销中心储备,也就是各个销售商把其库存的一部分交给地区分销中心负责,从而减轻了各个销售商的库存压力。分销中心就起到了联合库存管理的作用,它既是一个商品的联合库存中心,同时也是需求信息的交流与传递枢纽。

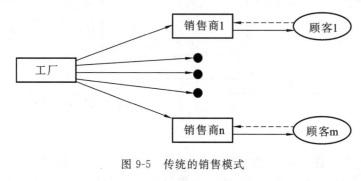

图 9-5 传统的销售模式

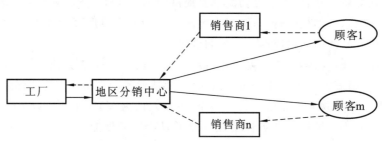

图 9-6 有地区分销中心的销售模式

从分销中心的功能我们得到启发,可以对现有的供应链库存管理模式进行新的拓展和重构,提出联合库存管理新模式——基于协调中心的联合库存管理系统。

近年来,在供应链企业之间的合作关系中,更加强调双方的互利合作关系,联合库存管理就体现了战略供应商联盟的新型企业合作关系。

在传统的库存管理中,把库存分为独立需求和相关需求两种库存模式来进行管理。相关需求库存问题采用物料需求计划处理,独立需求问题采用订货点办法处理。一般来说,产成品库存管理为独立需求库存问题,而在制品和零部件以及原材料的库存控制问题为相关需求库存问题。图 9-7 所示是传统的供应链活动过程模型,在整个供应链过程中,从供应商、制造商到分销商,各个供应链节点企业都有自己的库存。供应商作为独立的企业,其库存(即其产品库存)为独立需求库存;制造商的材料、半成品库存为相关需求库存;而产品库存为独立需求库存;分销商为了应付顾客需求的不确定性也需要库存,其库存也为独立需求库存。

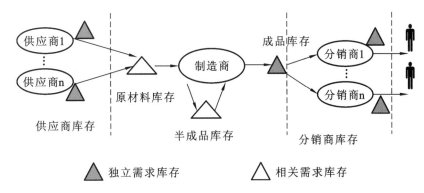

图 9-7 传统的供应链活动过程模型

联合库存管理是解决供应链系统中由于各节点企业相互独立的库存运作模式而导致的"长鞭效应",提高供应链同步化程度的一种有效方法。联合库存管理与供应商管理库存不同,它强调双方同时参与,共同制订库存计划,使供应链过程中的每个库存管理者(供应商、制造商、分销商)都从相互之间的协调性考虑,保持供应链相邻两个节点之间的库存管理者对需求的预期一致,从而消除"长鞭效应"。任何相邻节点需求的确定都是供需双方协调的结果,库存管理不再是各自为政的独立运作过程,而变成了供需连接的纽带和协调中心。

图 9-8 所示为基于协调中心联合库存管理的供应链系统模型。基于协调中心的库存管理与传统的库存管理模式相比,有如下几个方面的优点。

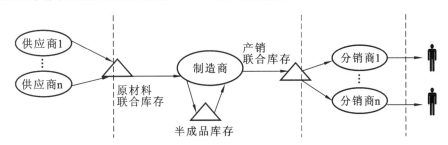

图 9-8 基于协调中心联合库存管理的供应链系统模型

(1) 为实现供应链的同步化运作提供了条件和保证。

(2) 减少了供应链中的需求扭曲现象,降低了库存的不确定性,提高了供应链的稳定性。

(3) 库存作为供需双方信息交流和协调的纽带,可以暴露供应链管理中的缺陷,为改进供应链管理水平提供依据。

(4) 为实现零库存管理、准时化采购以及精细供应链管理创造了条件。

(5) 进一步体现了供应链管理环境下的资源共享和风险分担的原则。

联合库存管理系统把供应链系统管理进一步集成为上游和下游两个协调管理中心,从而部分消除了由于供应链环节之间的不确定性和需求信息扭曲现象导致的供应链的库存波动。通过协调管理中心,供需双方共享需求信息,因而起到了提高供应链运作稳定性的作用。

二、联合库存管理的实施策略

1. 建立供需协调管理机制

为了发挥联合库存管理的作用,供需双方应从合作的精神出发,建立供需协调管理机制,通过相互的协调作用,明确各自的目标和责任,建立合作沟通的渠道,为供应链的联合库存管理提供有效的机制。图 9-9 所示为产品制造商与分销商的协调管理机制模型。没有一个协调的管理机制,就不可能进行有效的联合库存管理。

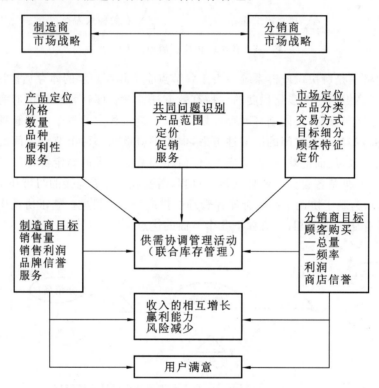

图 9-9 产品制造商与分销商的协调管理机制

建立供需协调管理机制,要从以下几个方面着手。

1) 建立共同合作目标

要建立联合库存管理模式,首先供需双方应本着互惠互利的原则,建立共同的合作目标。为此,要理解供需双方在市场目标中的共同之处和冲突点,通过协商形成共同的目标,如用户满意、利润的共同增长和风险的减少等。

2) 建立联合库存的协调控制方法

联合库存管理中心扮演着协调供需双方利益的角色,起着协调控制器的作用。因此,需要明确确定库存优化的方法,包括库存如何在多个需求商之间调节与分配,库存的最大量和最低库存水平,安全库存的确定,需求的预测,等等。

3) 建立一种信息沟通的渠道或系统

信息共享是供应链管理的特色之一。为了提高整个供应链需求信息的一致性和稳定性,减少由于多重预测导致的需求信息扭曲,应增加供应链各方对需求信息获得的及时性和透明性。为此,应建立一种信息沟通的渠道或系统,以保证需求信息在供应链上的畅通和准确性。要将条码技术、扫描技术、POS(销售终端)系统和EDI集成起来,并且要充分利用互联网的优势,在供需双方之间建立一个畅通的信息沟通桥梁和联系纽带。

4) 建立利益的分配、激励机制

要有效运行基于协调中心的库存管理,必须建立一种公平的利益分配制度,并对参与协调库存管理中心的各个企业(供应商、制造商、分销商或批发商)进行有效的激励,防止机会主义行为,增加协作性和协调性。

2. 发挥两种资源计划系统的作用

为了发挥联合库存管理的作用,在供应链库存管理中应充分利用目前比较成熟的两种资源管理系统:制造资源计划系统和物资资源配送计划系统。原材料库存协调管理中心应用制造资源计划系统,而在产品联合库存协调管理中心,则应利用物资资源配送计划系统。这样就可以在供应链系统中把这两种资源计划系统很好地结合起来。

3. 建立快速响应系统

快速响应系统是在20世纪80年代末由美国服装行业发展起来的一种供应链管理策略,目的在于减少供应链中从原材料到用户的过程时间和库存,最大限度地提高供应链的运作效率。

快速响应系统在美国等西方国家的供应链管理中被认为是一种有效的管理策略,经历了三个发展阶段。第一阶段为商品条码化,通过对商品的标准化识别处理加快订单的传输速度;第二阶段是内部业务处理的自动化,采用自动补货与EDI系统提高业务自动化水平;第三阶段是通过更有效的企业间合作,消除供应链组织之间的障碍,提高供应链的整体效率,如通过供需双方合作,确定库存水平和销售策略等。

目前,在欧美等西方国家,快速响应系统应用已到达第三阶段,通过联合计划、预测与补货等策略进行有效的用户需求反应。美国嘉思明咨询公司的调查分析认为,实施快速响应系统后供应链效率大大提高;缺货大大减少,通过供应商与零售商的联合协作保证24小时供货;库存周转速度提高1～2倍;通过敏捷制造技术,企业的产品中有20%～30%是根据用户的需求而制造的。

快速响应系统需要供需双方的密切合作,因此,协调库存管理中心的建立可以为快速响应系统发挥更大的作用创造有利的条件。

4. 发挥第三方物流企业的作用

第三方物流是供应链集成的一种技术手段。第三方物流企业也叫做物流服务提供商(logistics service provider,LSP),它为用户提供各种服务,如产品运输、订单选择、库存管理等。第三方物流企业的产生是由一些大的公共仓储公司通过提供更多的附加服务演变而来,另外一种是由一些制造企业的运输和分销部门演变而来。

把库存管理的部分功能代理给第三方物流企业管理,可以使企业更加集中精力于自己的核心业务,第三方物流企业起到了供应商和用户之间联系的桥梁的作用。第三方物流企业可以为企业带来诸多好处:

(1) 减少成本；
(2) 使企业集中精力于核心业务；
(3) 获得更多的市场信息；
(4) 获得一流的物流咨询；
(5) 改进服务质量；
(6) 快速进入国际市场。

面向协调中心的第三方物流企业使供应与需求双方都取消了各自独立的库存，增加了供应链的敏捷性和协调性，并且能够大大改善供应链的用户服务水平和运作效率。

第四节 供应链多级库存控制

一、多级库存优化与控制

基于协调中心的联合库存管理是一种联邦式供应链库存管理策略，是对供应链的局部优化控制，而要进行供应链的全局性优化与控制，则必须采用多级库存优化与控制方法。因此，多级库存优化与控制是供应链资源的全局性优化。

多级库存的优化与控制是在单级库存控制的基础上形成的。多级库存系统根据不同的配置方式，可分为串行系统、并行系统、纯组装系统、树形系统、无回路系统和一般系统。

供应链管理的目的是使整个供应链各个阶段的库存最小，但是，现行的企业库存管理模式从单一企业内部的角度去考虑库存问题，并不能使供应链整体达到最优。

多级库存控制的方法有两种：一种是非中心化（分布式）策略，另一种是中心化（集中式）策略。非中心化策略是各个库存点独立地采取各自的库存策略，这种策略在管理上比较简单，但是并不能保证整体供应链优化。如果信息的共享度低，多数情况下产生的是次优的结果，因此，非中心化策略需要更多的信息共享。运用中心化策略，所有库存点的控制参数是同时决定的，考虑了各个库存点的相互关系，通过协调的办法获得库存的优化。但是中心化策略在管理上协调的难度大，特别是当供应链的层次比较多，即供应链的长度增加时，更增加了协调控制的难度。

供应链的多级库存控制应考虑以下几个问题。

1. 库存优化的目标是成本还是时间

传统的库存优化问题无一例外地进行库存成本优化。在强调敏捷制造、基于时间竞争的条件下，这种成本优化策略是否适宜？供应链管理的两个基本策略——ECR（有效用户反应）和 QR（快速反应）——都集中体现了顾客响应能力的基本要求，因此，在实施供应链库存优化时要明确库存优化的目标是成本还是时间。成本是库存控制中必须考虑的因素，但是，在现代市场竞争的环境下，仅优化成本这样一个参数显然是不够的，应该把时间（库存周转时间）的优化也作为库存优化的主要目标来考虑。

2. 明确库存优化的边界

供应链库存管理的边界即供应链的范围。在库存优化中，一定要明确所优化的库存范围。供应链的结构有各种各样的形式,有全局的供应链,包括供应商、制造商、分销商和零售商各个部门;有局部的供应链,其中又分为上游供应链和下游供应链。在传统的多级库存优化模型中,绝大多数库存优化模型是下游供应链,即关于制造商(产品供应商)—分销中心(批发商)—零售商的三级库存优化。很少有关于零部件供应商—制造商之间的库存优化模型。在上游供应链中,主要考虑的是关于供应商的选择问题。

3. 多级库存优化的效率问题

理论上讲,如果所有的相关信息都是可获得的,并且把所有的管理策略都考虑到目标函数中去,中心化的多级库存优化比基于单级的库存优化的策略(非中心化策略)要好,但是,现实情况未必如此。当把组织与管理问题考虑进去时,现实的情况是,管理控制的幅度常常是下放给各个供应链的部门独立确定,多级库存控制策略的好处也许会被对组织与管理的考虑抵消。因此,简单的多级库存优化并不能真正产生优化的效果。需要对供应链的组织、管理进行优化,否则,多级库存优化策略的效率是低下的。

4. 明确采用的库存控制策略

在单库存点的控制策略中,一般采用周期性检查与连续性检查策略。周期性检查库存策略主要有(nQ,s,R)、(S,R)、(s,S,R)等策略,连续性检查库存控制策略主要有(s,Q)和(s,S)两种策略。这些库存控制策略对于多级库存控制仍然适用。但是,到目前为止,关于多级库存控制,都是基于无限能力假设的单一产品的多级库存进行的,对于有限能力的多产品的库存控制,是供应链多级库存控制的难点和有待解决的问题。

下面我们分别从时间优化和成本优化的角度探讨多级库存的优化控制问题。

二、基于成本优化的多级库存控制

基于成本优化的多级库存控制实际上就是确定库存控制的有关参数:库存检查期、订货点、订货量。

在传统的多级库存优化方法中,主要考虑的供应链模式是生产-分销模式,也就是供应链的下游部分。我们进一步把问题推广到整个供应链的一般性情形,如图9-10所示的供应链模型。

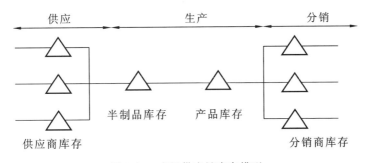

图 9-10 多级供应链库存模型

在库存控制中,考虑中心化(集中式)和非中心化(分布式)两种库存控制策略情形。在分析之前,应首先确定库存成本结构。

1. 供应链的库存成本结构

1) 维持库存费用(holding cost) C_h

在供应链的每个阶段都要维持一定的库存,以保证生产、供应的连续性。这些库存维持费用包括资金成本、仓库及设备折旧费、税收、保险金等。维持库存费用与库存价值和库存量的大小有关。维持库存费用沿着供应链从上游到下游有一个累积的过程,如图 9-11 所示。

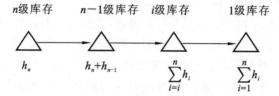

图 9-11 供应链维持库存费用的累积过程

h_i 为单位周期内单位产品(零件)的维持库存费用。如果用 v_i 表示 i 级库存量,那么,整个供应链的库存维持费用为:

$$C_h = \sum_{i=1}^{n} h_i v_i$$

如果是上游供应链,则维持库存费用是一个汇合的过程;如果是下游供应链,则是分散的过程。

2) 交易成本(transaction cost) C_t

交易成本是在供应链企业之间的交易合作过程中产生的各种费用,包括谈判要价、准备订单、商品检验成、佣金等。交易成本随交易量的增加而减少。

交易成本与供应链企业之间的合作关系有关。通过建立一种长期的互惠合作关系有利于降低交易成本,战略伙伴关系的供应链企业之间交易成本是最低的。

3) 缺货损失成本(shortage cost) C_s

缺货损失成本是由于供不应求,即库存 v_i 小于零的时候,造成的市场机会损失以及用户罚款等引起的费用。

缺货损失成本与库存大小有关。库存量大,缺货损失成本就低;反之,缺货损失成本就高。为了降低缺货损失成本,维持一定量的库存是必要的,但是库存过多将增加维持库存费用。

在多级供应链中,通过提高信息的共享程度,增加供需双方的协调与沟通,有利于减少缺货带来的损失。

总的库存成本为:

$$C = C_h + C_t + C_s \tag{9-1}$$

多级库存控制的目标就是优化总的库存成本 C,使其达到最小。

2. 库存控制策略

多级库存的控制策略分为中心化控制策略和非中心化策略,下面将分别加以说明。

1) 中心化库存控制

目前关于多级库存中心化控制的策略讨论不多,采用中心化控制的优势在于能够对整个供应链系统的运行有一个较全面的掌握,能够协调各个节点企业的库存活动。

中心化控制是将控制中心放在核心企业上,由核心企业对供应链系统的库存进行控制,协调上游与下游企业的库存活动。这样核心企业也就成了供应链上的数据中心(数据仓库),担负着数据的集成、协调功能,如图 9-12 所示。

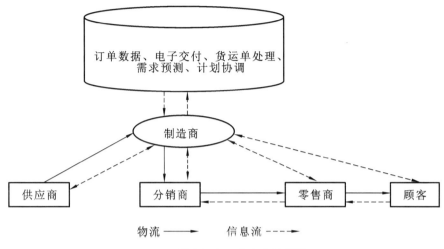

图 9-12　供应链中心化库存控制模型

中心化库存优化控制的目标是使供应链上总的库存成本最低,即

$$\min TC = \sum_{i=1}^{m} \{C_{hi} + C_{ti} + C_{si}\} \tag{9-2}$$

理论上讲,供应链的层次是可以无限增加的,即从用户到原材料供应商,整个供应链是一个 n 个层次的供应链网络模型,分为一级供应商、二级供应商……k 级供应商,然后到核心企业(组装厂);分销商也可以是多层次的,可分为一级分销商、二级分销商、三级分销商等,最后才到用户。但是,现实中的供应链层次并不是越多越好,而是越少越好,因此,实际供应链的层次并不很多,采用供应商 — 生产商 — 分销商这样的典型三层模型就足以说明供应链的运作问题。

图 9-13 所示为三级库存控制的供应链模型。

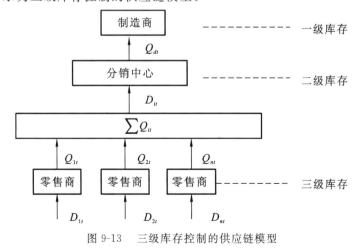

图 9-13　三级库存控制的供应链模型

各个零售商的需求 D_{it} 是独立的,根据需求的变化确定的订货量为 Q_{it}。各个零售商总的订货需求汇总到分销中心,分销中心产生一个订货需求给制造商,制造商根据产品决定生产计划,同时对上游供应商产生物料需求。整个供应链在制造商、分销商、零售商三个地方存在三个库存,这就是三级库存。这里假设各零售商的需求为独立需求,需求率 D_i 与提前期 LT_i 为同一分布的随机变量,系统销售同一产品,即为单一产品供应链。对这样一个三级库存控制系统,这是一个串行与并行相结合的混合型供应链模型,控制模型如下:

$$\min\{C_{mfg} + C_{cd} + C_{rd}\} \tag{9-3}$$

这里,第一项为制造商的库存成本,第二项为分销商的库存成本,第三项为零售商的库存成本。

关于订货策略采用连续性检查还是周期性检查的问题,原则上讲两者都是适用的,但各有特点。问题在于采用传统的订货策略时,其有关参数的确定和供应链管理环境下的库存参数应有所不同,否则不能反映多级库存控制的思想,因此,不能按照传统的单点库存控制策略进行库存优化,必须寻找新的方法。

按照传统的固定量订货系统,其经济订货量为:

$$Q_i^* = \sqrt{\frac{2D_i C s_i}{h_i}} \tag{9-4}$$

如果按照这个算法推断多级库存各个阶段的供应商或分销商的订货策略,就没有体现供应链的中心化控制思想。因为这样计算的库存信息是单点库存信息而没有考虑供应链的整体库存状态,因此采用这样的计算方法实际上是优化单一库存点的成本而不是优化整体供应链的成本。

那么,如何体现供应链这种集成的控制思想呢?可以采用级库存取代点库存解决这个问题。因为点库存控制没有考虑多级供应链中相邻节点的库存信息,因此容易造成"长鞭效应"。采用级库存控制策略后,每个库存点不再是仅检查本库存点的库存数据,而是检查处于供应链整体环境下的某一级库存状态。这个级库存和点库存不同,我们采用"级库存"这个概念重新定义供应链上节点企业的库存数据:

供应链的级库存=某一库存节点现有库存+转移到或正在转移给其后续节点的库存

这样检查库存状态时,不但要检查本库存点的库存数据,而且要检查其下游需求方的库存数据。级库存策略的库存决策是在对其下游企业的库存状态完全掌握的基础上作出的,因此避免了信息扭曲现象。建立在 Internet 和 EDI 技术基础上的全球供应链信息系统,为企业之间的快速信息传递提供了保证,因此,实现供应链的多级库存控制是有技术保证的。

2) 非中心化的控制策略

非中心化库存控制是把供应链的库存控制分为三个成本归集中心,即制造商成本中心、分销商成本中心和零售商成本中心,各自根据自己的库存成本优化目标制定优化的控制策略,如图 9-14 所示。非中心化的库存控制要取得整体的供应链优化效果,需要增加供应链的信息共享程度,使供应链的各个部门都共享统一的市场信息。非中心化多级库存控制策略能够使企业根据自己的实际情况独立作出快速决策,有利于发挥企业的独立自主性和灵活机动性。

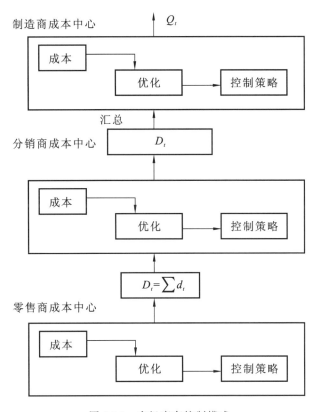

图 9-14　多级库存控制模式

非中心化库存订货点的确定,可完全按照单点库存的订货策略进行,即每个库存点根据库存的变化,独立地决定库存控制策略。非中心化的多级库存优化策略要求企业之间有比较好的协调性,如果协调性差,有可能导致各自为政的局面。

三、基于时间优化的多级库存控制

前面探讨了基于成本优化的多级库存优化方法,这是传统的做法。随着市场变化,市场竞争已从传统的简单成本优先的竞争模式转为时间优先的竞争,这就是敏捷制造的思想。因此供应链的库存优化不能简单地仅优化成本。在供应链管理环境下,库存优化还应该考虑对时间的优化,比如库存周转率优化、供应提前期优化、平均上市时间优化等。库存时间过长对产品的竞争力不利,因此,供应链系统应从提高用户响应速度的角度提高供应链的库存管理水平。

【本章关键术语】

库存管理策略　协调库存管理　供应商管理库存　联合库存管理　供应链多级库存管理　多级库存优化与控制

【本章思考与练习题】

1. 对于整个供应链来说,什么是库存?举例说明。
2. 订货点法库存管理策略包括哪几种?
3. 试举例阐述目前我国企业在供应链管理环境下的库存管理存在哪些主要问题。
4. 如何理解供应链管理中的不确定性?它对供应链管理会产生怎样的影响?作为一个供应链管理执行经理,你如何来控制供应链运作过程中的不确定性?
5. 阐述VMI的基本思想。如果你是一位采购经理,你如何在实际管理中运用VMI?
6. 比较联合库存管理思想与多级库存管理思想之间的异同点。
7. 供应链库存管理中涉及的成本主要包括哪些?

【经典案例】

江铃发动机厂:探索全新汽配供应链

为了提高供应链上的制造商与供应商之间的协同性,江铃发动机厂采用了一种更加协同的供应链运行模式。它实施了由第三方物流企业代理供应商将零部件直送工位模式,并将自己6个月内的生产计划通过供应链平台与上游供应商进行协同。

1. 从VMI到3PL-HUB

江铃发动机厂是江铃汽车集团公司的全资子公司,从意大利引进VM发动机项目后成为国内为数不多能达到欧Ⅲ、欧Ⅳ排放标准的先进发动机企业,2007年11月才正式投入量产,但已经和中兴、长城、长丰、陆风等9家整车厂签订了配套协议。

实际上,江铃发动机厂还在企业筹建阶段就把建立全新供应链管理模式放在了战略高度。

江铃发动机厂总裁是有着十几年在汽车供应链中上游汽配企业任CEO经验的冯幸平,他做过齿轮厂和变速箱厂的负责人,对于中上游汽配企业的"苦难"感同身受。他感叹,过去汽配行业里下游企业的盈利其实部分是通过变相"压榨"上游供应商来实现的。虽然这是个并无任何供应商敢反抗的规则,冯幸平还是有了改变现状的想法,因为转嫁到供应商的成本最终还是会影响江铃发动机厂自身的竞争力,提升整个供应链的盈利能力才是根本。

江铃发动机厂的CIO(首席信息官)史应明说,在这种情况下,第三方物流企业直送工位(简称3PL-HUB)管理模式进入了江铃的视野。目前VMI(供应商管理库存)是汽配行业供应链管理的普遍模式,VMI本身对采购商来说已经是一种先进的库存控制技术,但用在汽配行业却有很多局限性。首先,库存成本不过是从供应链核心企业转移到上游企业,供应链整体库存成本根本没有降低;其次,管理库存和实施及时配送并非供应商的核心竞争能力,因此在 VMI 模式下往往不能很快响应需求的变化,不能及时提供制造商所需要的零配件。

还有一点,在 VMI 方式下,一些大型整车厂或发动机厂附近往往必须有数目庞大的供应商零件仓库,由于这些仓库分属于不同的零配件厂,当采购商需要处理与供应商繁杂的业务关系时,也增加了自己的运作管理成本。

于是,江铃发动机厂建厂时的供应链规划就用 3PL-HUB 取代 VMI。在 3PL-HUB 模式中要在江铃发动机厂附近设立由第三方物流企业管理的集配中心,用于储存来自上游供应商的所有或部分供应物料,第三方物流企业再根据江铃发动机厂的日装配计划将物料分拣出来后直接送往江铃发动机厂的生产工位。

第三方物流企业直送工位模式是在欧美已经开始应用的先进供应链管理模式,尤其适合汽车制造这样的加工装配行业。不过江铃发动机厂 CIO 史应明认为,3PL-HUB 复杂的多方协同模式其实并不容易实施,对管理基础有极高要求,江铃发动机厂也经过了自己的艰苦摸索。

2. 用信息化做支点

史应明告诉记者,3PL-HUB 模式最基础的支撑系统还是信息技术(IT),在第三方物流企业直送工位过程中,供应商、第三方物流集配中心和江铃发动机厂之间要求及时共享信息,就需要一个共同的信息平台,才能实施供应链同步运作。

汽车整车有 2000 多个配件,发动机也有 300 多个配件,而发动机生产又是一个少平台、多品种的模式,处于混线生产状态。因此必须用 IT 系统保障第三方物流严格地按节拍将配件送到。因为出错不仅会延误江铃发动机厂的生产,更会带来下游长丰、陆风等整车装配的延误。

3PL-HUB 仅仅在上海大众、武汉神龙等整车厂进行过部分尝试,在发动机行业更是没有先例,"勇敢吃螃蟹"的江铃发动机厂如果购买成型的应用软件也并不合适,于是选择了和用友软件一起共同开发这一套供应链系统,江铃发动机厂提出自己的详细需求,用友在 U8 软件框架下进行大规模二次开发。系统的第一版终于在江铃发动机厂量产前完成了,"没有这套系统,我们几乎没法开始和整车厂配套量产,因为汽车行业对供应链配合的稳定性要求实在太高了。"史应明说。

第一版供应链软件系统已经基本实现江铃、第三方物流企业和上百家供应商之间的三方协同,第三方物流企业根据江铃发动机厂 ERP 中每天算出的日生产计划安排送货。

江铃发动机厂和供应商采取线下结算的模式。虽然当每台发动机最后售出,江铃发动机厂才和供应商进行结算,但供应商能通过供应链平台清楚地看到自己每批配件的流向情况,从发运到第三方物流企业、质检、入库、在第三方物流企业的库存、再出库、上江铃的生产线、在生产线上的情况,以及其工费、料费的情况,甚至配件损耗的情况、最后到下线出厂的情况,无一不清楚掌握。清楚掌握供应链整体库存真实情况,为供应商们科学计划生产打下了良好基础。

这只是供应链协同的第一步,江铃发动机厂还设计了一个"6+1"体系,即由江铃做6个月的生产计划加1个月的滚动计划,这个计划也通过供应链平台同步发布给供应商,供应商就可以按照江铃发动机厂的半年生产计划来组织生产。同步计划生产最大限度地减少了供应商的库存风险,保障了供应链的共赢。

3. 从生产协同到研发协同

在物流库存上的协同只是江铃发动机厂新型供应链模式的第一步,随着深入发展,协同运作会延伸到生产、设计、研发等各个核心环节上。

江铃发动机厂供应链软件系统的下一版会希望把一些核心供应商的ERP也整合进来,这样江铃对供应链的稳定性控制才会更有把握,这就对二、三级供应商在管理和信息化上提出了更高的要求。

作为CIO,史应明对信息化有非常全面的规划,除了供应链IT系统,还选定艾克斯特作为PDM(product date management)供应商,规划建设一个产品研发与产品数据管理系统,利用系统建立一个电子化企业产品数据中心,为ERP、MES和SCM提供产品数据,达到缩短开发周期、提高设计质量、降低开发成本的目的。

与此同时,对供应商们的设计协同要求也提高了。史应明他们在艾克斯特的PDM系统中已经为核心供应商的PDM系统预留了接口,将来江铃发动机厂产品研发的新动向也会通过供应链系统实时发布给供应商们,希望他们能够同步介入各种型号产品的研发,进入江铃发动机厂的虚拟研发中心。

新型供应链管理模式对中上游供应商意味着更高的地位和更多的利润,不过也对他们提出了更高的要求。"汽配行业供应链发展的趋势应该是一个以核心制造商为中心的企业联盟,而不是互相争夺资源的买卖关系,这种联盟是以供应链的共同利益为基础的。"这是江铃发动机厂总裁冯幸平对汽配供应链发展的展望,这个美好的愿景对成千上万家上游供应商也意味着更严格的考验——因为进入这个联盟的门槛将越来越高。

全新的汽配供应链管理模式对于中小汽配企业来说是机会也是挑战。

问题讨论:

以江铃发动机厂为核心的汽配供应链有何特点?会给发动机企业和零部件供应商带来哪些好处?对整个供应链的竞争力有何贡献?你还有何新的建议?

第十章 供应链企业运作的绩效评价

本章重点理论与问题

> 从事任何一项工作,都要对该活动所产生的效果进行度量和评价,以此判断这项工作的绩效及其存在的价值。同样,在供应链管理中,为了能够使供应链管理健康发展,科学、全面地分析和评价供应链的运营绩效,就成为一个非常重要的问题。本章在对供应链管理及其运作特点进行研究的基础上,提出了供应链绩效评价原则、供应链绩效评价指标体系及供应链关键绩效指标的优化方法。此外,还介绍了中国企业供应链管理绩效水平评价参考模型(SCOR)。因此,通过这一章的学习,读者应了解对供应链管理绩效进行评价的目的和意义,了解供应链管理绩效评价的理论和方法,掌握绩效评价的基本原则和相关技术,能够充分利用绩效的杠杆作用调动合作企业的积极性,提高整个供应链的竞争力。

第一节 供应链绩效评价的特点及原则

一、现行企业绩效评价指标的特点

如前所述,供应链管理是通过前馈的信息流和反馈的物料流及信息流,将供应商、制造商、分销商直到最终用户联系起来的一个整体模式的管理,因此,它与现行企业管理模式有着较大区别,在对企业运行绩效的评价上也有许多不同。

现行企业绩效评价指标侧重于单个企业,评价的对象是某个具体企业的内部职能部门或者员工个人,其评价指标在设计上具有如下特点。

(1) 现行企业绩效评价指标的数据来源于财务结果,在时间上略为滞后,不能反映供应链的动态运营情况。

(2) 现行企业绩效评价指标主要评价企业职能部门的工作完成情况,不能对企业业务流程进行评价,更不能科学、客观地评价整个供应链的运营情况。

(3) 现行企业绩效评价指标不能对供应链的业务流程进行实时评价和分析,而是侧重于事后分析,因此,当发现偏差时,偏差已成为事实,其危害和损失已经造成,并且往往很难弥补。

鉴于此,为衡量供应链整体运作绩效,以便决策者能够及时了解供应链整体状况,应该设计出更适合于度量供应链企业绩效的指标和评价方法。

二、供应链绩效评价指标的特点

根据供应链管理运行机制的基本特征和要达到的目的,供应链绩效评价指标应该能够恰当地反映供应链整体运营状况以及上下游节点企业之间的运营关系,而不是孤立地评价某一供应商的运营情况。例如,对于供应链上的某一供应商来说,该供应商所提供的某种原材料价格很低,如果孤立地对这一供应商进行评价,就会认为该供应商的运行绩效较好。若其下游节点企业仅仅考虑原材料价格这一指标,而不考虑原材料的加工性能,就会选择该供应商所提供的原材料,而该供应商提供的这种价格较低的原材料的加工性能不能满足该节点企业生产工艺的要求,势必会增加生产成本,从而使这种低价格原材料所节约的成本被增加的生产成本所抵消。所以,评价供应链运行绩效的指标,不仅要评价该节点企业(或供应商)的运营绩效,而且要考虑该节点企业(或供应商)的运营绩效对其上层节点企业或整个供应链的影响。

现行企业绩效评价指标主要是基于部门职能的绩效评价指标,不适用于对供应链运营绩效的评价。供应链绩效评价指标是基于业务流程的绩效评价指标。基于职能的绩效评价指标和基于供应链业务流程的绩效评价指标的构成情况分别如图 10-1 和图 10-2 所示。通过示意图,可以看出它们之间的差异。

图 10-1 基于职能的绩效评价指标示意图

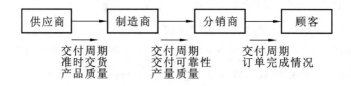

图 10-2 基于供应链业务流程的绩效评价指标示意图

三、供应链绩效评价应遵循的原则

随着供应链管理理论的不断发展和供应链管理实践的不断深入,为了科学、客观地反映供应链的运营情况,应该考虑建立与之相适应的供应链绩效评价方法,并确定相应的绩效评价指标体系。反映供应链绩效的评价指标有其自身的特点,其内容比现行的企业评价指标更为广泛,它不仅仅代替会计数据,同时还提出一些方法来测定供应链的上游企业是否有能力及时满足下游企业或市场的需求。在实际操作上,为了建立能有效评价供应链绩效的指标体系,应遵循如下原则:

(1) 应突出重点,要对关键绩效指标进行重点分析;

(2) 应采用能反映供应链业务流程的绩效指标体系；

(3) 评价指标应能反映整个供应链的运营情况，而不是仅仅反映单个节点企业的运营情况；

(4) 应尽可能采用实时分析与评价的方法，把绩效度量范围扩大到能反映供应链实时运营的信息上去，因为这要比仅作事后分析有价值得多；

(5) 在衡量供应链绩效时，应采用能反映供应商、制造商及用户之间关系的绩效评价指标，把评价的对象扩大到供应链上的相关企业。

四、供应链绩效评价指标的作用

为了评价供应链的实施给企业群体带来的所期望的效益，方法之一就是对供应链的运行状况进行必要的度量，并根据度量结果对供应链的运行绩效作出评价。因此，供应链绩效评价主要有以下四个方面的作用。

(1) 对整个供应链的运行效果作出评价。主要考虑供应链与供应链之间的竞争，为供应链在市场中的存在（生存）、组建、运行和撤销的决策提供必要的客观依据。目的是通过绩效评价来了解整个供应链的运行状况，找出供应链运作方面的不足，及时采取措施加以纠正。

(2) 对供应链上各个成员企业作出评价。主要考虑供应链对其成员企业的激励，吸引企业加盟，剔除不良企业。

(3) 对供应链内企业与企业之间的合作关系作出评价。主要考虑供应链的上游企业（如供应商）对下游企业（如制造商）提供产品和服务的质量，从用户满意度的角度评价上下游企业之间合作伙伴关系的好坏。

(4) 除对供应链企业运作绩效进行评价外，这些指标还可对企业起到激励作用，包括核心企业对非核心企业的激励，也包括供应商、制造商和销售商之间的相互激励。

为了达到这些目的，供应链的绩效评价一般从三个方面考虑。

一是内部绩效度量。它主要是对供应链上的企业内部绩效进行评价。常见的指标有成本、客户服务、生产率、良好的管理、质量等。

二是外部绩效度量。它主要是对供应链上的企业之间运行状况的评价。主要指标有用户满意度、最佳实施基准等。

三是供应链综合绩效度量。正如有人指出的那样，21世纪的竞争是供应链与供应链之间的竞争，这就引起人们对供应链总体绩效和效率的日益重视，要求提供能从总体上观察、透视供应链运作绩效的度量方法。这种透视方法必须是可以比较的。如果缺乏整体的绩效衡量，就可能出现制造商对用户服务的看法和决策与零售商的想法完全背道而驰的现象。供应链综合绩效的度量主要从用户满意度、时间、成本、资产等几个方面展开。

本章以上述三个方面的供应链绩效度量为主线，同时又给予一定的扩展，比较系统地论述了有关供应链的绩效评价指标。

关于供应链绩效评价的一般性统计指标如表 10-1 所示。

表 10-1 供应链绩效评价的一般性统计指标

客户服务	生产与质量	资产管理	成　本
订单满足率	人均发运率	库存周转	全部成本/单位成本
脱销率	生产指数	负担成本	销售百分比成本
准时交货	破损率	废弃的库存	进出货运输费
补充订单	退货数	库存水平	仓库成本
订单交付周期	信用要求数	供应天数	管理成本
发运错误	破损物价值	净资产回报	直接人工费
订单准确率		投资回报	退货成本

除表 10-1 所示一般性统计指标外，供应链的绩效还辅以一些综合性的指标如供应链生产效率来度量，也可由某些由定性指标组成的评价体系来反映，例如用户满意度、企业核心竞争力、核心能力等。

第二节　绩效评价理论

一、供应链管理思想对绩效评价的冲击

供应链管理环境下，原有的企业管理思想发生了巨大的变化。很多企业也都意识到供应链管理的潜力，但是由于缺少对集成供应链的全面理解，绩效评价的有效性较差。对于供应链指标而言，传统绩效评价方法重视独立部门的绩效的思想是很难推动供应链的生产力的。供应链管理中，管理者将注意力从内部控制转移到外部监督，组织也从单一的独立个体发展为群体的企业群落，那么对整个供应链运作绩效的评价也随着管理运作方式的变化而发生改变。

表 10-2 概要地对比了传统运作模式和供应链运作方式的差异，从而可以进一步分析对其绩效评价及供应链运作绩效的影响。

表 10-2 供应链绩效及评价在供应链管理环境下的影响

传统管理方式	供应链管理	评价及指标	绩效要求
客户服务/内部流程方面			
降低单位成本，获得经济效益	合理控制成本，获得最高服务质量	订单边际收益及产品边际收益	服务导向供应链
标准产品，大规模生产	个性化产品，大规模定制生产	个性化产品服务解决方案	供应链个性化和柔性化运作，而非标准化

续表

传统管理方式	供应链管理	评价及指标	绩效要求
降低产品不合格率,提高质量水平	客户对于产品生命周期中的质量满意	在产品生命周期中对产品升级感到满意的客户比例	集成产品技术改进、再设计的供应链
成本基础上高边际收益的产品竞争	基于价值的增值服务的竞争	客户满意度标准	客户导向的供应链
产品管理	技术、客户管理	管理客户信息	
单一产品大量生产	特定需求的、独一无二的短周期产品	订单至交货的提前期,非运转时间	压缩交货期,定制化生产
产品简单地推销给客户	客户参与制造商的设计	客户参与设计的程度	按订单生产,延迟制造
产品的柔性较差	产品在交货点最后装配,生命周期中可再配置		延迟制造,产品的持续创新升级
通过物流降低成本	增值流,为客户提供顾客化服务的平台	物流的透明化、准确性,而非成本节约型	信息化物流,产品延迟
竞争合作方面			
自给自足型	相互依赖型	每个组织的价值增值比率	供应链内部协作和绩效跨组织接触增加
供应商关系一般,合作意识薄弱	和供应商集成,结成战略合作伙伴,强调建立包括竞争者在内的合作共享机制	关于共享和伙伴的公司政策,彼此依赖的合作关系	供应商管理
没有统一的信息传递机制	集成信息框架	网络传递的规模	信息集成平台
员工个体分散行为	团队工作机制	工作自我指导团队的比例	
分割的组织机构	跨组织结构,并行机构		跨组织,强调功能机制的重要性
处理变化以及不确定性方面			
多级组织形式	组织层次较少		扁平化组织形式
静态消极结构	动态、积极共享机制		重组供应链
集中决策中的风险规避	分布式的决策机制	规避风险并作出决策的管理层次	

由此可以看出,与传统评价思想相比较,供应链绩效的侧重面有了较大的变化。第一,有关运作的评价得以加强,不但对成本绩效的要求一如既往,而且时间、地点、柔性也成为关

注的中心。第二,扩展了企业产品以及运作的框架内涵,注重技术、人力资源的集成,这是流程改进和创新的关键。第三,注意到最优业绩是不断改进和发展的结果。这些特点决定了评价系统的界限和重点。

另外,随着供应链的增值点由大规模生产的规模经济向顾客化大量生产的范围经济转化,核心企业通过技术革命,将非核心业务外包,并与上游企业的供应商组成紧密的战略联盟。供应商和客户在增值链中的作用越来越大,而 OEM(原始设备制造商)的地位则发生了转移,对增值所起的作用也降低了。从图 10-3 中可以看出供应链价值增值点的转移。

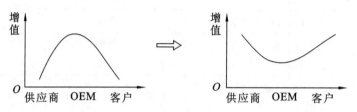

图 10-3　供应链运作价值增值点转移图例

供应链管理模式下,企业的生产控制以及评价应该作出改变和调整,以适应供应链管理的要求。由于供应商和分销商取代了 OEM 的很大一部分生产运作,同时,横向跨组织、跨功能的集成得以扩展,OEM 在增值流程中的地位不断下降。供应商在与 OEM 的合作设计和制造中生产了大量产品的上层模块,并销售给 OEM,OEM 则根据设计将产品组装下线;分销商再根据客户订单进行最后加工和生产多样化的产品。这样 OEM 几乎从生产和控制中被"撇出",而更加注重操作面的管理和供应链伙伴的合同与关系管理。因此,很难再用传统的绩效评价指标来对待 OEM。那么评价指标体系应该如何反映供应链管理的绩效?从图 10-4 中可以看出 OEM 在运作中作用的转变。因此,供应链管理环境下的供应链评价侧重于流程的角度、核心企业与上下游的合作关系、对供应链最终客户的价值增值,以及由此带来的整个供应链的资产管理。

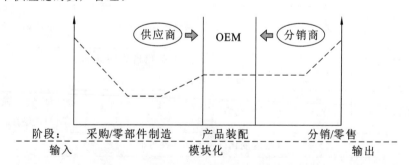

图 10-4　原始设备制造商在增值链中的作用

此外,就绩效评价系统本身而言,现有的绩效评价指标过于侧重成本指标的使用,全面性不足,与供应链管理的目标难以一致,同时较少考虑不确定因素对供应链绩效的影响。传统上,企业追踪绩效主要基于财务会计指标,财务会计指标能提供企业经营状况和企业发展潜力的信息,并在现有的评价理论中占有绝对优势。财务会计中的财务目标——股东利益最大化依然是企业经营的主要目标。但是,对于整个供应链的绩效评价,单纯的财务指标评价已经不能满足实际操作的需要,从财务指标的计算机制中我们可以得出以下结论。

(1) 财务指标的计算数据来自历史的会计数据,它通过过去的经营报表提供的信息进行加工处理后得出。这种历史导向的评价思想希望从历史的趋势中找出未来的经营目标和趋势,很难适应供应链管理的敏捷性和前瞻导向的思想。

(2) 财务指标集中于评价企业的成本收益方面的绩效,忽视了重要的、战略性的、非财务的指标,如顾客忠诚度、服务水平、产品质量等。同时财务指标缺乏实时追踪性,不能随时提供反映生产经营状况的信息,使得战略执行的预警缺乏实效。

(3) 财务指标反映的是生产运营的效率结果,缺乏对过程的适时评估,不能直接提供生产运营过程中物流、信息的状况。

供应链管理的理念使得不同行业的企业为了同一个目标结合在一起,但是企业生产经营的多样性,使企业的经营可能跨多个供应链。财务指标建立在整个企业的经营状况的基础上,使得介入供应链经营的部门很难获得对自身行为的准确评价数据,不利于整个供应链绩效评价的准确性。此外,绩效评价系统内部的子系统之间缺少平衡关系。虽然现有的绩效评价系统已经或即将引入非财务指标,但是它们没有从一个相互制衡的系统观的角度来理解指标,导致指标之间的关系重叠,评价效果与目标偏差较大。在供应链的运行环境中,生产周期在扩展的企业范围内变得更长,在制造、分销的日常控制中使用非财务指标,而在战略决策时则更多地使用财务指标。再者,评价指标缺乏在不同经营层次上的差异,供应链管理的战略目标和战术目的都要通过各级指标的逐级反馈得到,有必要将指标在各级中进行分类。

综上所述,供应链管理环境下的绩效评价具有以下新的特征。

(1) 较之传统的绩效评价,供应链评价指标更为集成化。这种方法使得评价公司可以更好地从整个供应链的角度分析问题,而不是单独从一个公司自身分析,以反映整个供应链的优化,同时包含用于诊断单一企业内部与供应链有关的绩效问题的非集成指标。

(2) 供应链绩效注重组织的未来发展性,加强了绩效管理的前馈性。

(3) 绩效评价除了对企业内部运作的基本评价之外,把注意力更多地放在外部链的测控上,以保证内外绩效一致。

(4) 非财务指标和财务指标并重,关注供应链的长期发展和短期利润的有效组合,实现两者之间的有效传递。

(5) 供应链绩效评价系统注重指标之间的平衡。

二、供应链绩效评价的一般方法

针对传统财务指标评价供应链管理中存在的问题和缺陷,出现了不同的供应链绩效评价方法:ROF(resources,output,flexibility)法、供应链运作参考模型(supply chain operations reference,SCOR)法、作业成本(activity based costing,ABC)法,等等。

1. ROF 法

该方法由比蒙(Beamon)于1999年提出,为避免传统绩效评价中出现的问题,他提出了三个方面的绩效评价指标,可以反映出供应链的战略目标,分别是资源(resources)、产出(output)以及柔性(flexibility)。资源评价和产出评价在供应链绩效评价中已经得到了广泛

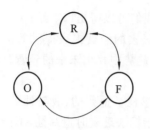

图 10-5　比蒙的平衡绩效评价

的应用,而柔性指标的应用则比较有限。这三个指标都具有各自不同的目标。资源评价(成本评价)是高效生产的关键,产出评价(客户响应)必须达到很高的水平,以保持供应链的增值性,柔性评价则要在变化的环境中快速响应。它们之间是相互作用、彼此平衡的。它们之间的关系如图 10-5 所示。

比蒙认为,供应链评价必须从以下三个方面进行。

(1) 资源评价包括库存水平、人力资源、设备利用、能源使用和成本等方面。

(2) 产出评价主要包括客户响应、质量以及最终产出产品的数量。

(3) 柔性评价主要包括范围柔性和响应柔性两种。

2. SCOR 法

SCOR 法为了体现"从供应商的供应商到客户的客户"的供应链管理思想,覆盖了从订单到付款等的所有客户的交互环节、供应商的供应商到客户的客户的所有物流转运、所有的市场交互、总体需求的了解和每个订单的执行。供应链运作参考模型提供了涵盖整个供应链的绩效评价指标。

(1) 物流绩效。物流系统已成为企业必不可少的竞争武器,国际市场的竞争压力迫使物流配送的提前期越来越短。SCOR 法从以下三个方面进行评价:从接到订货到发运的提前期、订单完成率、订单的响应速度。

(2) 柔性与响应性。这一指标主要就生产柔性、供应链提前期进行评价。生产柔性被定义为非计划产出提前 20% 的生产时间;供应链循环期/提前期则被定义为内部零库存生产或外包的平均时间加上生产完成到交货的平均提前期再加上预测提前期。实现以上优化必须保证和供应商的有效联系并共同改进,以提高整体绩效。

(3) 物流成本。主要包括整体的物流管理成本、订单管理成本。

(4) 资产管理。供应链资产主要包括库存、厂房、资金和设备,可以通过库存占销售产品成本的比例和现金周转率以及净资产收益率来表示。此时的现金周转率是指从原材料的现金投入到客户端的现金收回的平均日期。

3. ABC 法

传统成本会计在计量的基础上采用成本随着产品的加工而流动的方法,产品制造费用等间接费用按照数量或加工工时在产品之间进行分配。作业成本会计提出成本动因和增值或非增值作业的概念,认为生产成本的计量应该建立在分解为成本动因的作业上,从而突出了作业流程中的核心作业或资源。这就为更精确地评价供应链的成本和作业分布奠定了基础。作业成本法并不是替代传统成本方法来进行绩效测量,而是从另一面为供应链绩效评价提供信息来源。

安德森咨询公司 1994 年发表了关于第二届精益企业的报告,这项工作在对 100 家世界级企业调查的基础上,在供应链流程控制方面从四个角度进行了评价。

(1) 供应链质量。包括物料进入生产流程的质量、组织内部的失误率、客户对质量的抱怨。

(2) 供应链库存。包括零部件的库存水平、装配领域的库存、产成品的库存、库存更新率。

(3) 供应链的时间绩效。包括订货的频率、装配前的准备时间、产品运货至客户的提前期、交货频率。

(4) 进度安排。包括从确定客户订单到开始发运的时间间隔、主要供应商生产进度变动所产生的影响、对于主要客户生产变动的影响。

三、供应链绩效评价的侧重面

（一）供应链组织的角度

供应链组织的角度和业务流程重组比较相近。在构建特定的供应链组织结构的基础上，评价供应链组织绩效以提高整体重组效果，是十分重要的。

1. 柔性

供应链的组织形式就是为了能够更好地适应激烈的市场竞争，提高对用户的服务水平，及时满足用户的要求，如交货期、交货数量、商品质量以及用户对产品或服务的某些特殊要求。为了提高供应链的柔性，还需要因特网和物联网等信息技术的支持，以提高市场信息在链中的反馈速度和链中各企业的响应速度。柔性的高低就成为评价供应链组织结构合理性的一个指标。

2. 集成度

供应链不同于传统单个企业之间的相互关系，它将供应链中的企业加以集成，使得供应链中企业的资源能够共享，获得优势互补的整体效益。供应链集成度是指企业间信息集成、物流集成和管理集成的程度及发挥的作用等。集成度的高低或者说整体优势发挥的大小，关键在于信息集成和管理集成，即需要形成信息中心和管理中心。

3. 协调性

供应链是不同企业个体之间的集成链网，每个企业又都是独立的利益个体，所以它比企业内部各部门之间的协调更加复杂、更加困难。供应链的协调性包括利益协调和管理协调。利益协调必须在供应链组织结构构建时明确供应链中各企业之间的利益分配。管理协调则要求适应供应链组织结构要求的计划和控制管理以及信息技术的支持，协调物流、信息流的有效流动，降低整个供应链的运行成本，提高供应链对市场的响应速度。

4. 简洁性

供应链是一条物流链、信息链，也是一条增值链，它的构建并不是任意而为的。供应链中每一个环节都必须是价值增值的过程。非价值增值过程不仅增加了供应链管理的难度，增加了产品或服务的成本，而且降低了供应链的柔性，影响了供应链中企业的竞争实力。因此，在设计供应链的组织结构时，必须慎重选择链中企业，严格分析每一环节是否存在真正的价值增值活动。

5. 稳定性

供应链是一种相对稳定的组织结构形式，影响供应链稳定的因素一是供应链中的企业，它必须是具有优势的企业，即要有竞争力。如果供应链中的企业不能在竞争中长期存在，必然影响到整个供应链的存在。二是供应链的组织结构,比如供应链的长度。如果供应链的环节过多,信息传导中就会存在扭曲信息,造成整个供应链的波动,其稳定性就差。

(二)供应链采购供应的角度

现在有很多文献谈到了从采购供应的角度对供应链进行评价。从这个角度看,供应链管理与从传统采购物料部门演化而来的供应基地(supply base)集成战略是等同的。它的思想是:扩展传统企业外的行为,通过达到一个共识的优化和效率目标寻找交易伙伴,形成供应链战略伙伴关系。实际上,供应链管理的目的就是在共同目标的基础上建立一个虚拟企业,有效地管理单一法人的流程与运作。

可见,供应链管理的内容主要侧重于:供应基的设计,如供应商、制造商的选择;供应战略;外包战略、生产计划、生产作业计划和跟踪控制、库存管理;供应商与采购管理等。

1. 提前期的评价

它是一种有效考察整个组织经营的全面指标。缩短采购提前期涉及很多方面,比如过长的调整准备期(setup time)、频繁的停机时间、不协调的工作日程、不可靠的供应商、过长的运输时间以及大规模的存货等一系列问题,都可能导致采购提前期过长。过长的提前期表现为供应链中的运输周期、加工周期、储存周期较长,并会引起高额成本。

2. 柔性的评价

所谓柔性,是指系统对于外部或内部干扰导致的变化所能作出的调整范围的能力。由于供应链的运行处于不确定性因素影响的环境下,当客户需求发生变化,供应方的柔性就成为其生存的关键因素。斯莱克(Slack)在 1991 年定义了两种柔性:范围柔性(range flexibility)和响应柔性(responsive flexibility)。前者指运营可以变动的程度范围;后者指运营可以变动的时间性,即响应速度。高柔性可以提高顾客满意度,增加对需求变动的应变能力,减少过期订货和错过机会的可能性,也有利于增强开拓新市场和新产品的能力。

3. 鲁棒性的评价

鲁棒性即稳健性,指系统变化过程中的稳健性和强壮度。对于供应方而言,鲁棒性意味着供应方在与委托人的合作中,即使委托人的需求在一定程度上发生变化,供应方仍然能够保证产品质量、正常交货,从而保证供应链整体的稳定运行。

4. 成本的评价

从供应链整体运营的角度出发,采购供应系统所发生的成本一般用供应链总成本来反映,包括供应链信息成本、供应链库存费用及各节点企业外部运输总费用,以反映供应链运营的成本效率。供应链信息成本包括各节点企业之间的网络通讯费用、供应链信息系统开发和维护费等;供应链库存费用包括各节点企业的在制品库存和成品库存费用、各节点之间的在途库存费用;各节点企业外部运输总费用等于供应链所有节点企业之间运输费用的总和。

(三)供应链物流的角度

从供应链物流角度看,人们在评价物流系统的运行绩效时,提出了很多基于时间和阶段的库存管理工具,如分销需求计划、物料需求计划、制造资源计划等,以提高物流的可视性,降低需求的不确定性。物流的改进对于提高整个供应链的顾客服务水平、减少库存量、降低运输成本都有着极大的推进作用。

1. 物流速度指标

物流速度就是物流业务中相关行为的数据传输、计划更新以及执行的速度。

(1) 数据传输速度,指各项业务中关键数据如计划、预测、项目的联系等各种信息的传输速度。

(2) 计划更新速度,指计划调整、重新制订的速度,以及运输能力和产品调整能够满足计划进度变动的能力。

(3) 执行速度,指通过减少制造、包装、运输的时间来缩短提前期,以最少的时间满足客户服务的要求,以此来考核物流需求的执行速度。

2. 物流的可变性

物流的可变性反映对客户物流需求变动的柔性,以及客户定制化,对运输要求变动处理的能力。

3. 物流的可视性

物流可视性描述了供应链系统中与合作伙伴共享信息的程度,以及合作伙伴进入企业内部服务器获取相关信息的程度。这样做的目的是提高供应链整体运作的透明度,消除由于信息不透明而引起的物流中断甚至更大的问题。

物流的可视性可以分为企业内部和企业之间两个方面。企业内部重要员工以及相关部门可以获得生产计划以及需求信息,是更好地进行客户化服务的基础。对于内部员工而言,信息的共享可使他们意识到自身在整个组织中的作用。供应链企业之间的可视性有助于及时了解合作伙伴和客户的库存状况、销售计划、产品销售情况等信息,使企业能够及时掌握供应链的运行状态,主动做好计划修改、物流重整等应变性工作,改善整个供应链的绩效。

第三节 供应链绩效评价体系设计

设计一套供应链绩效评价体系,主要应从了解供应链管理的战略目标、掌握影响供应链绩效的外部驱动力和内部驱动力因素、明确绩效评价选择的原则及方法等几个方面展开。

一、明确供应链绩效评价的目的

如前所述,实施供应链管理的目标主要可归纳为以下几方面。

1. 压缩时间

缩短订货到发运的循环期。当生产和物流的流程能够在较少的时间内完成时,供应链中所有的实体都能够更为高效地运转,从而最终降低供应链中的库存。通过缩短订单交付的时间周期,现金周转率也会得到相应的提高。时间压缩意味着供应链中的信息和产品流能够十分迅速和流畅地传递。

2. 提高柔性

柔性响应意味着供应链系统中各个企业能够迅速根据客户的独特需求进行客户化操

作,也意味着客户的需求能够在合理的成本效率下得到快速满足,并具有较强的处理客户临时性需求的正常运作能力。

3. 减少浪费

供应链企业试图通过尽量减少功能重叠、协调运作系统以及提高质量来寻找减少整个供应链浪费的途径。供应链内部存在着大量的库存节点,导致整个系统积压了大量的资源,影响了供应链的竞争力。如果供应链企业之间能够达到运作上的统一和一致,协调的系统中所传递的信息就可以及时、高质量地互动,从而减少不必要的活动,达到减少浪费的目的。此外,保持资产、产品、运作体系的质量是整个供应链减少浪费的基础。

4. 增加利润

供应链企业高效、准时地满足客户需求的最终目的就是获取供应链企业的资本利润。最常用的指标是降低成本,以提高边际收益。现金流将会因供应链企业的集成运作和减少浪费而得以改善,而柔性和时间绩效的提高则为供应链赢得和留住原有客户群、保证供应链长期盈利提供了可能。

从本质上讲,供应链压缩提前期、减少浪费都是从资源观的角度减少供应链的资源浪费,提高资源的利用率,为提高供应链的利润创造空间;而增加供应链的柔性,降低了机会成本损失,减少了供应链因为内部流程的效率降低所造成的客户订单流失,从而增加了供应链的盈利机会。所以说,供应链的价值成为评价的核心,绩效评价体系最终反映了供应链的价值。与价值相关的指标反映在以下三个方面:当前盈利性(货币指标)、增值能力的持续性(价值维持指标)、增值能力的增长潜力(价值驱动因素)。

结合以上所谈的绩效变革的影响设计出的供应链绩效评价体系主要应能达到三个目标:考察供应链的当前盈利性,分析供应链盈利的持续性,培养供应链盈利的增长潜力。

二、掌握影响供应链绩效的外部驱动力

供应链运作的环境是处于不断变化中的,供应链内部不断加以改进和提高就是为了应对外部环境对供应链管理的消极作用,提高整体适应能力,增强竞争力。图10-6所示是一个对供应链运行绩效产生作用的外部驱动与内部驱动影响的分析框架。这个框架反映了环境因素和供应链运作本身因素的影响,指出需要通过优化成本、提高服务水平、加快对市场需求和机遇的响应速度及提高技术创新能力来支持供应链所拥有的竞争优势。图10-6中外层的两个同心圆表示影响供应链绩效的驱动来自供应链外部和供应链内部的两种情况。

1. 行业特征

就不同的范围而言,供应链管理所涉及的行业特征使得供应链管理对绩效的考虑角度差异很大。例如,目前供应链的实践和理论研究多集中于制造行业和仓储、零售行业。制造业企业的供应链管理侧重于采购过程及物料管理,并将其作为一个基本战略,其管理由传统内部行为扩展至企业外部,达到和战略合作伙伴共同发展的目的。而仓储零售业的供应链管理则偏重于运输和物流管理,它将过去狭隘的企业物流部门扩展为从供应商到客户的物流价值链,有效的商品分销和物流组织是其业务流程的主要组成部分。这两种行业的供应

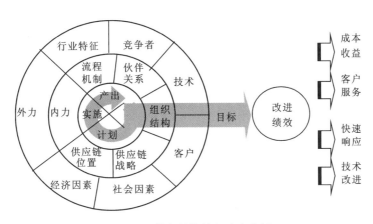

图 10-6 供应链绩效驱动力分析

链管理内容和方法均有所不同,由此而言,其绩效的侧重点也有所不同。

2. 竞争者

供应链的核心竞争力使得供应链能在竞争过程中保持独有的竞争优势。竞争者的技术优势、产品以及流程的革新、人力资源的整合都成为影响供应链绩效的长期驱动力。通常很难用模拟或数学分析的方法准确掌握竞争者的优势所在。但是作为供应链的运作驱动力,一般情况下都从客户角度开始分析,利用标杆法,对供应链中的非增值活动进行分析,找出竞争者在可能的领域对供应链的潜在威胁和机遇,从而提出自己改进的目标和方向。

3. 技术

技术主要是在产品或服务以及信息流上对供应链的绩效产生影响。不断涌现的先进开发技术对于产品设计的影响自不必说,先进管理技术的不断推进也使得供应链管理不断适应环境变化,从而使管理绩效得以提高,供应链伙伴之间的信息集成也将信息的滞后和扭曲问题降到最低程度。此外,各项技术的不断推进也使以往实践中难以实施的绩效测评变得容易和可行。

4. 客户

客户作为供应链的市场导向和利润来源,是供应链绩效评价的主要驱动因素。客户不断变化的个性化要求、不断降价的要求和消费的偏好,都增加了供应链在运作成本和生产周期上的压力,同时产品的质量、计划的柔性不能有丝毫降低。当今的客户对产品为自身带来的价值增值或成本节约愈发注重,使得供应链要在其中的每一个环节提高管理水平和追求更好的运作绩效,否则将会失去供应链的竞争优势。

5. 经济及社会环境

经济及社会环境包括世界范围内的普遍经济前景和政治环境。经济压力通常会迫使供应链降低成本,以面对世界范围的竞争,而良好的供应链管理有助于降低成本。社会环境的变化对于形成与供应商的伙伴关系也会产生重要的影响。另外,全球性供应链在不同国家和地区的工业结构、经济发展阶段、客户要求等变量的作用下,其构成和运作管理都会出现不同的绩效目标,不能一概而论。

三、掌握影响供应链绩效的内部驱动力

1. 流程机制

供应链运作的流程因其产品、服务和客户的分布性特点，在业务流程的设计上也有不同的策略。一般可分为分散采购集中制造和集中采购分散制造两种类型。但是，具体应该采用哪一种策略，则由该供应链系统所提供的产品或服务及客户的特点而定。此外，不同的市场层面也会使业务流程在设置上有相当大的差异。供应链绩效评价所关注的问题也由于流程的不同而有所差异。

2. 合作伙伴

过去，由于供应链内部各个企业缺乏战略性合作意识，他们之间的关系往往被认为是"敌对的"，或者是"互不相干的"。任何特定的供应链关系都被视为临时的而不是永久的关系，注重短期的个体利益而忽视了长远的战略利益和整体利益。降低价格往往成为合作的唯一砝码。传统的交易对象之间的关系被视为"零和博弈"。所谓"零和博弈"，是指一方的收益与另一方的损失相当，因此各方都希望将自己的收益建立在别人损失的基础上。显然，这种合作是不可能长远的。供应链管理就是要将这种零和博弈转变为所有参与者都赢的"多赢"战略，从而使整个供应链获得更大的利益，并且供应链上的所有企业都能获得自己应得的那部分利益。

3. 组织结构

供应链在组织结构上有四种分类。首先考虑将供应链流程分为采购或供应（sourcing）、制造（make）、交付（delivery）三个大的环节，然后按照产品的模块化水平和流程的延迟原则（postponement）分为如图10-7所示的四种类型。

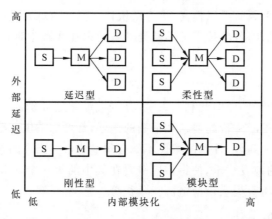

图10-7 供应链组织结构分类模型（参考Ernst的观点提出）

从图10-7中可以看出，刚性型是典型的纵向集成的供应链，是以满足库存为目标的大量生产，追求的是大批量生产的规模经济。而另一个极端就是柔性型的结构，通过大量的外包、外协运作制造差别化组件，同时装配完工产品，满足纷繁各异的客户需求。而模块型的结构则有大量生产组件或部件的供应商，最终分销少量完工产品，这是最典型的供应链结

构。延迟型结构的供应链则以大规模定制的思想满足客户的个性化需求,追求范围经济。不难看出,这四种不同的供应链结构在产品制造和业务流程上的差异,直接决定着供应链绩效目标的要求。

4. 供应链战略

供应链绩效是战略执行的结果,绩效评价要求与战略目标一致,以反映出供应链战略的执行效果。供应链战略因为供应链发展集成的层次阶段以及供应链经营的方式不同,对绩效提出了不同的要求。史蒂文斯(Stevens)在1989年将供应链集成归结为四个阶段:基础建设阶段、功能形成阶段、内部集成阶段、外部集成阶段,将供应链战略从单一组织向多组织协调集成,从市场反应型发展为市场导向型。供应链绩效也从内部单一评测扩展到了多方共同决定。供应链运作方式的不同将导致战略管理重心的不同。以计算机制造业为例,IBM公司注重整个设计、制造、分销和市场的全过程;戴尔公司则在装配和市场、服务上下大力气;康柏公司注重装配和市场。这种不同的选择与他们的外部供应链的战略是相关的,绩效指标的要求也必然有所差异。

5. 企业在供应链中上下游的位置

企业在整个供应链中所处的位置不同,对各种绩效的评价要求也是不一样的。例如,在供应链伙伴中,供应商可能更注重交货质量和交货的可靠性,地区分销商更注重所提供的产品种类和价格,当地分销商注重产品送货速度和服务水平,等等。

四、明确绩效评价选择的原则及方法

(一)绩效评价选择的原则

供应链绩效评价的选择原则与传统绩效评价的原则有一定的相似之处,但是也有很大的差别,尤其是在所涉及的评价范围上,要远大于传统绩效评价所覆盖的范围。

(1) 供应链绩效评价必须直接与供应链绩效战略一致,同时也要与各公司的战略相容。

(2) 必须考虑非财务指标,而且特别强调非财务指标在评价中的主要地位。

(3) 绩效评价指标应该易于制定基准。

(4) 绩效标准必须处于评价单位的直接控制之下。

(5) 绩效指标应当简单易行,能够给出准确的目标和计算方法。

(6) 绩效指标能够提供及时的反馈,同时考虑到前馈信息的重要性。

(7) 绩效指标能够激励组织进行持续的改进,而不只是监控。

(8) 相对比例指标要优于绝对指标,客观指标要优于主观指标。

(9) 各个指标之间能够反映彼此的因果关系,减少彼此的相互冲突和抵触。

作为供应链评价的重要原则,指标的选择和绩效评价方法要与供应链的战略目标一致。但是,供应链绩效的评价却因为每一个供应链成员企业的现有竞争地位以及战略方向不同而难以达成一致。因此,在设计供应链绩效评价指标时,必须充分考虑到这一差异,选择适当的方法消除供应链成员企业间的隔阂。绩效评价的方法因评价范围和目标不同,可分为基于部门的方法、基于流程的方法和基于跨企业的方法。

企业的经营过程一般可以分为以下三个发展阶段。

1. 功能型

企业需要使其内部的各个单一的部门,如制造部门、客户服务、物流部门,达到优秀的业绩。这一阶段的企业绩效评价需要集中于各个功能部门。

2. 企业集成型

这一阶段的企业将竞争优势建立在自己的跨部门的流程之上,而不再追求单一的部门绩效。因此,绩效评价的选择就应该建立在流程功能的集成基础上。

3. 扩展企业型

当企业的经营扩展到外部的时候,外部的影响在企业决策中所起的作用不断扩大,此时绩效的评价,如供应链企业,就必须将目光集中到扩展企业的整体绩效上。

(二)绩效评价选择的方法

大多数企业目前还是集中于部门的绩效评价。随着供应链管理的出现,企业在评价绩效时,也逐渐开始考虑整个供应链,考虑扩展企业的目标,但同时也必须考虑各个个体自身的部门绩效。

因此,这里提出以下几种绩效评价方法。

1. 以功能性评价为基础

大多数绩效评价系统所遇到的问题是指标偏重于部门化。在这些系统中,每个领域的部门绩效评价又只用于其领域本身,以达到该领域所要达到的目标,完成该领域所要完成的任务。据此评价系统来改进自身绩效的部门或组织个体经常是以牺牲或影响其他部门的绩效为代价的。当每个部门的绩效评价都孤立于其他部门的时候,会导致部门影响整个组织的目标。

因此,从整个供应链来看,功能性绩效评价过于注重单一目标,可能会与供应链整体目标相抵触。但是,在反映供应链节点企业的绩效评价中,功能性绩效评价则能用于系统的诊断,为供应链优化打好基础。将功能性绩效评价指标纳入供应链的评价范畴就可以使供应链排除目标的单一性,而成为绩效评价的基础性指标。

2. 包含基于流程的企业级的绩效评价

为实现供应链运作的集成,企业必须打破部门孤立的壁垒,按照业务流程进行组织评价。为了实现这一目标,可以建立一个全职负责整个业务流程的部门,或者成立跨部门的工作小组。为了支持业务流程的变动,需要为流程性指标补充功能性指标,以强调整个流程的绩效,并使用功能性指标提供影响整个供应链绩效的诊断信息。流程性指标和功能性指标之间存在着一种紧密的层级关系。

3. 建立跨企业的评价指标

用于评价供应链的跨职能流程指标不但可以用于企业内部,也适用于企业外部的流程。供应链管理不但关注本企业的经营状况,同时关注合作伙伴的经营状况对供应链绩效可能产生的影响。

但是,没有一个企业能够控制整个供应链的绩效,供应链运作的增值流程往往会因为企业组织间的界限而有所迟滞。传统企业在供应链环境中,其组织界限经适当模糊化之后(企业间流程的适当集成),交易成本往往会下降。对这种"适当"也必须加以评估,确保其具有有效性,即外部流程的评价也成为供应链管理中不可缺少的一环。

表 10-3 中给出了一些供应链评价指标,其中包含了功能性指标和跨企业级指标。

表 10-3　供应链可选指标示例

客户服务指标	采购指标	流程、跨功能指标
订单完成率	物料库存	预测准确性
客户满意度	供应商交货绩效	完美订单率
客户收益	物料/元件质量	新产品推出时间
订单执行的准确性	物料缺货率	循环期
订单运输与追踪绩效	单位采购成本	生产进度变动
客户抱怨	物料采购及时率	
订单进入处理的时间		
物流方面指标	制造方面指标	跨企业指标
产成品库存	产品质量	产品完成成本
准时交货	在制品库存	消费点产品可用量
库存准确率	产量	供应链整体库存量
物流成本	调整准备时间	销售渠道在途库存
准时装货发运	物料利用度	供应商库存
交货时间	生产循环期	现金周转周期
运输成本	生产能力	客户库存
仓储成本	主生产计划稳定程度	客户库存量(VMI/CRP)
在途库存	采购制造循环期	VMI/CRP 供求比例
财务评价	市场方面指标	
现金流	市场占有率	
EVA(经济增加值)	新产品占销售总量的比例	
收益率		

第四节　平衡供应链计分法评价体系

一、平衡计分法概述

第三节就供应链绩效的内外驱动力进行了分析,从中可以了解到,供应链运作需要有很强的彼此相互支持的评价体系,以满足综合评价的需要。在实践过程中,人们倾向于平衡运作各个方面的绩效指标,能够同时反映供应链整体战略的执行情况,以体现集成、跨流程指标和诊断性指标之间的相互作用，着重强调企业战略在绩效评价中所扮演的重要角色。所以，结合卡普兰(Kaplan)和诺顿(Norton)两人1991年至1996年在《哈佛商业评论》上发表的平衡计分法，将其转换为供应链的绩效评价系统工具，建立起合理的平衡供应链计分法(balanced SCM scorecard，BSC-SC)。

卡普兰和诺顿在《哈佛商业评论》上发表了一系列关于平衡计分法的文章。他们认为，传统的财务指标(如投资回报)只提供了业务绩效的较为狭窄而不完备的信息，业务绩效的评价依赖于历史数据，而这些数据又阻碍了未来商业价值的实现。因此，财务指标不能单独用于评价绩效，需要补充反映客户满意度、内部业务流程以及学习成长性的评价内容。平衡计分法的设计将过去绩效的财务评价和未来绩效的驱动力设计紧密结合起来了。

平衡计分法的概念反映了在一系列指标间形成平衡，即短期目标和长期目标、财务指标和非财务指标、滞后型指标和领先型指标、内部绩效和外部绩效之间的平衡。管理的注意力从短期目标的实现转移到兼顾战略目标的实现，从对结果的反馈思考转向对问题原因的实时分析。平衡计分法具有以下四个主要的特征。

(1) 平衡计分法以单一的形式将组织竞争力各个角度的指标表现出来，防止次优行为的出现，提供了对企业绩效更为全面的理解。

(2) 平衡计分法假定是和企业未来信息系统紧密联系的。

(3) 平衡计分法不是简单地将指标列示出来，而是将其分为四个类型，每种类型都提供了企业绩效的特定角度。

(4) 最后一个也是最具特色的一个，绩效指标的选择必须以与企业战略的紧密联系为基础。

平衡计分法分为四个方面，它们代表了三个主要的利益相关群体：股东、客户、员工，以确保组织从系统观的角度反映战略的实施。

1. 顾客方面

企业为了获得长远、出色的财务业绩，就必须创造出客户满意的产品或服务。平衡计分法给出了两套绩效评价方法，第一套是企业对在客户方面期望达到的绩效所采用的评价指标，主要包括市场份额、客户保有率、客户获得率、客户满意等；第二套是针对第一套指标的各项进行逐层细分制定出评分表。

2. 内部流程运作方面

这一方面是平衡计分法与传统绩效评价的显著区别之一。传统绩效评价虽然加入了生产提前期、产品质量、回报率等评价指标，但是往往停留于单一部门绩效上。仅靠改造这些指标，只能有助于组织生存，而不能形成组织独特的竞争优势。平衡计分法从满足投资者和客户需要的角度出发，从价值链上针对内部的业务总流程进行分析。在内部运作方面回答如何经营才能满足或超越顾客的需求的问题。企业要关注短期目标和长期目标，以及刺激改进的流程重构，应对四种绩效属性加以考虑，即质量导向的评价、基于时间的评价、柔性导向的评价和成本指标。

3. 改进学习方面

这一方面为其他方面的绩效突破提供了手段。平衡计分法实施的目的和优势之一就是避免短期行为,强调未来投资的重要性。同时并不局限于传统的设备改造升级,更注重员工系统和业务流程的投资。平衡计分法注重分析满足需求的能力和现有能力的差距,将注意力集中在内部技能和能力上,这些差距将通过员工培训、技术改造、产品服务得以弥补。这一方面的指标包括新产品开发循环期、新产品销售比率、流程改进效率等。

4. 财务方面

企业各个方面的改善只是实现目标的手段,而不是目标本身。企业所有的改善都应通向财务目标。平衡计分法将财务方面作为所有目标评价的焦点。如果说每项评价方法是综合绩效评价制度这条纽带的一部分,那么因果链上的结果还是归于"提高财务绩效"。卡普兰和诺顿从产品或服务生命周期的相关阶段选择评价指标,包括成长期、持续期、收获期。成长期的指标包括销售量、新加盟客户及流程改进;持续期的指标包括投资回收期、现金流、EVA;收获期的指标则基于现金流分析,包括收益量等。

平衡计分法在四个方面的主要目标及其相互关系如图 10-8 所示。

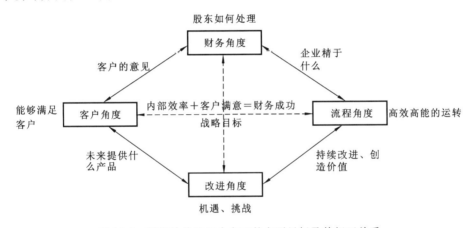

图 10-8 平衡计分法四个方面的主要目标及其相互关系

二、平衡供应链计分法的四个评价角度

下面分别从各个评价的角度,融合平衡计分法四个方面的特征以及前面给出的供应链运作框架所涵盖的范围,提出以下指标实例,以反映平衡计分法在各个角度的目标与任务。这些指标不是绝对的,甚至对于特定供应链运作还远远不够。大多数平衡计分法中的指标并不常用,只有诊断级的指标具有更强的操作性。这些指标难以广泛应用的原因在于绩效评价的思路过多地集中于内部运作,忽视了与伙伴的绩效集成。

(一)客户方面

供应链的目标之一是为整个供应链中的客户提供持久、稳定的收益。因此,供应链管理的核心之一就是客户管理,了解客户的需求以及评价满足客户需求的程度,以调整供应链的经营方法和策略。客户所关心的事情可分为四类:时间、质量、性能与服务、成本。循环期(生产周期)可以衡量供应链满足客户需求所需的时间,供应链订单完成循环期给出了相关的测度,并就完成订单的各个阶段在实现客户需要中的作用进行评估。自 20 世纪 80 年代以来,质量就是至关重要的竞争手段,作为供应链竞争的必要手段,它已经不再是必要的战略竞争优势,而是作为一项硬指标存在。性能与服务成为保有客户以及获取新客户的重要因素。除质量、时间、性能与服务之外,客户对其所负担的产品成本也保持着很高的敏感性。在客户与供应商的交易过程中,价格只是其负担的成本的一部分,其他还有与供应商交易造成的成本,包括对产品的订货,从安排订货到付款,产品的接收、检验处理,以及产品造成的废品、返工等,从中节约的成本能够为客户提供相当多的价值增值,为客户价值的评价提供了相关的测评。这些评价指标的选择集中体现了客户意志,反映了客户需求。指标既可以是反映客户价值和客户反馈的一般指标,也可以是集中于如客户价值等特定范畴的指标,如服务质量、柔性、成本等。

1. 供应链订单完成的总循环期

供应链订单完成的总循环期是评价整个供应链对于客户订单的总体反应时间。其中包括订单的接单时间、从投料到生产的时间、从生产到发运的时间、从发运到客户签单的时间、从客户签单到客户收到的时间,如图 10-9 所示。

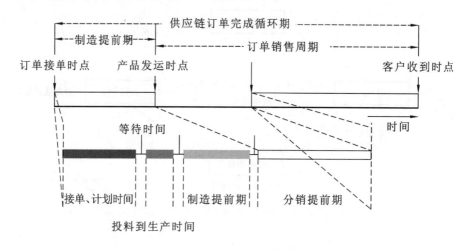

图 10-9　订单循环期时间构成图

单就客户服务的角度而言,注重考虑面向客户的方面,即订单的接单时间、从发运到客户签单的时间、从客户签单到客户收到的时间。总循环期的缩短将减少供应链的响应时间,这是供应链竞争优势的主要源泉之一。循环期的缩短不但提高了对客户的响应,降低了客户成本,提高了客户的价值,同时反映了供应链内部响应的便捷和流畅。尽可能缩短订单的完成循环期,也有利于发现供应链内部的冗余。循环期运作的可靠性以及一致性同样重要。由于供应链中瓶颈和低效率流程以及订货数量变动性的存在,订单的完成时间屡有变动。跨功能工作团队实施的"制造单元"机动地处理客户的订单变动,以缩短循环期,提高客户满意度。对于供应链订单完成的总循环期的评价涉及客户满意的内容,也包含了对供应链内部运作流程的反映。

2. 客户保有率

供应链持久利润的来源是核心客户。若想通过特定的客户群体保持或增加市场份额,最为方便的就是保有现有的客户,努力保持和客户的关系,按照客户的需求满足其要求,允许客户积极参与合作项目或产品的开发设计过程,使客户能够成为自己的持久利润来源。客户保有率就是"从绝对或相对的意义上说,留住客户,与客户保持现有关系的比例"。除了留住客户,供应链管理还要通过对与现有客户交易量的分析衡量客户的忠诚度。当然,企业要扩大利润源,还要在现有客户的基础上,制定不断扩大客户范围的战略。

3. 客户对供应链柔性响应的认同

客户对供应链柔性响应的认同用于评价客户在供应链提供的运营服务中对客户化以及响应速度的认同。这个指标反映了两个目标:第一个目标是,调查数据将反映客户能否自由地就订单的包装、产品性能等提出客户化的要求;第二个目标则是评价客户是否感到这种客户化的要求能够及时得以表现。也就是说,它反映了客户对客户化要求的自由度以及服务及时性的要求。

4. 客户价值

客户价值反映在为客户提供产品或服务时对客户节约或增值方面作出的贡献,以提高客户对供应链的依赖度。客户价值率等于客户对供应链所提供服务的满意度与服务过程中发生的成本进行比较所获得的价值比。不同于以前在时间、质量、柔性方面所进行的评价,客户价值的评价主要偏重于导致客户发生的成本指标。

5. 客户销售增长以及利润

客户销售增长和利润表现为供应链产品的年销售增长和利润率。这类指标反映了供应链下游在三个主要方面的绩效:销售量年增长的情况;对于特定客户服务所获的收益是否随着合作关系的增进而进一步提高;接受服务的基数是否增加。扩大销售量、增加新的客户都将获得新的利润点。

(二) 供应链内部运作方面

客户绩效指标很重要,但必须在将其目标转化为内部流程的指标后才能得以反映。优秀的客户绩效毕竟来自组织的流程决策和运作。供应链内部运作方面回答如何经营才能满足或超越顾客的需求的问题。BSC-SC的内部测量指标应当测出对客户利益和财务价值影响最大的业务流程,同时确定自己的核心能力,以及保证供应链保持持久市场领先的关键技术。为了把内部运作方面和财务价值以及客户目标结合起来,供应链应该把握两种全新的内部流程运作:第一,理顺现有流程中各个参与方的关系,缩短经营过程的周期,同时降低成本。供应链的本质是将企业内部和企业之间的功能进行集成、共享和协调,实现浪费的减少和供应链绩效的提高。由于流程牵涉供应链成员的生产运作,这样,评价指标就将不同成员的绩效联系起来,构成供应链流程的整体。这一联系使得供应链成员对于各自的运作有了明确的目标,其改进也将有利于整个供应链的改进。第二,应该预测并影响客户的需求。供应链经营要从短期的运作中跳出来,积极寻找市场,进行产品的创新改造,以牢牢抓住客户。

虽然不同的供应链存在着不同的流程,但是供应链的内部流程可以大致分为三个部分:

改良创新、供应链经营过程、客户服务过程(售前、售后),如图10-10所示。由于客户服务的过程与客户满意直接挂钩,将其归入客户方面进行评价。

图 10-10　供应链运作的普通模式

1. 产品改良、创新过程测评

传统业务的供应链中,研发工作被认为是某种业务的辅助或者支援,而非确定价值的基本因素。一方面,因为评价的标准难寻,投入产出的关系不明确;另一方面,企业对于产品的创新重视不足,资金的投入有限,人们忽视对产品开发设计的业绩评价。但是,作为供应链价值实现的长期影响因素,必须对其进行测评,测评的内容包括:

(1) 新产品在销售额中所占的比例;

(2) 比原计划提前推出新产品的时间差;

(3) 开发下一代新产品的时间;

(4) 第一次设计出的全面满足客户要求的产品百分比。

这一衡量方法综合了产品开发过程的三个至关重要的因素:一是企业要在开发过程中收回开发成本,必须着眼于开发的成果,同时着眼于开发过程中投资的收回;二是强调利润;三是强调时效,鼓励开发人员先于竞争对手推出产品。

2. 经营过程测评

经营过程对于供应链在创造价值时是一个短周期过程,这一过程包括自企业收到客户订单开始到向客户发售产品和提供服务为止的全部内容。供应链运作方面实现的目标主要有四个:缩短提前期、弹性响应、减少单位成本、敏捷结构。首要的非财务指标主要集中于对四个绩效的考察:运作质量指标、时间指标、弹性指标、目标成本指标。集成信息系统在帮助供应链企业分解、诊断集成指标中发挥了极其重要的作用。一旦异常信息在指标中得以体现,就可以通过整个集成的信息系统及时、准确地发现问题所在。

1) 供应链有效提前期率

供应链有效提前期率反映了供应链在完成客户订单过程中有效的增值活动时间在运作总时间中的比率。其中包括两个指标:供应链响应时间和供应链增值活动总时间。

$$供应链响应时间 = 客户需求及预测时间 + 预测需求信息传递到内部制造部门时间 + 采购、制造时间 + 制造终结点运输到最终客户的平均提前期(或者订单完成提前期)$$

$$供应链增值活动总时间 = \sum (供应链运作的相关部门增值活动的时间)$$

$$供应链有效提前期率 = \frac{供应链增值活动总时间}{供应链响应时间}$$

该指标体现了供应链内部运作的增值时间在整个流程时间中所占的比例。通常组织之间的传递空间和时间很大部分被非增值活动占用,很多资源被浪费了。为了达到世界级的供应链水平,必须保证合作企业之间的物流过程流畅地无缝连接,减少时间损失。

同种性质的指标还有库存闲置率,即供应链中库存闲置的时间和库存移动时间的比率。闲置时间包含库存以物料、在制品(work in process,WIP)、产品等形式在供应链运作中的总停滞、库存、缓冲时间,库存移动时间则是指库存在加工、运输、发运中的总时间。库存闲置率指标表现了库存在供应链整体运作中的时间占用,该指标提供了库存经营效率提高的空间。

2)供应链生产时间柔性

生产柔性是指系统对于外部或内部干扰导致的变化所能作的调整范围。根据 SCOR 提出的定义,这个指标反映出在意识到由市场需求变动导致非计划产量增加 20% 后,供应链内部重新组织、计划、生产所消耗的时间。柔性制造系统(flexible manufacturing system,FMS)、成组技术(group technology,GT)以及计算机集成制造(computer integrated manufacturing,CIM)先进生产技术的应用,为提高供应链整体柔性创造了条件。据西方研究者的调查,一流制造商的柔性在内部的制造能力上几乎没有约束,唯一的限制就是物料。要达到高效的柔性和响应性,需要在系统流程中注重与供应商紧密合作,采用战略联盟的方法减少供应商的数量,提高流程的连续性,采用准时化采购,注重部件的通用化以及高效计划信息系统的采用。

3)供应链目标成本达到比率

目标成本法是丰田汽车公司在 20 世纪 60 年代研发的,是特定水平功能、质量、价格的产品在其整个生命周期中能够产出满意利润的一个业务过程。该指标从单一产品和流程的角度,分析其在质量、时间和柔性上的流程改进是否达到预定的目标成本。目标成本从产品开发开始就嵌入整个流程,和供应链的战略紧密联系。目标成本合理化而非最小化是供应链运作所要达到的主要成本目标。

4)供应链运作质量

供应链运作的质量综合反映在其运作对象——原材料、WIP、完工产品或服务的质量上。20 世纪 80 年代,企业意识到质量作为市场竞争的主要武器,到现在已经成为企业生存的基本条件和必要的基础,因此,供应链质量更注重在整个供应链基础上的全面质量管理,保证供应链运作的有效性和客户服务的真实能力。

5)完美的订单完成水平

完美的订单完成水平是物流运作质量的最终测量标准,也就是说,完美的订单关注总体整合的供应链厂商绩效,而不是单一的功能。它衡量一份订单是否顺利通过了订单管理程序的全过程,而且每一个步骤都没有差错、快速而正确。完美的订单完成代表理想的绩效,一般应符合以下标准:第一,完成所需的各项发送;第二,根据客户提出的日期交货,允许发送偏差在一天以内;第三,精确无误地完成订货所需的文件,包括包装标签、提单和发票;第四,货品状态良好。当前最好的物流组织能达到 55%～60% 的完美订货绩效,大多数组织低于 20%。

(三)未来发展性方面

供应链的未来发展性直接关系到供应链的价值。激烈的全球竞争要求供应链必须不断改进和创新,发掘整合供应链内部和外部的资源,提高现有流程、产品或服务和开发新产品的能力。供应链的改进是一个动态的过程,持续改进主要通过四个方面进行。第一,重新设计产品及其流程;第二,通过企业集成在组织间进行有效的调节和整合;第三,持续改进供应链的信息流管理,使得供应链伙伴能够共享决策支持所需要的准确信息;第四,每个供应链需要随时注意外部市场的潜在威胁和机遇,重新定义核心价值。这方面的指标包括新产品开发循环期、新产品销售比例、流程改进效率等。

(四) 财务价值方面

虽然供应链绩效的评价侧重于流程导向以及非财务指标,平衡计分法仍然将财务目标作为所有目标的中心。当供应链伙伴的目标得以实现之后,供应链应该取得财务上的成功。经营目标的实现使得成本大大降低,提高了边际收益率;现金流得以更好地优化;收益和资本回收率更高。不难理解,以上三个方面绩效的提高保证了财务方面的长期收益,因此,整个供应链的财务优化仍是重中之重。由于财务指标基于现金流和传统的财务会计,使其缺少了对未来盈利能力的直接参考功能。供应链资本包括应收账款、厂房设备、资本以及库存,资本流动性的降低或增大都会影响供应链财务价值的效率。我们试图将财务评价的基础建立在现金流的驱动上,即驱动现金流的行为和流程。

1) 供应链资本收益率

即客户的利润除以在此期间使用的供应链的平均资产。它反映了使用其资产的增值性。

2) 现金周转率

这是一个联系供应链整个流程的关键指标,评价供应链运作过程中从现金投入到原材料、劳动力、在制品、完工产品直至收回现金的全过程。

$$现金周转率 = 购买原材料到收到产品货款的平均时间$$
$$= 供应的库存天数 + 销售天数 - 原材料的付款天数$$

供应链通过先进的信息技术以及产品流集成,使合作伙伴之间的运作实现了更高的现金周转率。

3) 供应链总库存成本

在很大程度上,财务绩效是可以从整个物流成本上反映的。物流成本是整个供应链生产运作中最为显著的潜在成本源。供应链中,库存包括了原材料、生产装配中的在制品、成品以及在途的库存。传统上,这些都用于处理生产中可能出现的不确定性。由于客户要求越来越苛刻,库存管理对于降低整个供应链的成本日益重要。供应链中的库存成本包括:

(1) 物料仓储、资本化的机会成本;

(2) 存储状态以及 WIP 的库存成本;

(3) 管理库存的管理成本;

(4) 完工产品的在途成本;

(5) 老化、残缺、损坏所造成的风险成本;

(6) 修理返工成本;

(7) 订单或缺造成的损失成本。

将供应链总库存成本进行分类,可以分为采购、库存、质量以及交货失误等方面。供应链采购成本的评价包括订货、发运、进货质量控制成本的总和。供应链库存成本包括供应链过程中的发生成本:原材料、WIP、完工产品的库存成本以及滞销和在途的库存成本。供应链质量成本是指在运作过程中由于质量问题而导致的沉没成本,包括产品残缺成本、维修成本和质量保证成本。而交货失误性成本包括缺货成本、误投成本等。这些指标可以单一地进行评价计算,以更好地分析物流各部分的成本绩效。

4) 供应链的库存天数

供应链的库存天数反映了资本在供应链运营中以库存形式占用的天数。它等于某个时期的物料、WIP、产品以库存形式占用的时间。

BSC-SC 在这四个方面提出的绩效评价方法如表10-4所示。

表 10-4 供应链绩效评价平衡计分法框架

财务价值角度		业务流程角度	
目标	测评指标	目标	测评指标
收益 成本 效率	供应链资本收益率 供应链总库存成本 现金周转率	减少提前期 弹性响应 成本运作 设计革新	有效提前期率 时间柔性 目标成本 新产品销售率
未来发展性角度		客户服务角度	
目标	测评指标	目标	测评指标
流程化 信息集成 组织协调	产品最后组装点 信息共享率 团队参与程度	订单时间 客户保有 服务及时 客户价值	订单总提前期/循环期 客户保有率 客户响应时间认同 客户价值率

三、平衡计分法绩效测量的因果关系

平衡计分法试图将供应链运作过程中的评价对象进行归类,并将其按照四个方面进行分组,从整个流程和相应的支持系统中找到彼此的联系,从而将评价的各方面在内在逻辑上按照供应链的绩效驱动建立正确的相互关系。这四个方面可以从整个组织的角度审视供应链运行。当供应链的一个评价方面出现了问题,一方面可以获得对本角度的认识,另一方面还可以从因果链中发现其所导致的因果问题,从而避免了对某一个评价侧面的过多关注,而忽视了其他评价面,同时使得供应链成员能够从系统观的角度认识自身的作用。

可以说,没有一个绩效评价系统能够适用于整个供应链。本章可以得出这样一个结论:在平衡的思想前提下,必须保证信息流、物流以及资金流的顺畅,简化供应链决策过程。试图在供应链的平台下建立有效的协同计划,减少非增值活动,重点在于建立和维持强有力的供应链伙伴关系,供应商不再只是机械地适应买方的要求,而是与买方保持互动的供应链战略关系。客户方面的影响已经深入管理的内核,必须在集成的基础上将客户的要求反映到管理的各个层面,从而不断扩大客户源。BSC-SC 的评价侧重面的因果关系示意图如图 10-11 所示。

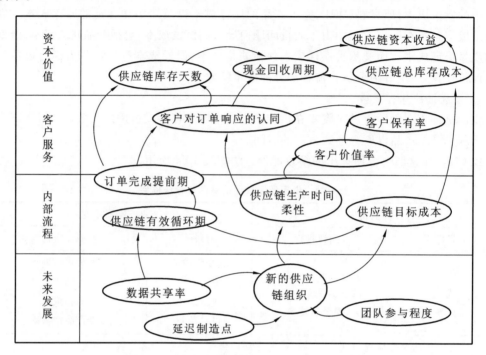

图 10-11　BSC-SC 的评价侧重面的因果关系示意图

【本章关键术语】

　　供应链绩效评价　绩效评价指标体系　绩效评价理论　平衡计分法　平衡供应链计分法(BSC-SC)　平衡供应链计分法四个评价角度

【本章思考与练习题】

　　1. 传统企业的绩效评价指标与供应链管理环境下企业的绩效评价指标之间有哪些区别?
　　2. 在供应链管理环境下,对企业进行绩效评价应该注意哪些原则?
　　3. 如何建立供应链企业的绩效评价指标体系?评价指标应该具有哪些特点?
　　4. 试比较传统运作模式和供应链管理运作模式下企业绩效评价的区别。
　　5. 举例说明供应链绩效评价可以采用哪些基本方法。
　　6. 在供应链管理环境下,企业的绩效评价侧重面发生了哪些具体变化?

7. 供应链运作的环境是处于不断变化中的,有哪些因素会对供应链绩效评价产生影响?从内部和外部两个角度举例阐述。

8. 试描述平衡供应链计分法评价的角度及其指标体系。

9. 试对"中国企业供应链管理绩效水平评价参考模型"作出自己的评价,并就你认为存在的不足给出建议。

【经典案例】

乐事薯片公司的绩效控制

1. 公司背景

乐事薯片公司是底特律市的第五大薯片加工厂,公司成立于1922年,在经历了一次失败的全球战略以后,目前主要侧重于地区性经营。公司现在主要为三种零售企业客户(食品杂货店、杂货店、大商店)提供一系列的薯片产品。其大部分的产品售给它的36家食品杂货店(年总值40000销售单位,超过公司总销售量的50%);它供应的杂货店有39家(年总值18000销售单位,占公司总销售量的22.5%);它供应的大商店只有一家(Buy 4 Less,有三个分店,年总值22000销售单位,占公司总销售量的27.5%)。所有的分销过程都是直接的仓储到仓储,送货人员要处理所有的过期货物和搬运工作。

最近,乐事薯片公司对Buy 4 Less公司的销售量有所上升。虽然有这样的潜在利润前景,但是乐事薯片公司同样也面临一些棘手的问题。

2. 存在问题

温德尔是乐事薯片公司物流部门的物流成本分析师,物流部门总经理哈罗德转交给他一封来自大商店Buy 4 Less公司的来信,信中抱怨乐事薯片公司的运作绩效问题。主要抱怨的问题有:频繁的缺货;客户服务响应性差;产品价格太高。Buy 4 Less公司提出,如果乐事薯片公司要继续与其合作,乐事薯片公司就必须在以下方面作出改进:

(1) 每周提供4次直接仓储交货(以前为3次),以减少缺货现象;

(2) 建立一套自动订货处理系统(价值10000美元),以提高客户服务响应性;

(3) 降低产品价格(5%)。

哈罗德要求温德尔对乐事薯片公司进行详细的按客户类型分类的利润分析。这是温德尔和乐事薯片公司以前都没有碰到过的问题。

3. 绩效评价

温德尔最近刚刚参加了一个关于作业成本(ABC)法的研讨会,他希望能够应用这种方法来分析目前的状况。首先他获得了乐事薯片公司的收入数据

(见表10-5)和针对不同类型客户的成本数据(见表10-6)。

表 10-5　乐事薯片公司收入数据　　　　　　　　　　　　　　　单位:美元

收入	
净销售收入	150400.00
利息与其他收入	3215.00
	153615.00
成本	
销售成本	84000.00
制造成本	5660.00
营销等其他成本	52151.20
利息成本	2473.00
	144284.20
税前收入	9330.80
收入税	4198.86
净收入	5131.94

表 10-6　乐事薯片公司年物流成本数据　　　　　　　　　　　单位:美元

成本项目	食品杂货店	杂货店	大商店
库存成本(单位送货)	1.80	1.20	2.80
信息成本(年)	1000.00	8000.00	1000.00
交货成本(单位送货)	5.00	5.00	6.00

　　对食品杂货店的送货是每周2次,对杂货店的送货是每周1次,对大商店的送货是每周3次。乐事薯片公司为了及时获得反馈信息,通过设在食品杂货店和大商店的扫描终端设备读取数据,需要在每个点花费年总成本1000美元。杂货店则依靠手持扫描设备获得销售数据。送货成本取决于运输卡车的不同。食品杂货店和一般杂货店采用一般的卡车,大商店则采用加长的卡车。

　　乐事薯片公司对不同零售企业的产品价格是不一样的,食品杂货店为1.90美元,杂货店为2.30美元,大商店为1.50美元。温德尔同时被告知,Buy 4 Less公司要求他们附加条码来覆盖原来的价格标签,增加的打标设备将使每年的成本增加5000美元。劳力和物料的成本每个销售单位要增加0.03美元。

　　问题讨论:
　　根据以上数据和ABC法,温德尔应该如何对乐事薯片公司目前的绩效进行分析?根据分析的结果,该公司应该采取什么样的策略来进行绩效控制?

参考文献

[1] 马士华,林勇.供应链管理[M].3 版.北京:机械工业出版社,2010.

[2] 马士华.企业物流管理[M].北京:中国人民大学出版社,2011.

[3] [美]杰拉德·卡桑,克里斯蒂安·特维施.运营管理[M].任建标,译.北京:中国人民大学出版社,2013.

[4] Alan Harrison,Remko van Hoek. Logistics Management and Strategy[M]. New Jersey:Pearson Education Limited,2005.

[5] Donald Bowersox,et al. Supply Chain Logistics Management[M]. New York:McGraw Hill,2006.

[6] 薛明德,王茂林,杨波.物流系统规划与设计[M].北京:企业管理出版社,2004.

[7] 霍佳震,马秀波,朱琳婕.集成化供应链绩效评价体系及应用[M].北京:清华大学出版社,2005.

[8] [美]唐纳德·J 鲍尔索克斯,等.供应链物流管理[M].马士华,黄爽,译.北京:机械工业出版社,2002.

[9] [美]肯特·N 卡丁.全球物流管理[M].杜培枫,等,译.北京:人民邮电出版社,2002.

[10] 张成海.供应链管理技术与方法[M].北京:清华大学出版社,2002.

[11] 鲁晓春.仓储自动化[M].北京:清华大学出版社,2002.

[12] 骆温平.物流与供应链管理[M].北京:电子工业出版社,2002.

[13] 周金宏,汪定伟.分布式多工厂、多分销商的供应链生产计划模型[J].信息与控制,2001,30(2).

[14] James C Johnson,et al. Contemporary Logistics[M]. 7ed. New Jersey:Prentice Hall,2004.

[15] Simchi-Levi D, Kaminsky P, et al. Designing and managing the supply chain:concepts, strategies, and case studies[M]. Boston:McGraw Hill/Irwin,2008.

[16] Chopra S,Meindl P. Supply chain management:strategy, planning, and operation[M]. New Jersey:Pearson Prentice Hall,2007.

[17] Fisher M L. What is the right supply chain for your product?[J]. Harvard Business Review,1997,75(2):105-116.

[18] Stephan Kreipl,Michael Pinedo. Planning and scheduling in supply chains:an overview of issues in practice[J]. Production and Operations Management,2004,Spring 13(1):77.

[19] James R Stock,Douglas M Lambert. Strategic Logistics Management[M]. 4ed. Boston:McGraw Hill,2001.

[20] Lee H L,Billington C. The evolution of supply chain management models and practices at Hewlett-Packard[J]. Interfaces,1995,25(5):42-63.

[21] Simchi-Levi. Designing and Managing the Supply Chain[M]. Boston:McGraw Hill, 2003.

[22] James R Stock, Douglas M Lambert. Strategic Logistics Management[M]. 4ed. Boston: McGraw Hill, 2001.

[23] Eddie W L, Cheng Heng Li, Peter E D Love, Zarhir Irani. A e-business model support supply chain activities in construction[J]. Logistics Information Management, 2001,14 (1/2): 68-77.

[24] Morgan J, Monczka R M. Supplier integration: a new level of supply chain management [J]. Purchasing, 1996,120 (1): 110-113.

[25] Narasimhan R, Carter J R. Linking business unit and material sourcing strategies[J]. Journal of Business Logistics, 1998,19 (2): 155-171.

[26] Patterson J L, Forker L B, Hanna J B. Supply chain consortia: the rise of transcendental buyer-supplier relationships [J]. European Journal of Purchasing and Supply Chain Management, 1999(5): 85-93.

[27] Trent R J, Monczka R M. Purchasing and supply management: trends and changes throughout the 1990s[J]. International Journal of Purchasing and Materials Management, 1998,34 (4): 2-11.

[28] Wallace J Hopp, Mark L Spearman. Factory Physics: Foundations of manufacturing management[M]. Boston:McGraw-Hill,2001.

[29] Kirk A Patterson, Curtis M Grimm, Thomas M. Adopting new technologies for supply chain management[J]. Transportation Research, 2003, 39(10): 95-121.

[30] 王利,代杨子.供应链激励机制影响因素实证研究[J].工业工程与管理,2013(2):13-24.

[31] 乔华国,江志斌,等.基于产品服务系统的供应链共享合同设计[J].工业工程与管理,2013 (2):25-30.

[32] CSCMP's Supply Chain Quarterly [OL]. Q2/2013. http://cscmp.org/member-benefits/supply-chain- quarterly.

第二版后记

本书第一版出版距今有三年多了。在这三年中,中国和世界经历了很多事情,其中最为突出的就是席卷全球的、至今尚未完全走出来的金融危机。虽然金融危机对世界各国的经济都产生了不同程度的影响,但是,由于各国企业界人士在近20年间大力加强了对供应链的管理,提高了供应链应对危机的能力,因此,面对急剧变化的市场环境,供应链上的企业通力合作,比较好地化解了这次金融危机对企业供应链的影响。当然,也有一些企业的供应链没有经受住考验,在危机来临时很快崩溃了。对比正反两方面的经验教训,使人们更加清楚地认识到了供应链管理的重要性。本书的第二版也正是在这样一种环境下修订的。

第二版的修订基本上保持了本书原有结构,使本书具有一定的继承性。但为反映时代发展趋势,跟上时代前进的步伐,在修订时对原书结构也进行了一定的调整,主要是补充和完善了各章的内容,增加或更新了案例。

在第二版的修订工作中得到很多人的帮助,如黄焜、李果、梅晚霞、关旭、周奇超、应丹丰等人为本书提供许多有价值的资料,在此一并致以衷心的感谢。本书在写作过程中,参考了不少资料,作者已尽可能详细地在参考文献中指出,特别是几个曾经为其做过咨询的企业同意使用它们的素材改编成案例,以及《AMT前沿论丛》提供的很好的案例,对此深表谢意。由于疏忽,可能有些引用的资料没有指出出处,若有这类情况发生,在此表示万分歉意。

由于作者水平有限,再加上供应链管理是一个还在进一步发展的问题,对它的认识和研究都还在继续深入,因此在本书的叙述中难免出现谬误。作者真心希望读者提出批评意见,以便在今后的修订中改正过来。

作　者
2013年9月于武汉

图书在版编目(CIP)数据

供应链管理/马士华编著．—2 版．—武汉：华中科技大学出版社，2014.1(2024.1重印)

ISBN 978-7-5609-9620-2

Ⅰ.①供… Ⅱ.①马… Ⅲ.①供应链管理-高等学校-教材 Ⅳ.①F252

中国版本图书馆 CIP 数据核字(2014)第 013071 号

供应链管理(第二版) 马士华 编著

策划编辑：陈培斌　周晓方
责任编辑：章　红
封面设计：刘　卉
责任校对：张　琳
责任监印：张正林
出版发行：华中科技大学出版社(中国·武汉)
　　　　　武昌喻家山　邮编：430074　电话：(027)81321913
录　　排：武汉正风天下文化发展有限公司
印　　刷：武汉市籍缘印刷厂
开　　本：787mm×1092mm　1/16
印　　张：17.25　插页：1
字　　数：429 千字
版　　次：2024 年 1 月第 2 版第 7 次印刷
定　　价：48.00 元

本书若有印装质量问题，请向出版社营销中心调换
全国免费服务热线：400-6679-118　竭诚为您服务
版权所有　侵权必究

与本书配套的二维码资源使用说明

本书部分课程及与纸质教材配套数字资源以二维码链接的形式呈现。利用手机微信扫码成功后提示微信登录,授权后进入注册页面,填写注册信息。按照提示输入手机号码,点击获取手机验证码,稍等片刻收到 4 位数的验证码短信,在提示位置输入验证码成功,再设置密码,选择相应专业,点击"立即注册",注册成功(若手机已经注册,则在"注册"页面底部选择"已有账号立即注册",进入"账号绑定"页面,直接输入手机号和密码登录),即可查看二维码数字资源。手机第一次登录查看资源成功以后,再次使用二维码资源时,只需在微信端扫码即可登录进入查看。